신 로지컬 씽킹

# Discover

シン・ロジカルシンキング
望月 安迪 著
株式会社 ディスカヴァー・トゥエンティワン 刊
2024

**SHIN LOGICAL THINKING**
by Andy Mochizuki
Original Japanese edition published by Discover 21, Inc., Tokyo.

Copyright © 2024 by Andy Mochizuki
All rights reserved.

Korean Translation Copyright © 2025 by The Business Books and Co., Ltd.
Korean edition published by arrangement with Discover 21, Inc., Tokyo,
through BC Agency, Seoul.

이 책의 한국어판 저작권은 BC 에이전시를 통해
저작권자와 독점 계약을 맺은 (주)비즈니스북스에게 있습니다.
저작권법에 의해 국내에서 보호를 받는 저작물이므로 무단 전재와 복제를 금합니다.

압도적 성과를 만드는
새로운 논리적 사고의 교과서

# 신 로지컬 씽킹

모치즈키 안디 지음 | 김윤경 옮김 | 이준희 감수

New
Logical
Thinking

비즈니스북스

**옮긴이 김윤경**

일본어 전문 번역가이다. 다른 언어로 표현된 저자의 메시지를 우리말로 옮기는 일의 무게와 희열 속에서 오늘도 글을 만지고 있다. 옮긴 책으로는 《로지컬 씽킹》, 《로지컬 라이팅》, 《철학은 어떻게 삶의 무기가 되는가》, 《왜 일하는가》, 《왜 리더인가》, 《당신의 강점을 비싸게 팔아라》 등 약 100권이 있으며, 출판번역 에이전시 글로하나를 운영하고 있다.

### 신 로지컬 씽킹

1판 1쇄 인쇄 2025년 11월 17일
1판 1쇄 발행 2025년 11월 24일

**지은이** | 모치즈키 안디
**옮긴이** | 김윤경
**발행인** | 홍영태
**편집인** | 김미란
**발행처** | (주)비즈니스북스
**등 록** | 제2000-000225호(2000년 2월 28일)
**주 소** | 03991 서울시 마포구 월드컵북로6길 3 이노베이스빌딩 7층
**전 화** | (02)338-9449
**팩 스** | (02)338-6543
**대표메일** | bb@businessbooks.co.kr
**홈페이지** | http://www.businessbooks.co.kr
**블로그** | http://blog.naver.com/biz_books
**페이스북** | thebizbooks
**인스타그램** | bizbooks_kr

ISBN 979-11-6254-446-4   03320

* 잘못된 책은 구입하신 서점에서 바꾸어 드립니다.
* 책값은 뒤표지에 있습니다.
* 비즈니스북스에 대한 더 많은 정보가 필요하신 분은 홈페이지를 방문해 주시기 바랍니다.

> 비즈니스북스는 독자 여러분의 소중한 아이디어와 원고 투고를 기다리고 있습니다.
> 원고가 있으신 분은 ms1@businessbooks.co.kr로 간단한 개요와 취지, 연락처 등을 보내 주세요.

감수의 글

# AI 시대, 생각하는 힘을
# 다시 배우다

　로지컬 씽킹은 내가 오랫동안 사랑해 온 개념이다. 실제로 로지컬 씽킹을 기반으로 한 사고 훈련 프로그램을 개발할 만큼 수많은 비즈니스맨에게 꼭 필요한 사고의 기술이라 믿어 왔다. 인사책임자이자 HR 컨설턴트로서 그리고 커리어 유튜버로서 수많은 이를 지켜보며 느낀 점은, 로지컬 씽킹을 갖춘 사람은 성장 속도가 눈에 띄게 빠르다는 것이다. 주니어 시절에는 일을 '정리'할 수 있게 되고, 5년 차를 넘어서면 문제를 '정의'할 줄 아는 사람이 된다. 그리고 이때부터 커리어가 탁월성의 궤도에 오른다. 즉 생각을 구조화하고, 맥락을 읽고, 상대의 관점을 파악할 수 있게 된다. 이런 사람은 그 어떤 변화에도 대체 불가능한 사고력을 갖춘 사람으로 성장하는 것 같다.

　이번에 출간된 《신 로지컬 씽킹》은 그런 의미에서 매우 반가운 업데이트라 할 수 있다. 이전의 《로지컬 씽킹》이 논리의 기술과 구조를 써먹는 '도구'였다면 이번 책은 사유의 폭을 확장하고 사고를 훈련하는 '매뉴얼'에 가깝다. 이전에는 정답을 찾아가는 문제 풀이 중심이었다면 이번 책에서는 문제를 정의하고 관점을 세우는 사고의 여정으로 업그레이드되었다고 느꼈다.

오늘날 AI 시대를 맞이해 로지컬 씽킹은 더욱더 중요해졌다. 그 이유는 역설적인데, 바로 AI가 우리 인간보다 로지컬 씽킹을 더 잘하기 때문이다. 그러나 AI는 문장을 정리하고 논리를 완성하는 데에서만 탁월할 뿐 '무엇을 물어볼지'와 '어떤 관점으로 문제를 바라볼지'를 결정하는 일은 여전히 인간의 몫이다. 따라서 지금 우리에게 필요한 것은 '논리의 형식'을 아는 게 아니라 상황을 인식하고 관점을 세우는 힘, 즉 '논리 이전의 사고력'을 기르는 일이다. 사고력을 기르면 어떤 상황도 정확히 읽어 내고 판단할 수 있다.

이 책 《신 로지컬 씽킹》은 바로 그 부분을 설명하고 우리를 훈련시킨다. 단순히 MECE나 So what?/Why so?를 반복하는 게 아니라 가설적 사고, 질문력, QADI 사이클을 통해 사고의 앞면(사고의 기술)에서 뒷면(사고의 본질)으로 확장되는 여정을 그리고 있다. 그저 보고서를 잘 쓰는 법이 아닌 생각의 방향을 설계하는 법을 알려 주고 AI 시대에 필요한 사고의 근육을 단련하는 방법을 제시한다.

한국에서는 여전히 로지컬 씽킹을 어려워하는 것 같다. '틀리지 않는 답'을 찾는 교육에 익숙하고 논리를 '표현의 기술'로만 배우다 보니 스스로 문제를 정의하고 관점을 세우는 사고는 낯설게 느껴질 수밖에 없다. 그러나 실제 비즈니스 현장에서 필요한 건 논리 그 자체가 아니라 설득하고 제안하고 실행해서 문제를 해결하는 것이다.

《신 로지컬 씽킹》은 바로 이 문제해결력을 집중적으로 다루며, AI 시대에도 문제해결력이 뛰어난 인재가 되는 노하우를 담고 있다. 정답을 찾기보다 더 좋은 질문(아이디어, 전략)을 던지는 법을 배우고 싶은 모든 이에게 이 책을 권한다. 처음엔 낯설고 어렵게 느껴질지 모른다. 그러나 그 과정을 통과하면 사고의 깊이와 방향이 완전히 달라질 것이다. 이 책이 여러분의 사고를 '정리'에서 '확장'으로 이끄는 여정이 되기를 바란다.

얼라이브커뮤니티 대표, 이준희

들어가는 글

# 왜 지금, 로지컬 씽킹을 업데이트해야 하는가

## 낡은 사고 틀은 버려라

"그런 뻔한 일반론은 필요 없어!"

이 말을 들은 건 사내 신입사원 연수에서 한 팀이 고객사에 대한 중간 보고 프레젠테이션을 막 마쳤을 때였다.

딜로이트 도마쓰 컨설팅의 신입 연수에서는 연수 프로그램을 총괄하는 의미로 연수 기간의 마지막 2주 동안 케이스워크case work를 실시한다. 이 케이스워크에서는 신입 컨설턴트 5~6명으로 이뤄진 프로젝트팀을 구성해 실재하는 기업의 경영 과제에 대한 검토와 제언을 실행한다. 연수라고는 하지만 제언하는 상대는 실제로 사업을 영위하고 있는 진짜 기업이다. 그렇다 보니 아무래도 분위기가 긴장감으로 팽팽해질 수밖에 없다.

이때의 주제는 '스마트폰을 사용하는 원격 의료 앱 사용자를 어떻게 하면 더 많이 늘릴 수 있을까'였다. 신입사원들은 모두 사전에 로지컬 씽킹을 비롯한 기초 스킬을 익혀 왔으며 연수 중에도 다양한 스킬을 갈고닦는 데 여념이 없었다. 그리고 연수라는 제한된 시간 안에 제언의 가치를 조금이라도 높이기 위해 마지막 순간까지 열정적으로 토론하고 결론을 내고자 고군분투했다.

중간 보고를 위해 논의를 거듭한 결과 어느 한 팀이 '4P'라는 프레임워크를 사용해 의견을 모으고 정리하면 어떨까 하는 제안을 내놓았다. 4P는 마케팅을 계획할 때 '상품'Product, '가격'Price, '유통'Place, '촉진 전략'Promotion이라는 네 요소를 이용하는 프레임워크다. 연수 현장에서 프레임워크 사용법을 배우는 것은 업무 능력 향상에도 도움이 되리라 판단했기에 나는 "네, 좋습니다. 프레임워크 사고법을 의식하면서 각 관점을 바탕으로 생각해 보세요."라고 말했다. 그래서 이 팀은 중간 보고 프레젠테이션 자리에서 다음과 같이 의견을 제시했다.

- **상품**의 관점에서 유저 인터페이스UI를 개선한다.
- **가격**의 관점에서 첫 진단을 무료로 제공해 이용자를 유치한다.
- **유통**의 관점에서 기업과 협업해 직원들이 사용하게 한다.
- **촉진 전략**의 관점에서 SNS 마케팅을 강화한다.

그런데 클라이언트가 발표를 듣자마자 이렇게 말했다.

"그런 뻔한 일반론은 필요 없네!"

순간 분위기가 얼어붙었다. 곧 클라이언트의 다음과 같은 지적이 이어졌다.

"4P든 뭐든, 그런 프레임워크는 우리도 다 알고 있네. 그렇게 누구나 다 아는 틀을 사용하니까 나오는 의견이 죄다 평범하고 흔해 빠진 게 아닌가! 우리가 듣고 싶은 건 그런 뻔한 일반론이 아니네. 결국은 사업에 뭐가 효과적일지 대안을 찾는 독창적인 생각, 신선한 통찰력을 원하는 거라네."

신입 컨설턴트를 단련시키는 연수 자리다 보니 일부러 더 엄격하고 냉정하게 말한 것일 수도 있다. 하지만 그 말은 내게도 무척 충격적이었다. **예전부터 유효하다고 알려진 사고방식이 가치를 창출하기는커녕 아웃풋을 진부하게 만들고 있었다.** 그리고 실제로 그런 일이 내 눈앞에서 벌어졌다.

## 프로세스가 바뀌지 않으면 아웃풋은 달라지지 않는다

문제는 어디에 있었을까? 시선을 멀리 두고 생각해 보자. 애초에 '생각한다'라는 것은 대략 ① **인풋**(정보 수집) → ② **프로세스**(정보 처리·분석) → ③ **아웃풋**(사고의 결과 제시)의 흐름으로 구성된다. 요리에 비유하면 ① 재료 조달 → ② 조리 → ③ 제공이라 할 수 있다.

이 중에서 얼마나 정보를 명확히 분석하고 의미 있는 통찰을 끄집어 내느냐 하는 '프로세스' 부분은 컨설턴트들이 다른 그 무엇보다 그들의 강점으로 여기는 부분이다. 그런데 이번에 큰 충격을 받은 이유는 바로 이 프로세스, 즉 사고방식이 진부하다는 지적을 받았기 때문이다.

4P 프레임워크는 이미 잘 알려진 개념으로 일종의 고전이라고도 할 수 있다. 하지만 문학과 달리 비즈니스 현장에서 고전은 가치 있는 것으로 존중받지 못하고, 아무런 변화나 발전 없는 범용품으로 취급받는다.

사고의 프로세스가 아무런 변화 없이 예전 그대로라면 거기서 창출되는 아웃풋도 쓸모가 없어진다. 그렇다면 **프로세스 자체를 업데이트해야 한다.** 가치는 차이에서 생겨난다. 사고방식이 바뀌지 않으면 결코 차이를 만들어 낼 수 없다.

## '주제의 시대'에서 '방법의 시대'로

이 이야기를 단지 연수원이라는 작은 공간 안에서 일어난 한 사건으로 인식해서는 안 된다. 오늘날 지금 이 사회에서 일어나고 있는 격변의 소용돌이가 이 작은 공간에까지 영향을 미치고 있음을 생각해야 한다. 모든 사사로운 사건의 배경에는 시대라는 거대한 구조가 숨겨져 있다.

그렇다면 오늘날 우리는 어떤 시대를 마주하고 있을까? 일본의 이시스ISIS 편집학교 학장이자 편집공학의 창시자인 마쓰오카 세이고松岡正剛는 다음과 같이 말했다.

"21세기는 주제가 아니라 방법의 시대다."

그는 "평화, 민주주의, 환경, 가족 같은 주제는 20세기에 이미 나올 만큼 나왔다."라며 "21세기는 찬성이나 반대가 아닌 방법을 논의하는 '방법의 시대'로 나아간다."라고 강조했다.

UN이 책정한 17개의 사회 과제, 즉 SDGs Sustainable Development Goals(지속 가능한 개발 목표)가 있다. '빈곤을 없애자', '기아를 제로(0)로!', '모든 사람에게 건강과 복지를', '일하는 보람도 경제 성장도', '평화와 공정公正을 모든 사람에게' 등 각각의 사회 과제를 해결해야 한다는 데는 이견이 별로 없을 것이다.

이런 주제들에 우리는 어떤 방법으로 대처해야 할까? 바로 여기에 시대의 중심이 있다. 이를테면 '기아를 제로로!'라는 주제에 관해서는 어떤 방법이 있을까? 현지에 농업의 첨단 기술과 노하우를 도입한다, 국내 식품 로스food loss(먹을 수 있는데 버려지는 식품—옮긴이)를 현지에 보낸다, 첨단 식물 공장을 짓는다, 대체 식품을 개발한다, 식품 배달 시스템을 정비한다 등 어떤 한 가지 주제에 대한 접근 방법은 셀 수 없을 만큼 다양하다.

그렇기에 수많은 방법 중에서도 특히 **독창적이고 뛰어난 방법을 고안해 그 유효성을 어필하는** 일의 중요성이 전례 없이 높아지고 있다. 여기서 아까의 연수 상황이 떠오른다. 뻔한 일반론은 필요 없다는 말은 이런 '방법의 시대'의 요구를 반영한다. 이제 우리는 사고방식 자체를 업데이트해야 한다.

## AI가 발전할수록 '생각하는 힘'이 중요하다

오늘날과 같은 AI 시대에 '인간이 생각하는 힘을 향상시킬 필요가 있을까?' 하는 의문이 들지도 모른다. 챗GPT와 클로드Claude를 비롯한 생성형 AI가 지시문에 즉시 답변을 생성하는 모습을 보면 그런 생각이 드는 것도 충분히 이해가 간다.

하지만 사실은 그 반대다. 생성형 AI가 계속 발전하고 있다고 해도 사용자인 인간의 생각하는 힘이 따라가지 못하면 다음과 같은 다섯 가지 문제가 발생한다(도표 0-1).

① AI에게 어떤 목적으로 어떻게 지시와 질문을 해야 할지 모른다(지시 불능).
② 제시문이 엉성해서 AI가 생성하는 아웃풋의 품질도 떨어진다(품질 저하).
③ AI가 제시한 선택지가 옳은지 아닌지 판단할 수 없다(판단 불능).
④ AI의 제안에 수정이나 개선, 심층 연구 등의 개입을 할 수 없다(개입 불능).
⑤ 아웃풋 내용을 이해하지 못하며 이용할 수도 없다(이용 불능).

그 밖에도 더욱 원리적인 문제가 있다. 모든 사람이 다 똑같은 생성형 AI를 사용하는 한 명백한 차이는 사용자인 인간에 따라 결정된다는 사실이다. 프로 테니스 선수와 일반인이 똑같은 라켓을 사용해

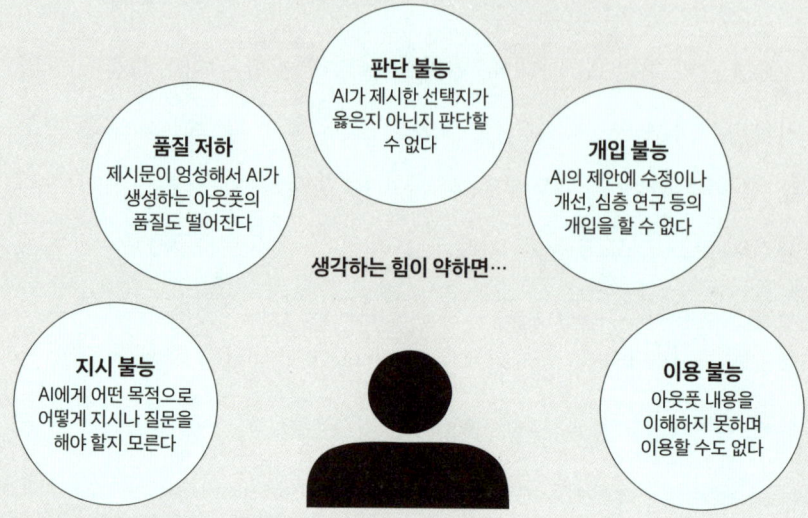

[도표 0-1] 생각하는 힘이 약하면 생성형 AI 시대에 살아남을 수 없다

경기를 치른다 해도 결과가 하늘과 땅만큼 크게 차이 나는 것과 마찬가지다. 이렇듯 차별화의 원천은 생성형 AI를 다루는 인간에게 있기에 인간은 더 이상 아무것도 하지 않아도 된다는 말은 원칙적으로 성립되지 않는다.

AI가 인간을 지배하도록 허용할 것인가, 아니면 인간이 AI의 힘을 활용해 한층 더 높은 차원으로 나아갈 것인가? 이 책을 쓴 여러 목적 중 하나는 바로 후자의 길로 나아가는 것이다.

## 표준화 그리고 코모디티 사고의 함정

지금까지 알려진 사고법 중에서 로지컬 씽킹은 비즈니스 분야의 대표적인 사고법이라 할 수 있다. 로지컬 씽킹은 MECE Mutually Exclusive and Collectively Exhaustive(중복과 누락 없이 인식하는 것), 피라미드 구조, 사실 기반, 프레임워크 같은 콘셉트를 기초로 해서 올바르고 알기 쉽게 전달하는 방법을 강조해 왔다. 물론 지금도 그 가치는 여전해서, 비즈니스에서 검토의 정확성을 뒷받침하고 효율적인 커뮤니케이션을 가능하게 하며 성과를 내기 위한 재현성을 높이는 데 활용되고 있다.

이런 장점이 있는 반면에 주의해야 할 점도 있다. 바로 **재현성을 보장하는 사고의 '표준화'는 동시에 아웃풋의 품질을 '동질화'한다**는 사실이다. 이 말은 무슨 뜻일까? 상품을 만드는 상황을 상상해 보자. 어떤 상품을 만들 때 제조 프로세스의 표준화는 반드시 필요하다. 왜냐하면 상품을 만드는 방법이 개인마다 달라서 품질이 제각각 달라진다면 큰 문제가 아닐 수 없기 때문이다(패스트푸드점에서 조리 담당자에 따라 햄버거의 재료와 맛이 달라진다면 큰일이다). 그렇기에 비즈니스는 프로세스를 표준화해서 같은 제품을 같은 품질로 대량 생산하는 것을 목표로 한다.

하지만 이런 개념을 제조 프로세스가 아닌 사고 프로세스에 대입해 생각하면 사정이 달라진다. 지금 우리는 방법의 시대를 살아가고 있다. 이런 시대가 우리에게 요구하는 것은 표준화·동질화된 아웃풋의 대량 생산이 아니라 방법의 독창성과 혁신이다. 가치란 차이를 의미하므로 동질화는 가치의 소실을 의미한다.

이런 와중에 **'올바르고 알기 쉽게 전달한다'라는 기존의 로지컬 씽킹이**

지닌 명쾌함은 지나치게 강한 설득력을 지닌다.** 이미 사람들은 로지컬 씽킹을 과도하게 습득한 상태라고 해도 좋다. 즉 기존의 사고에 지나치게 적응한 나머지 여기서 벗어난 사고를 받아들이기 어려워졌다. 모처럼 생각해 낸 아이디어도 논리적이지 않다는 말로 일축하거나 "그건 그저 즉흥적으로 생각난 거 아닌가?" 하고 무시하기 일쑤다.

표준화되어 누가 만들어도 품질에 차이가 없는 제품을 '코모디티'commodity라고 부른다. 표준화된 사고가 만들어 내는 것 또한 코모디티라 할 수 있다. 표준적인 사고방식에 너무 집중하다 보면 새로운 것, 의외성 있는 기발한 발상 그리고 독창성 있는 차별화된 성과를 만들어 내기 어렵다. 이런 장애 요인을 **기존의 로지컬 씽킹이 초래하는 '코모디티 사고의 함정'**이라고 부른다. 이 함정에 빠지면 방법의 시대에서 살아남기 어렵다.

## '사고의 틀'에 담긴 네 가지 핵심 콘셉트

이와 같은 문제의식에 대한 처방전으로서 이제 새로운 사고의 틀을 소개하고자 한다. 우선 그 배경에 공통적으로 자리한 네 가지 가치관을 설명할 것이다(도표 0-2). 이들 가치관은 사고의 틀에 담긴 콘셉트 자체이며 과거의 로지컬 씽킹에서 변화한 점이기도 하다.

### 핵심 콘셉트 1. 논리적 정합성에서 '논리적 의외성'으로

지금까지 로지컬 씽킹은 논리의 정합성을 중요하게 여겼다. 마치

[도표 0-2] '사고의 틀'에 담긴 네 가지 핵심 콘셉트

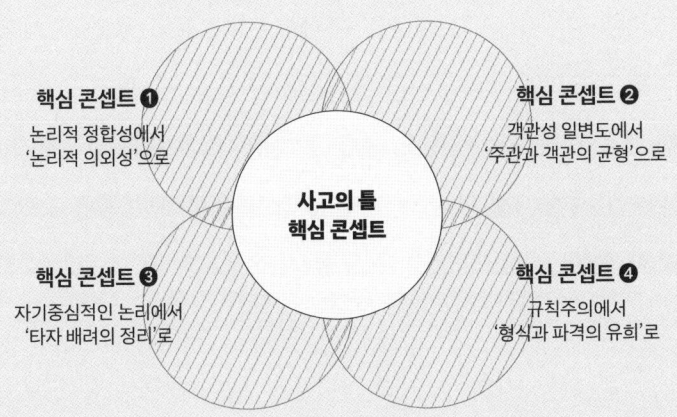

외관을 멋지게 지은 오피스 빌딩 같은 건축물의 모습이다. 이런 건축물은 매우 튼튼하고 안정성이 있지만 하나같이 똑같은 형태여서 보면 볼수록 싫증이 나기 마련이다.

그래서 나는 논리적이면서도 동시에 사람들에게 놀라움을 선사하고 즐겁게 해줄 수 있는 의외성이라는 요소를 사고법에 담고 싶었다. 호주를 상징하는 시드니 오페라하우스처럼 견고한 질서를 갖추고 있으면서도 의외성이 공존하는 사고방식 말이다.

이 논리적 의외성logical surprise은 경쟁 상대와의 정보 비대칭성과 정보 차별화를 만들어 내고, 그 차이에서 가치가 창출된다.

**핵심 콘셉트 2. 객관성 일변도에서 '주관과 객관의 균형'으로**

지금까지의 로지컬 씽킹은 주관을 섞지 않고 철저히 사실에 근거해 객관적인 시각으로 논리를 구성하는 방식을 가르쳐 왔다. 하지만

누구나 알고 있는 정보를 표준적인 방법으로 처리하면 거기서 얻는 성과는 상투적이고 흔한 내용일 수밖에 없다. 본래 주관은 개성이며 독자적인 것으로, 창의성의 원천이었다. 이제 그 주관의 중요성을 회복하고 주관성과 객관성 모두를 융합한 지적 균형 감각을 되찾아야 한다. 이 책에서는 그 지적 균형 감각을 유지하는 힘을 '지성'이라 부르고자 한다.

### 핵심 콘셉트 3. 자기중심적인 논리에서 '타자 배려의 정리'로

'어떻게 하면 상대를 설득할 수 있는 강력한 논리를 구축할 수 있을까? 그리고 어떻게 상대를 논파할 수 있을까? …' 이런 식으로 자기중심적인 논리에 치우쳐 있지는 않은가? 일방적인 사고방식으로 이야기한다면 듣는 사람은 '그 말이 맞기는 하지만….' 하며 의아함을 느낄 것이다. 앞으로는 상대가 무엇을 생각하고, 고민하고, 기대하는지를 헤아리면서 자신과 상대를 둘러싼 상황과 전후 맥락을 섬세하게 읽어 보면 어떨까? 상대에게 공감하는 마음으로 이야기해 보는 것이다. 이제부터라도 논리만 추구하지 말고 타인을 배려하는 '정리'情理(정서적 이해—옮긴이)를 중요하게 여기는 태도를 사고방식에 담아 보자. 생성형 AI가 확산되는 요즘 시대에 이런 사고방식은 인간만의 소중한 역할로서 점점 더 중요해질 것이다.

### 핵심 콘셉트 4. 규칙주의에서 '형식과 파격의 유희'로

일정한 멜로디나 같은 템포의 리듬이 줄곧 계속된다면 그 음악은 무척이나 지루할 것이다. 지금까지의 논리적 사고는 정해진 규칙, 표준화된 사고방식에 따라 논리를 구성하는 방식을 중시해 왔다. 그런 규칙주의 아래에서는 점점 재미와 즐거움이 줄어들 것이다.

이 책에서는 기본이 되는 사고의 틀을 제시하면서 그 틀을 깨뜨리는 시도도 권한다. 규칙적인 선율을 연주하면서도 의외성 있는 음의 변주나 예상치 못한 화음의 일탈을 끼워 넣듯, 장난과 놀이 그리고 우연성을 적극적으로 활용하고자 한다. 독창성은 그런 '파격'의 유희를 따라 나타난다.

겉으로 드러난 모습만 흉내 내서는 진정한 기술을 체득했다고 할 수 없다. 겉모습의 이면에 감춰져 있는 것, 배경 뒤에 숨어 있는 것, 근본에 흐르는 것, 그런 본질적인 감성을 이 책의 사고방식을 통해 익히길 바란다.

## 새로운 로지컬 씽킹의 틀, QADI 사이클

이 책에서 말하는 사고의 틀이란 어떤 모습을 하고 있을까? 우선 사고의 전체적인 모습을 대략 살펴보면 '발견'과 '논증'의 두 가지 국면으로 나눌 수 있다.

### 1. 발견

발견Discovery 단계에서는 질문을 설정하고 새로운 지식과 가설을 찾아낸다. 어떤 주장이 옳다는 것을 전하기 전에 '애초에 무엇을 전하고 싶은가?', '거기에 의외성이나 재미가 있는가?', '기존 정보와 어떤 차별성이 있는가?' 같은 질문에 대답하기 위한 가설의 통찰이 이 단계에서 이뤄진다.

### 2. 논증

논증Proof 단계에서는 발견한 지식과 가설이 옳다는 것을 사실과 논리적인 절차를 사용해 밝힌다. 발견 단계에서 통찰한 가설에 대해 '왜 이 가설이 옳다고 말할 수 있는가?', '어떤 이치로 그렇게 생각한 것인가?', '구체적인 근거는 무엇인가?' 같은 질문에 대한 대답을 이 단계에서 찾는다.

발견과 논증의 두 단계에서는 QADI의 알파벳 네 글자가 나타내는 사고의 틀이 서로 조합되면서 전개된다.

### Q : 질문

QADI 사이클의 첫 번째 알파벳 Q는 '질문'Question을 말한다. 즉 발견과 논증의 출발점인 질문을 설정하기 위한 사고의 틀이다. 질문의 질이 높으면 사고의 질도 저절로 향상되고 우수한 아웃풋이 나오기 마련이다. 반대로 진부한 질문은 진부한 사고로 이어지므로 가치 있는 성과를 기대할 수 없다. 뛰어난 발상을 이끌어 내는 '논점 설계 방법'을 이 책에서 알려 주고자 한다.

### A : 가설

설정한 질문에 대한 초기 '가설'Abduction을 세운다. 초기 가설은 이른바 식물의 씨앗으로, 그 씨앗이 지닌 잠재력에 따라 미래의 수목과 과실의 모습이 크게 달라진다. 어떻게 하면 새롭고 독창적인 가설을 창출할 수 있을까? 이를 '가설추리' 방법으로 설명할 것이다.

### D : 시사

처음에 만들어진 가설을 '1'이라고 하면 그 가설이 지닌 잠재력을 '시사'示唆, Deduction를 통해 '10'으로 이끄는 단계다. 만일 점點과 같은 아이디어뿐이라면 "그건 즉흥적으로 떠오른 생각에 지나지 않네."라고 퇴짜를 맞겠지만 가치를 넓혀 가는 선線, 즉 스토리로 설명할 수 있다면 이야기의 소구력은 완전히 달라진다. 이를 '연역적 사고' 방법을 통해 밝힐 것이다.

### I : 결론

가설과 스토리의 옳음을 검증 및 반증하고 다듬어 '결론'Induction으로 이끄는 단계다. 검증과 반증으로 더 확실히 증명하고 내용을 다듬을수록 가설은 그 힘을 강하게 키워 간다는 사실을 '귀납적 사고' 방법을 통해 보여 주고자 한다.

이 과정을 통합한 사고의 틀을 **QADI 사이클**이라고 한다(도표 0-3). 이 사고의 틀을 신 로지컬 씽킹으로 알리고자 하는 이유는 이 책이 다음 세 가지 사고를 추구하기 때문이다.

[도표 0-3] 신 로지컬 씽킹의 사고의 틀, QADI 사이클

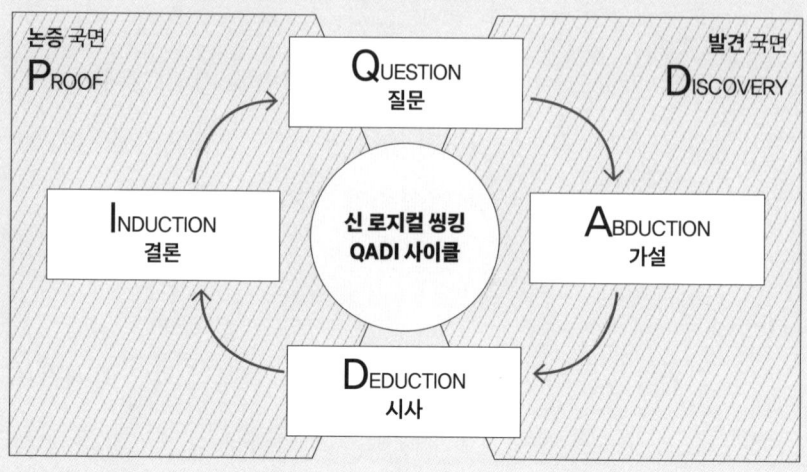

- 과거의 로지컬 씽킹이 부딪힌 한계를 넘어 업데이트하는 '새로운 사고'
- 지금까지 제각각 다뤄지던 사고법이 싱크로된 '통합된 사고'
- 생각하는 것의 진정한 가능성을 해방하는 '진짜 사고'

이 책은 이렇게 새로울 뿐 아니라 기존의 사고법들을 통합한 사고 틀을 모든 업계와 업종, 직업에서 누구나 활용할 수 있도록 체계적이면서도 실천적인 내용을 전하고자 한다. 구체적으로는 다음과 같다.

- 각각의 사고 단계에서 어떻게 두뇌를 사용하고 실천이 이뤄지는가?
- 그 이면에는 어떤 이론적 배경이 있는가?
- QADI라는 네 가지 사고가 통합·전개되고 다시 순환하게 되는 필연

성은 무엇인가?
- 이들 사고를 통해 지금까지의 로지컬 씽킹은 어떻게 업데이트되었으며, 업무나 연구 또는 생활 속에서 어떻게 도움이 되는가?

컨설팅 업계는 로지컬 씽킹의 보급에 무척 힘써 왔다. 그러나 한편으로 지금까지의 로지컬 씽킹에는 '코모디티 사고의 함정'이 있어 그 한계도 드러났다. 로지컬 씽킹을 널리 확장해 온 주역이 컨설팅 업계라면 이제 그 한계를 뛰어넘을 방법도 컨설팅 업계에서 제공해야만 할 것이다. 그런 마음으로 이 책을 썼다.

## 목적 중심의 사고법 vs. 신 로지컬 씽킹

이 책을 읽고 있는 여러분 중에는 나의 전작인 《목적 중심의 사고법》目的ドリブンの思考法을 읽은 독자도 있을 것이다. 《목적 중심의 사고법》과 《신 로지컬 씽킹》이 각각 다른 사고의 틀을 강조하다 보니 '사고의 틀이 두 가지나 있다니, 어떻게 된 거야?', '서로 어떤 관계인 거지?'라며 궁금해 할지도 모른다. 이에 보충 설명을 하면 다음과 같다 (도표 0-4).

목적 중심의 사고법은 '목적-목표-수단'의 3단 피라미드를 통해 성과 창출의 스토리를 만들고, 이를 달성하기 위해 지켜야 할 '다섯 가지 기본 동작'(인지-판단-행동-예측-학습)을 구체화해서 전달한다.

반면에 신 로지컬 씽킹은 생각하는 상황에서 일어나는 두뇌 활용

[도표 0-4] 신 로지컬 씽킹은 목적 중심의 사고법을 지탱하는 사고의 기반

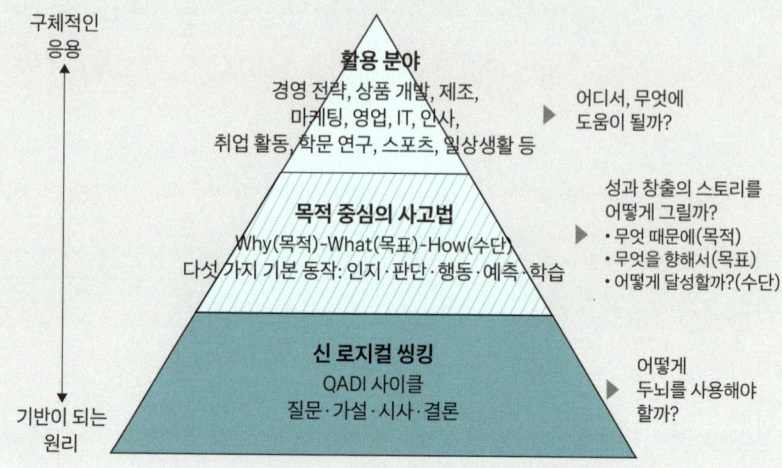

법에 주목해 '어떤 방법으로 머리를 사용하면 좋을지'를 더욱 깊은 수준에서 구체화한 것이다. 이는 두뇌 활용법의 원리이자 생각하는 일 전체에 공통으로 영향을 미치는 토대다.

좀 더 쉽게 설명하기 위해 두뇌를 스마트폰에 비유해 보자. 신 로지컬 씽킹은 스마트폰에 들어 있는 OS(예를 들면 안드로이드나 iOS)이고, 목적 중심의 사고법은 스마트폰에 설치된 앱이라고 볼 수 있다.

그런 의미에서 《신 로지컬 씽킹》은 전작의 후속편으로, 사고의 원류로 말하면 '프리퀄'에 해당한다고 할 수 있다. 두 책을 합하면 거의 700여 쪽에 이르는 '전략 컨설턴트의 사고 대전'思考大全이라 할 수 있다. 이 책들을 통해 사고법에 관해 체계적으로 읽을 수 있다. 물론 이 책은 《목적 중심의 사고법》의 내용을 전제로 하지는 않았기 때문에 이 책부터 읽어도 전혀 상관없다. 이 책을 읽으면 다양한 상황에서

더욱 유연하게 사고하고 지식에 의존하지 않는 문제 해결 능력을 키울 수 있다.

## 이 책의 구성과 읽는 방법

지금까지 말했듯이 이 책은 신 로지컬 씽킹이라는 새로운 사고법을 목표로 한다. 하지만 단번에 목표 지점에 다다르기는 쉽지 않다. 따라서 이 책에서는 내용을 크게 3부로 나눠 로지컬 씽킹의 초심자도 하나씩 단계를 밟아 나가면 언젠가는 높은 단계까지 이를 수 있게 구성했다. 이 구성은 정-반-합의 3단계로 이뤄진 변증법적 발전이기도 하다.

- **제1부 정正**: 기존 로지컬 씽킹을 '논증'의 맥락에서 다시 파악한다.
- **제2부 반反**: 기존 로지컬 씽킹의 약점이었던 '발견'을 가능하게 하는 질문 설정법과 가설 창출법을 설명한다.
- **제3부 합合**: '발견'과 '논증'을 통합(지양 혹은 아우프헤벤Aufheben)하고 이후 계속되는 '탐구'에 이를 때까지의 높은 수준, 즉 신 로지컬 씽킹을 목표로 한다.

그런 의미에서 이 책은 과거의 로지컬 씽킹에 대한 단순한 안티테제antithese(반정립反定立)가 아니다. 과거를 넘어 진테제synthese(변증법 논리나 헤겔 철학에서 서로 모순되는 정립定立과 반정립을 거쳐 대립과 모순이 통일되는 새로운 단계—옮긴이)로 나아가는 진정한 사고법을 지향한다.

이 책은 독자 여러분이 로지컬 씽킹을 얼마나 잘 아느냐에 따라 방법을 바꿔 읽을 수도 있다. 아래에서 설명하고 있는 이 책을 읽기로 마음먹은 동기를 되돌아보고, 자신의 동기에 가장 적합한 방법을 찾아 읽기를 바란다.

**'로지컬 씽킹을 처음부터 배우고 싶다'**
이런 독자는 이 책을 처음부터 통독하는 것이 좋다. 한 번에 모두 완벽하게 이해하려 하지 말고 이 책에서 이야기하는 사고의 틀을 하나씩이라도 좋으니 차분히 소화해 보자. 각각의 틀은 '사고의 모듈'로서 단독으로 분리해 사용할 수 있다. 각각 개별적으로도 사고를 바꾸는 효능을 발휘한다.

**'지금까지의 사고법을 확인·개선·유지하고 싶다'**
이 경우는 이 책을 처음부터 통독해서 총괄적으로 확인해 나갈 수도 있고, 자신이 잘 모르는 부분을 골라 읽을 수도 있다. 이 책은 정(논증)-반(발견)-합(논증과 발견의 통합)의 3부로 나뉘어 있으므로 필요한 부분을 선별해서 읽으면 된다.

**'로지컬 씽킹에 익숙하며 더 업데이트하고 싶다'**
이런 상황이라면 이 책의 도달 지점인 신 로지컬 씽킹을 설명하는

'합' 부분부터 읽어도 좋다. 지금까지의 로지컬 씽킹을 업데이트하는 사고의 틀을 전체적으로 파악할 수 있을 것이다. 읽다가 불명확한 점이 있으면 그에 해당하는 꼭지를 앞부분에서 찾아, 더 자세한 설명을 읽으면 된다.

이 책은 사고력을 끌어올리고 싶은 직장인과 사업가를 주요 대상으로 한다. 또한 이 책의 주제가 생각이라는 인간의 근원적인 활동을 업데이트하려는 것인 만큼 여기서 제시하는 사고의 틀은 입시 공부, 연구, 교육, 취업 활동, 스포츠는 물론 인생의 다양한 상황에 응용할 수 있다. 더욱 만족스러운 인생을 위해 반드시 로지컬 씽킹을 습득하고 연습해서 자기만의 기술로 만들기를 바란다.

## 사고를 바꾸는 것은 운명을 바꾸는 것

마지막으로 테레사 수녀의 말을 빌려 사고법을 배우고 바꾼다는 것이 무엇을 의미하는지 짚어 보려고 한다.

사고를 조심하라, 그것은 언젠가 말이 되니까.
말을 조심하라, 그것은 언젠가 행동이 되니까.
행동을 조심하라, 그것은 언젠가 습관이 되니까.
습관을 조심하라, 그것은 언젠가 성격이 되니까.
성격을 조심하라, 그것은 언젠가 운명이 되니까.

앞으로 우리는 여기서 말하는 연쇄의 뿌리에 있는 사고를 바꿀 것이다. 이는 지금 우리가 자신의 '운명'마저도 바꿔 가고 있음을 의미한다. 《신 로지컬 씽킹》이 무엇을 위해 존재하는지, 그 목적의 핵심이 이 말 안에 있다.

자신의 사고를 바꾸는 일, 그로써 자신의 운명마저 바꾸는 일. 그와 같은 기개로 앞으로 이 책에서 말하는 내용을 자신의 것으로 만들어 가자. 그저 건성건성 페이지를 넘기지 않는 절실함이 여러분을 더욱 높은 곳으로 이끌어 줄 것이다.

**차례**

| | |
|---|---|
| 감수의 글  AI 시대, 생각하는 힘을 다시 배우다 | 5 |
| 들어가는 글  왜 지금, 로지컬 씽킹을 업데이트해야 하는가 | 8 |

## 제1부 정正 ··· 논증으로 사고를 구성하라

### 제1장 논리적으로 생각한다는 말의 의미

| | |
|---|---|
| 사례  결과가 중요할까, 프로세스가 중요할까? | 40 |
| '주어진 정보'에서 '주어지지 않은 정보'를 끌어내기 | 42 |
| 정보의 차별화로 가치를 만드는 전략적 사고 | 44 |
| 주어지지 않은 정보로 설득하려면 논증이 필요하다 | 46 |
| 논증이란 '이유'를 둘러싼 싸움 | 46 |
| 논증은 상대를 꺾는 게 아닌 함께 움직이기 위한 것 | 48 |
| '왜냐하면', '그러므로'의 구조로 논증하라 | 49 |
| 논리를 받치는 '충분한 요소', '기대하는 순서' | 52 |
| 상대의 마음을 사로잡는 논증 원칙, 정리 | 54 |
| 나도 상대도 고개를 끄덕일 근거를 제시하라 | 56 |
| 논리와 정리의 교차점, 이모로지컬 | 58 |
| IQ에서 EQ로, 생성형 AI 시대에 필요한 것 | 60 |
| 사례 해결  OR이 아닌 AND로 사고하라 | 63 |
| 조건부 논증으로 사고의 해상도를 높여라 | 66 |
| 리스크를 감수할 용기가 있는가? | 68 |
| 로지컬 씽킹의 끝, 표준화 | 69 |
| 표준화의 반작용, 코모디티 사고의 함정 | 70 |

## 제2장 연역적 사고로 시사를 끌어낸다

| | |
|---|---|
| **사례** 아마존의 전략 스토리를 분석해 보자 | 74 |
| 가장 기본적인 두뇌 작용, 연상 | 76 |
| 연상에 논리를 더하면 스토리가 생겨난다 | 77 |
| 아리스토텔레스와 데카르트의 연역법 | 78 |
| 연역법으로 증명·평가·예측·판단하기 | 80 |
| '의미의 연쇄 반응'으로 탄생하는 스토리 | 85 |
| 연역적 사고로 코모디티 사고에서 벗어나라 | 87 |
| 주관을 담아 독창적인 스토리를 전개하라 | 89 |
| 연역적 사고, 실제 상황에서 이렇게 활용하라 | 92 |
| 연역적 사고를 하기 위한 세 가지 요점 | 97 |
| 하나를 들으면 열을 아는 사람의 머릿속 | 104 |
| 연역적 스토리, 직선적 논리에서 순환 논리로 | 105 |
| 정통파 템플릿의 세계 vs. 논리적 의외성의 세계 | 107 |
| So what's new? 그래서 무엇이 새로운가? | 110 |
| 불확실성의 시대를 건너는 안티프래질리티 사고 | 112 |
| 종합적 사고로 전략 스토리를 그려라 | 114 |
| 논리적 의외성을 창출하는 여섯 가지 스토리 패턴 | 116 |
| **사례 해결** 고객을 묶어 경쟁 우위를 만든다 | 123 |

## 제3장 귀납적 사고로 결론을 끌어올린다

| | |
|---|---|
| **사례** 업무의 DX, 어떤 솔루션을 선정해야 할까? | 130 |
| 같은 것과 다른 것을 구분하는 사고의 원리 | 132 |
| 그룹핑에 따라 달라지는 사고의 흐름 | 133 |
| 자신만의 분류 관점을 축적하라 | 134 |
| 그룹핑을 터득하면 귀납법도 할 수 있다 | 136 |
| 경험이 쌓일수록 논리는 더욱 강해진다 | 137 |
| 귀납적 사고란 하나의 본질로 정리하는 것 | 139 |
| 모으고 나서 정리하지 말고 정리하고 나서 모아라 | 141 |

| | |
|---|---|
| 사실보다 시사점에 주목하라! look과 see의 차이 | 142 |
| 본질을 정리하는 귀납적 질문, So what? | 144 |
| 프레임워크의 렌즈로 사물을 입체적으로 포착하라 | 146 |
| 경험을 지렛대 삼아 '법칙'을 도출하라 | 148 |
| 블랙 스완, 고집을 버리고 새로운 가능성을 열어 두자 | 149 |
| 귀납적 사고, 실제 상황에서 이렇게 활용하라 | 150 |
| 다단계의 귀납적 사고로 구조화하라 | 154 |
| 서브 메시지를 넘어 메인 메시지로 나아가라 | 156 |
| **사례 해결** 정보를 무기로, 배려를 방패로 | 159 |
| 상대에 따라 구조를 일부러 무너뜨려라 | 163 |
| 좋은 시사점에는 논리의 비약이 있다 | 165 |
| 논리의 정확성과 비약의 균형 감각 | 166 |
| 나만의 통찰을 끌어내기 위한 나의 관점 | 167 |

## 제2부 반反 … 발견으로 사고를 확장하라

### 제4장 가설을 만들어 사고를 차별화한다

| | |
|---|---|
| **사례** 유선 전화 사업의 매출을 어떻게 증대할까? | 174 |
| 한도를 넘어서면 선도 악으로 바뀐다 | 176 |
| 컨설턴트의 구조화 신화를 깨뜨려라 | 177 |
| 논증과 발견을 오가며 생각하기 | 179 |
| 가치를 끌어내는 원천으로서의 '발견' | 181 |
| 두뇌 운동으로 발견 감각을 키워라 | 182 |
| 미지의 가설을 만들어 내는 가추법 | 183 |
| 가추법 사고를 움직이는 질문, What if? | 185 |
| 초기 가설의 옵션을 확장하라 | 186 |
| 가설의 우선순위를 정하는 네 가지 기준 | 188 |
| 가설은 출처보다 유용성이 중요하다 | 190 |

| | |
|---|---|
| 똑똑한 사람이 보지 못하는 합리성의 함정 | 191 |
| 가추법, 실제 상황에서 이렇게 활용하라 | 193 |
| 1퍼센트의 영감은 99퍼센트의 노력으로 이뤄진다 | 197 |
| 로지컬 씽킹 최후의 열매, 직감 | 199 |
| 할 수 있는 일을 다 한 후에 하늘의 뜻을 기다려라 | 200 |
| 발견을 촉진하는 네 가지 마음가짐 | 202 |
| 불확실한 시대를 견디는 '부정적 수용력' | 208 |
| 사례 해결 **고령자와 비즈니스 고객을 겨냥하면 어떨까?** | 210 |
| 언어화할 수 없다면 모방할 수도 없다 | 216 |
| 직감을 기술로 만드는 감각 훈련하기 | 217 |
| 발견을 촉구하는 안전 그리고 배려 | 219 |

## 제5장 질문력을 높여 사고의 깊이를 만든다

| | |
|---|---|
| 사례 **질문의 핵심을 어떻게 포착해야 할까?** | 222 |
| 질문의 질이 사고의 질을 결정한다 | 225 |
| 생성형 AI를 마음껏 활용하는 열쇠로서의 '질문력' | 226 |
| 질문을 설정하기가 불안하고 두렵다면 | 227 |
| 생각하려는 마음만으론 뇌는 아무것도 생각하지 않는다 | 229 |
| 문제를 파고들 각도를 결정하라 | 231 |
| 필요한 정보가 저절로 눈에 들어오는 때 | 232 |
| 생각한다는 것은 긴장을 유지하는 것 | 233 |
| '생각'을 떠올리지 말고 '질문'을 설정하라 | 234 |
| 질문을 설정하는 감각, 발산과 수렴 | 235 |
| 문제와 과제 그리고 해결책의 차이 | 238 |
| 질문의 전체상을 파악하는 퀘스천 스코프 | 240 |
| 좋은 질문과 나쁜 질문의 세 가지 특징 | 242 |
| 힘껏 달리기 전에 '한번, 멈춰 서라' | 245 |
| 문제해결의 순위를 선정하는 질문 매트릭스 | 246 |
| 남들은 해결할 수 없지만 나라면 해결할 수 있는 질문 | 248 |
| 질문 설정의 기본은 '의문문' 만들기 | 250 |

| | |
|---|---|
| 질문으로 생각을 끌어내는 '문답법' | 251 |
| 질문을 설정하는 '질문력' 키우기 | 253 |
| 무지에 대한 감각이 질문력을 높인다 | 261 |
| 문제 영역을 '유한화'하고 '임시 설정'하라 | 262 |
| 프레임워크로 생각하는 힘을 끌어내는 6W2H | 264 |
| 프레임워크의 마지막 단계, 스스로 질문 만들기 | 267 |
| 돌파구를 뚫는 열쇠가 핵심 질문이다 | 268 |
| 사례 해결  한눈에 보이는 '질문 구조도'를 그린다 | 270 |
| 질문을 던져야 지적으로 자립한다 | 274 |
| 어떤 질문을 하느냐에 따라 인격도 달라진다 | 275 |

## 제3부 합合 … 신 로지컬 씽킹으로 사고를 완성하라

### 제6장 새로운 논리적 사고의 틀, QADI 사이클

| | |
|---|---|
| 사례  침체된 동물원 경영을 어떻게 되살릴까? | 280 |
| 무엇을 위한 '사고의 틀'인가 | 282 |
| 연역, 귀납, 가설추리의 강점과 약점 | 284 |
| 사고의 삼위일체화로 강점을 살리고 약점을 보완하라 | 287 |
| 신 로지컬 씽킹의 '사고 틀' QADI 사이클 | 289 |
| 메일 한 통에서 면접까지 QADI 사이클로 실행하라 | 290 |
| 발견과 논증의 평형감각 되찾기 | 293 |
| 설명하는 순서와 생각하는 순서는 다르다 | 295 |
| 사례 해결  동물원을 혁신 플랫폼으로 바꿔 매출을 회복한다 | 297 |
| 불확실성의 뷰카 시대에서 살아남는 법 | 311 |
| 가설 진화론 혹은 '강하고 새로운 게임' | 312 |
| '사고의 순환'으로 전체와 부분을 왕복하기 | 313 |
| 사고의 '불법 침입'을 환영하라 | 315 |
| 오픈 마인드가 펼치는 미래의 조직과 사회 | 316 |

## 제7장 사고의 틀을 나만의 기술로 만드는 법

| | |
|---|---|
| **사례** 사고력을 높이고 싶다는 고민에 뭐라고 대답할까? | 320 |
| '머리가 좋다'는 말의 의미 | 321 |
| 사고의 다섯 가지 힘과 사고력의 성숙도 모델 | 322 |
| 성숙도 진단 1. 질문을 설정하는 힘 | 324 |
| 성숙도 진단 2. 가설을 창출하는 힘 | 326 |
| 성숙도 진단 3. 시사점을 끌어내는 힘 | 328 |
| 성숙도 진단 4. 결론을 도출하는 힘 | 330 |
| 성숙도 진단 5. 새로운 지식을 탐구하는 힘 | 333 |
| 성숙도 모델로 사고 수준의 현재와 미래 설정하기 | 334 |
| 지력을 높이려면 심리적 맹점을 극복하라 | 337 |
| 일부러 나 자신을 비판적으로 바라보라 | 338 |
| 좋은 점만 골라 따르는 '사숙'의 태도 | 340 |
| 방법적 믿음이 배움을 더 깊고 넓게 한다 | 341 |
| '틀'을 배우고 깨뜨리고 벗어나라 | 342 |
| 양이 질의 변화를 낳는다, 양질전화 | 343 |
| 논리의 형식보다 논리의 감각을 중요하게 여겨라 | 345 |
| 전인격을 걸고 생각한다는 것 | 346 |
| 사고의 궁극적인 목표, 진선미 | 348 |
| **사례 해결** EARN 프로세스로 시작하는 자기 코칭 | 350 |
| 미네르바의 올빼미는 황혼 녘에 날개를 편다 | 353 |

| | | |
|---|---|---|
| **나오는 글** | 우리는 무엇을 위해 생각하는 힘을 길러야 하는가 | 355 |
| **감사의 글** | | 358 |

**제1부**

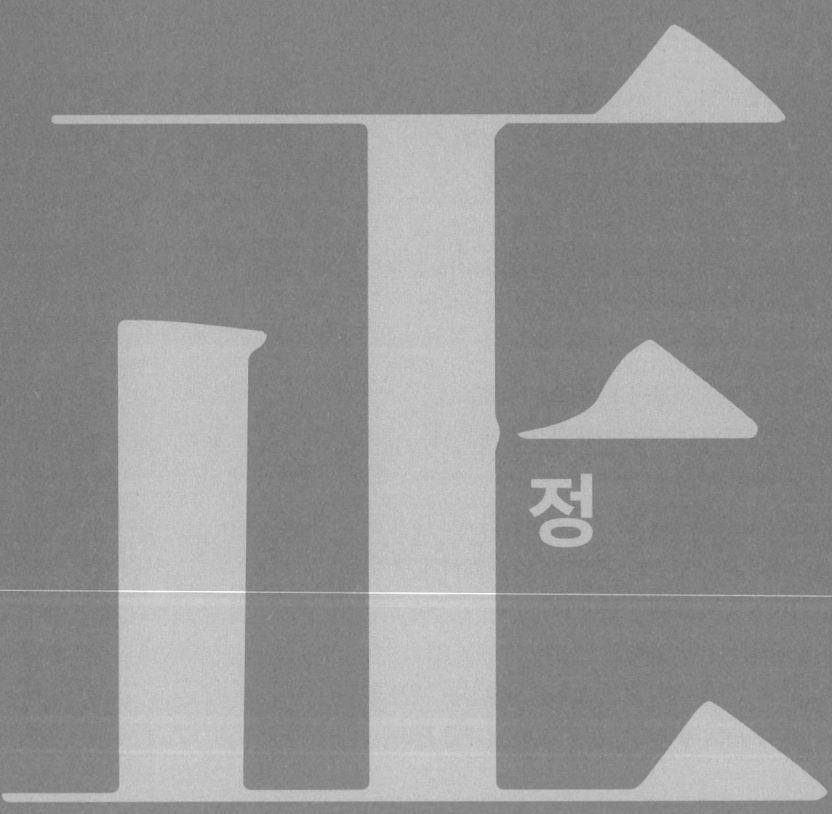

정

# 논증으로
# 사고를 구성하라

제1부에서는 신 로지컬 씽킹에 이르는 표면적인 접근으로서 논증의 기법에 관해 설명할 것이다. 논증은 주장을 정확하고 알기 쉽게 전달해 상대를 납득하기 위한 방법으로 정통 로지컬 씽킹을 지탱하는 사고방식의 기본이다. 그러나 자칫 '코모디티 사고의 함정'에 빠질 수 있으니 주의해야 한다. 그러기 위해서는 지금까지의 로지컬 씽킹을 재구성하고 여기에 새로운 의미를 부여해 업그레이드해야 한다.

**제1장**

# 논리적으로 생각한다는 말의 의미

제1장에서는 논리적으로 생각하는 일의 기본 원칙부터 살펴보고자 한다. 종종 우리는 "논리적으로 생각해 봐!"라는 말을 듣곤 하는데, 정작 "그러면 어떤 게 논리적인 걸까?"라는 질문에 대한 답은 별로 없다. 게다가 지금까지의 로지컬 씽킹은 지나치게 논리 일변도로 밀고 나가다 보니 결국 중요한 뭔가를 잃고 말았다. 여기서는 이렇게 잃어버린 것을 찾아가면서 '논리적'이라는 말이 진짜 무엇을 의미하는지 설명할 것이다.

**결과가 중요할까, 프로세스가 중요할까?**

같은 컨설팅 회사의 동기로 입사해 친구이자 좋은 경쟁자이기도 한 구도 씨와 핫토리 씨가 점심시간에 담론을 벌이고 있다. 주제는 '비즈니스에서는 결과와 과정 중 어느 쪽이 중요한가?'다. 다음 질문을 염두에 두고 두 사람의 대화를 읽어 보자.

① 구도 씨와 핫토리 씨의 주장은 무엇인가? 그 이유는 무엇인가?
② 여러분은 두 사람 중 누구의 입장에 찬성 혹은 반대하는가? 그 이유는 무엇인가?

▶ **구도 씨와 핫토리 씨의 담론**

**구도** 결과가 전부지. 비즈니스에서 성공하려면 매출과 이익이 좋아야 하고 결과를 내야만 기업이 성장하는 거니까. 게다가 결과가 좋아야 투자가도 만족스러워할 거고 사회적으로 높은 평가도 얻지 않겠어?

**핫토리** 그런데 구도, 결과도 중요하지만 실은 어떻게 그 결과에 이르렀는지가 더 중요해. 좋은 프로세스가 있으면 설령 일시적으로 좋은 결과가 나오지 않았다 해도 장기적으로는 좋은 성과를 얻는 법이거든. 더구나 프로세스를 중요하게 여겨야 직원들한테 동기 부여가 될 거고 조직 문화도 좋아지지 않을까?

**구도** 뭘 모르네. 물론 프로세스를 무시할 수는 없지만, 결국은 뭐니 뭐니 해도 결과라고! 스포츠를 생각해 봐. 아무리 좋은 경기를 펼쳤다 해도 시합에 이기지 못하면 무슨 소용이야? 그거랑 똑같은 거지. 비즈니스에서도 좋은 성과를 내지 못하면 외부에서 좋은 평가를 받을 수 있겠어?

**핫토리** 하지만 좋은 프로세스가 있다면 설령 실패했다 하더라도 그 경험을 살려 다음에 활용할 수도 있고, 팀 전체로 봐도 좋은 공부가 될 수 있지. 그리고 프로세스를 제대로 관리한다면 리스크도 줄일 수 있고 개선해 나갈 수도 있거든. 결과만 보다가는 그 이면에 어떤 문제나 무리한 상황이 생겼는지 미처 못 보고 놓칠 수도 있어.

**구도** 그야 그럴지도 모르지만, 역시 세상은 결과 아닐까? 기업 실적도, 개인의 경력도 결과가 나오지 않으면 아무 의미가 없어. 효율적인 프로세스도 당연히 중요하지만… 역시 난 결과가 없으면 모든 게 무의미하다고 생각해.

**핫토리** 결과도 좋지만 어떤 방법을 써서 얻어 낸 결과인지, 그 과정이 사람을 성장시키는 거야. 결과가 나왔다고 해도 프로세스를 제대로 파악하지 못한다면 그저 일순간의 성과에 그치고 말 거야. 프로세스를 중요하게 여겨야 지속적인 가치를 창출해 낼 수 있다고.

## '주어진 정보'에서
## '주어지지 않은 정보'를 끌어내기

지금부터 '생각한다'라는 것이 무엇인지를 생각해 보자. 이런 메타인지는 마치 유체 이탈을 해서 자신을 위에서 내려다보듯 자신의 사고 과정을 인식하는 것으로, 두뇌를 어떻게 사용해야 할지를 알고 바꿔 나가기 위한 기본자세다.

우선 로지컬 씽킹의 대표 격인 논증이라는 사고방식부터 시작해 보자. 간단히 말해서 **논증이란 자신이 전하고자 하는 내용이 옳다는 것을 근거로 내세워 상대에게 보여 주는 일이다.** 하지만 사실을 제대로 갖춘다면 굳이 논증까지 하지 않아도 옳다는 게 상대에게 전해지지 않을까? 우리는 왜 논증을 하는 걸까? 의외로 지금까지 이 질문에는 제대로 된 답이 나오지 않았다.

이 질문에 대답하기 위해서는 먼저 '지적 생산'이란 무엇인지 그 본질을 알아야 한다. 지적 생산은 '하늘-비-우산'이라는 유명한 사고방식을 통해 설명할 수 있다. 하늘-비-우산이란 어떤 내용을 전할 때 다음과 같은 순서대로 말하면 듣는 사람을 이해시킬 수 있다는 사고방식이다(도표 1-1).

① 하늘: 하늘이 흐리다(사실).
② 비: 비가 올 것 같다(해석).
③ 우산: 우산을 갖고 나가야 한다(행동).

**[도표 1-1] 지적 생산은 주어진 정보에서 주어지지 않은 정보를 끌어내는 것**

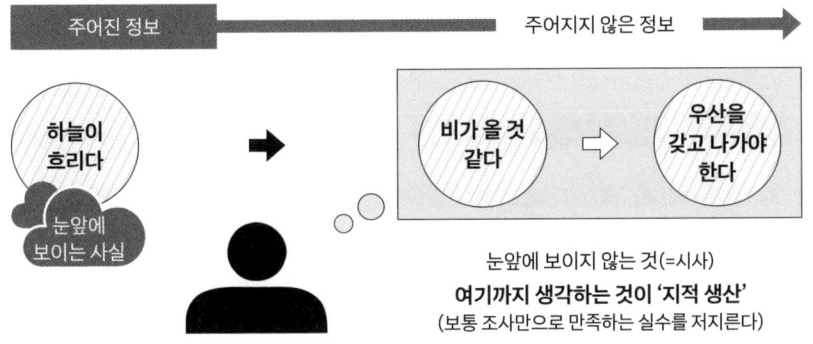

여기서 주목해야 할 점은 이야기를 전달하는 순서가 아니다. 우리는 앞으로 **지적 생산이란 주어진 정보에서 주어지지 않은 정보를 끌어내는 게임**이라는 본질을 읽어 낼 줄 알아야 한다.

우선 '하늘이 흐리다'라는 사실은 실제로 눈앞에 보이는 주어진 정보다. 특별히 머리를 쓰지 않아도 하늘을 올려다보기만 하면 누구나 알 수 있다. 그리고 누구나 알 수 있기에 '하늘이 흐리다'라는 정보 자체의 가치는 빈약하다.

반면에 '하늘이 흐리다'라는 사실에 대해 머릿속에서 생각을 이어 나가 해석을 하나 추가하면 '비가 올 것 같다'라는 추측이 나온다. 이때는 눈앞에 놓인 주어진 정보에서 주어지지 않은 정보로 발을 들여 놓은 것이다.

그리고 여기서 더 나아가 '우산을 갖고 나가야겠다'라는 행동을 끌어내면 주어지지 않은 정보로서의 깊이가 한층 깊어진다.

지적 생산이란 이처럼 주어진 정보에서 다른 사람이 아직 알아채지 못한 주어지지 않은 정보를 얼마나 끌어낼 수 있느냐를 경쟁하는 게임이다.

## 정보의 차별화로 가치를 만드는 전략적 사고

지적 생산에는 빠뜨리면 안 되는 요소가 있다. 바로 정보의 차별화다. 다시 말해 정보를 받아들이는 사람이 아직 알지 못하거나 그 정보를 알게 됨으로써 도움이 되는 새로운 정보를 제시해야 한다. 그저 새롭고 신기한 정보를 제시하면 되는 게 아니라 다음과 같은 전략적 발상이 뒷받침되어야 한다.

- 정보의 수신인은 누구인가?(타기팅)
- 정보 수신인은 무엇을 알고 있고, 무엇을 모르는가?(수신인의 현재 상황 이해)
- 어떤 새로운 정보를 어떻게 알려 주는가?(차별화 방법)

자신과 상대 사이에 정보의 차이를 만들어 내고, 자신은 알지만 상대는 모르는 **정보의 비대칭성**을 창출할 수 있다면 정보 수신인은 "그렇군, 그런 거였어!" 하고 가치를 느낄 것이다(도표 1-2).

누구나 정보에 접근할 수 있는 요즘 시대에는 그저 알아낸 사실을 그대로 알리기만 해서는 부족하다. 그 정보가 어지간히 희소한 것이

[도표 1-2] 지적 생산은 차별화된 새로운 정보를 상대에게 제시하는 것

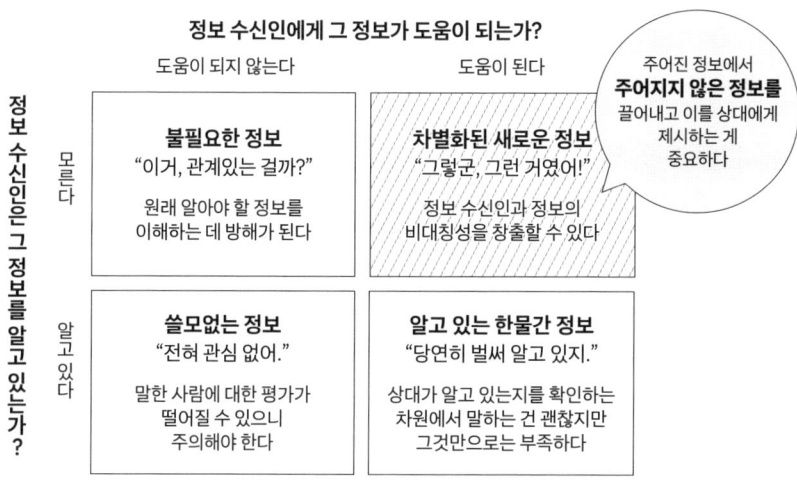

아닌 이상 가치가 빈약할 수밖에 없다. 마찬가지로 아무리 컨설턴트라고 해도 업체에서 구매한 시장 조사 보고서를 단지 정리하기만 한다면 고객은 "시장 조사 보고서는 우리도 살 수 있습니다."라는 반응을 보일 것이다.

또한 사실을 근거로 아무리 애써 진행한다 해도 그렇게 만들어 낸 정보가 상대가 이미 알고 있는 '한물간 정보'라면 상대는 가치를 느끼지 못한다. "그런 건 당연히 벌써 알고 있지."라는 반응이 나온다면 지적 생산에 실패했다는 뜻이다.

주어진 정보에서 주어지지 않은 정보를 끌어내고 정보 수신인이 아직 모르지만 알게 되면 유용한 정보를 만드는 일은 정보의 차별화에 없어서는 안 될 지적 생산 행위다.

## 주어지지 않은 정보로 설득하려면 논증이 필요하다

그렇다면 앞의 질문으로 돌아가 보자. 논증은 왜 필요할까? 바로 **주어지지 않은 정보의 가치에 공감을 얻기 위해서다.**

눈앞에 사실이 있으면 굳이 논증이 필요 없다. 하늘이 흐리다는 정보는 하늘을 올려다보면 누구나 알 수 있는 사실이다. 반면에 주어지지 않은 정보는 눈앞에 놓여 있지 않다. 정말 그런지를 당장 알 수 없다.

그렇기에 주어지지 않은 정보는 정말로 그렇다고 믿을 수 있도록 논증할 필요가 있다. 날씨를 언급하지 않고 그냥 "오늘은 우산을 갖고 나가세요."라고 말하면 "왜요?" 하고 되물을 것이다. 논증을 통해 옳다는 것을 제시하지 않으면 사람들은 주어지지 않은 정보를 믿지 못할뿐더러 새롭게 행동하지도 않는다. 그 결과 주어지지 않은 정보의 원래 가치도 묻히고 만다. 따라서 논증은 주어진 정보에서 주어지지 않은 정보를 끌어내고 상대의 공감을 얻어 가치를 실현하기 위해 반드시 필요하다.

## 논증이란 '이유'를 둘러싼 싸움

논증이 왜 필요한지 알았으니 이번에는 '논증이란 무엇인가'에 대

**[도표 1-3] 논증은 주장이 아니라 이유를 둘러싼 싸움이다**

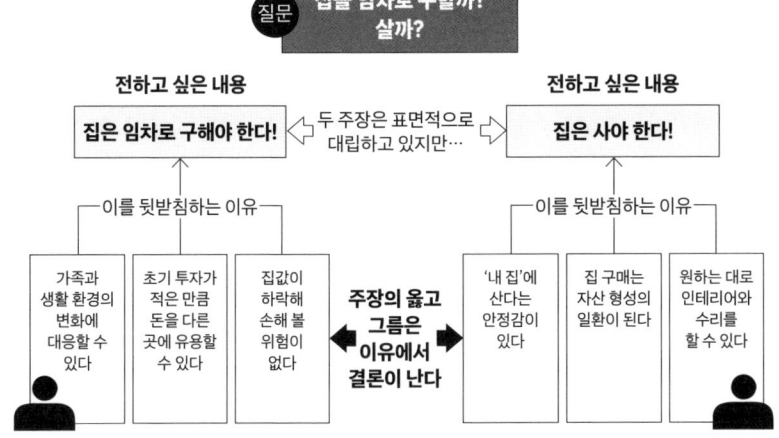

한 이해를 높여 보자. 흔히 아이들이 새로운 게임을 사야 한다며 부모에게 나름의 이유를 들어 설명하듯이, 우리는 철이 들 무렵부터 이미 논증이 생활화되어 있다. 그리고 나이가 들어가면서는 '어느 대학을 목표로 할까?', '취업은 내가 사는 지역에서 할까?', '영어 학원에 다녀야 하나?', '저 사람에게 지금 고백할까?', '집을 사야 하나, 임차를 해야 하나?' 등 주제는 달라도 논증이라는 행위를 끊임없이 반복한다.

이처럼 논증의 형태는 다양하지만 이를 이루는 기본 골격은 모두 같다(도표 1-3). 중심적인 요소를 살펴보면 논증은 다음 세 가지로 이뤄져 있다.

① 어떤 질문이 있다('집을 임차로 구해야 할까, 사야 할까?').

② 그 질문에 대해 자신이 전하고 싶은 내용이 있다('사야 한다').

③ 그 내용을 뒷받침하는 이유를 제시한다('원하는 대로 인테리어나 수리를 할 수 있어서 등').

이것이 논증이다. 이 중에서도 특히 '이유'가 논증을 논증답게 하는 요소다. 이유가 없는 주장은 논증이 되지 못하며 그저 생각나는 대로 내뱉은 데 지나지 않는다. 논증이란 바로 이 이유를 두고 벌이는 싸움이다. 그 이유가 주장과 어떻게 연결되는지, 그 이유는 사실인지, 왜 그 이유가 중요한지, 다른 이유는 없는지 등 이유를 둘러싸고 논증이 이뤄진다.

## 논증은 상대를 꺾는 게 아닌 함께 움직이기 위한 것

비즈니스에서 새로운 가치를 창출하려면 지금까지 해오던 방식에서 변화를 일으켜야 한다. 새로운 가치란 다름 아닌 '차이'를 낳는 일이기 때문에 현재 방식과 상황 모두를 바꿔야 한다.

하지만 우리 인간은 애초에 안정성을 추구하는 습성이 있다. 나름대로 안정되어 있던 현재 상황을 바꿔야 하는 순간이 오면 당황하고 어쩔 줄 몰라 한다. 그리고 우리의 머릿속엔 '왜 이 변화가 필요한가?', '구체적으로 무엇을 해야 하는가?', '그로 인해 무엇이 달라지는가?', '실제로 실현할 수 있는가?', '어느 정도의 노고와 시간, 자원이 필요한가?' 같은 의심과 질문들이 떠오른다.

이런 질문에 근거를 갖춘 대답을 하기 위해, 그리고 의사결정을 하고 조직의 행동을 일으키기 위해 논증이 필요하다. 즉 **논증은 비즈니스에서 '주어지지 않은' 미래를 확실한 근거로 제시하고 조직이 함께 움직이도록 동기를 부여하는 데 의의가 있다.** 논증의 힘은 결코 상대를 논파하는 데 있지 않다.

반대로, 논증이 이뤄지지 않으면 자신의 의견을 제대로 전달하지 못해 주위 사람들의 이해를 얻지 못한다. 이런 상황은 조직에 소속된 일원으로서 무척 괴롭고 견디기 힘들다. 그런 의미에서 논증의 힘을 기르는 일은 조직에서 원활히 소통하며 일할 수 있는 토대가 된다. 만약 여러분이 이런 일로 고민하고 있다면 지금부터 설명하는 논증 기법들이 고민을 해소해 줄 것이다.

## '왜냐하면', '그러므로'의 구조로 논증하라

그러면 논증은 어떻게 해야 좋을까? 예를 들어 어린 자녀가 이렇게 말했다고 하자.

"새로 나온 이 장난감을 사야 해요."

이 말을 논증이라고 할 수 있을까? 당연히 논증이라고 할 수 없다.

아이는 자신이 전하고 싶은 내용을 말하며 주장하고 있을 뿐이다. 그런데 여기에 조금 더 덧붙여 이렇게 말한다면 어떨까?

"새로 나온 이 장난감을 사야 해요. 왜냐하면 이걸 가지고 놀고 싶으니까요!"

전하고 싶은 내용에 '놀고 싶어서'라는 이유를 덧붙였다. 일보 전진이다. 하지만 이유를 자세히 살펴보면 '갖고 싶으니까 원한다'라는 똑같은 의도를 표현만 달리해 반복하고 있을 뿐이다(이를 동어 반복, '토톨로지'tautology라고 한다). 이 단계에서는 아직 장난감을 사 줄 수 없다. 하지만 다음과 같은 경우는 어떨까?

"새로 나온 이 장난감을 사야 해요. 왜냐하면 이걸 가지고 놀면 생각하는 힘이 많이 길러진대요! 그러니까 사야 해요!"

'갖고 싶으니까 원한다'라는 단계를 넘어 자신이 전하고 싶은 내용('장난감을 사야 한다')에 새로운 이유를 덧붙였다. 이런 이유가 있으면 "왜?"라는 질문을 받아도 대답할 수 있을뿐더러, "그러니까" 하면서 자신이 전하고 싶은 내용을 계속 주장할 수 있다. 부모라면 자녀에게 이런 말을 들었을 때 기특하다는 생각이 들고 사 줘야겠다는 마음이 들지 않을까?

이렇게 **전하고 싶은 내용과 그 이유를 서로 연결해 자신의 주장이 옳다**

**[도표 1-4] '왜냐하면'과 '그러므로'를 한 쌍으로 구성하라**

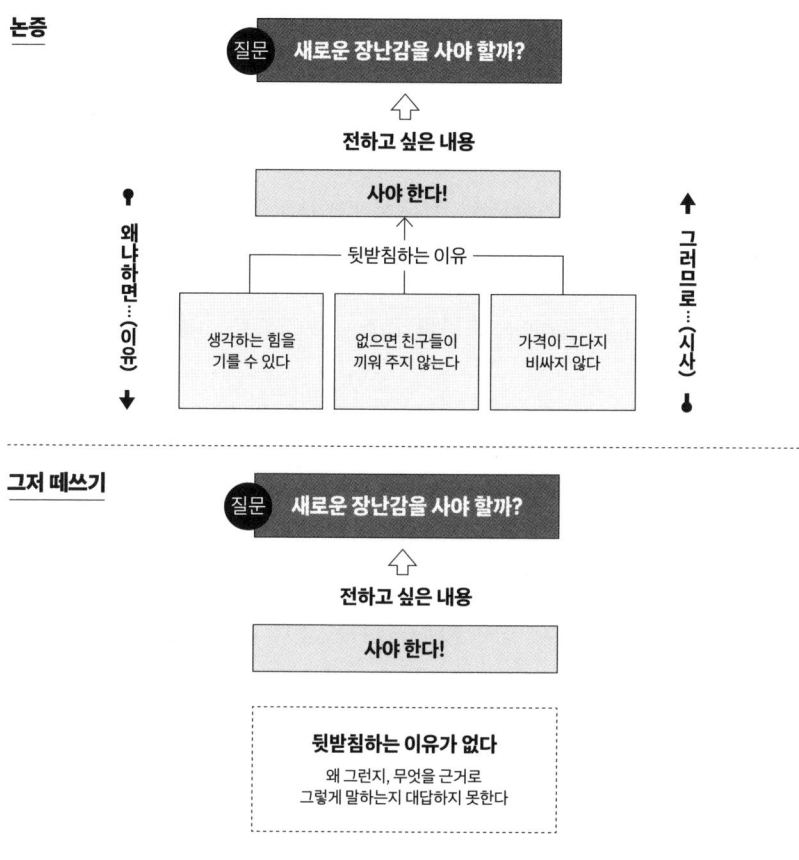

는 것을 보여 주는 작업이 바로 '논증'이다. 이 논증의 구조를 로지컬 씽킹 용어로는 '피라미드 구조'라고 부른다. 여기서는 질문과 관련해 전하고 싶은 내용을 정점으로 해서 '왜냐하면'과 '그러므로'의 한 쌍 구조로 이뤄진 토대를 얼마나 단단히 굳힐 수 있느냐가 중요하다(도표 1-4). 이는 비즈니스 회의실, 학회, 법정은 물론 아이가 장난감 가게에서 부모를 설득할 때도 똑같이 해당된다.

## 논리를 받치는 '충분한 요소', '기대하는 순서'

외관이 비슷한 건축물이라도 토대가 튼튼하게 만들어진 건축물이 있는가 하면 흔들흔들 불안할 정도로 엉성한 건축물도 있다. 논증이 튼튼한 토대를 갖추려면 어떤 조건이 필요할까? 실제로 다음의 단 두 가지 요소만 필요하다. **충분한 요소**(전문적으로는 통합성unity)를 상대가 **기대하는 순서**(전문적으로는 일관성coherence)로 제공하는 것이다 (도표 1-5).

상대를 설득하고 이해시켜 행동을 촉구하는 것을 논증의 '목적'이라고 한다면 충분한 요소와 상대가 기대하는 순서는 목적을 달성하기 위해 충족해야 하는 '목표'라고 할 수 있다.

우선 **충분한 요소**는 상대를 설득하는 데 필요한 요소를 누락 없이 갖춰야 함을 의미한다. 보통 우리는 무언가가 누락되어 있으면 찝찝하고 기분이 개운치가 않다. 코스 요리에 비유하면 메인인 고기 요리가 없다거나 식후 디저트가 빠졌을 때 '뭐야?' 하고 불만을 느끼는 것과 같다.

논증에서도 마찬가지 일이 벌어진다. 가령 영업 현장에서 제품에 관한 설명만 늘어놓고 정작 고객의 시점에서는 이야기하지 않는다면 어떨까? 고객은 '자기들 상품을 팔려는 생각밖에 안 하는군!' 하고 불만을 품게 되며 이런 경우 고객을 설득하기 어려워진다. 상대가 기대하는 바가 있는데 그 기대가 충족되지 않으면 실망으로 이

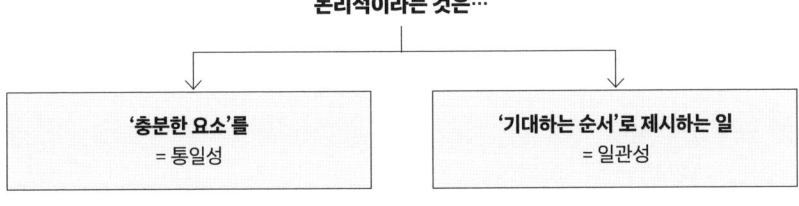

[도표 1-5] '충분한 요소'를 상대가 '기대하는 순서'로 제시하라

어질 수밖에 없다.

또 한 가지 요소인 **기대하는 순서**란 상대의 사고방식이나 이해 방식에 맞춰 정보를 제시하는 것이다. 우리는 요소가 빠짐없는지도 그렇지만 각 요소가 등장하는 '순서'도 중요하게 여긴다. 코스 요리에서도 처음부터 느닷없이 메인인 고기 요리가 나오면 당황할 수밖에 없듯이, 논리적인 논증에서도 제시하는 순서에 따라 내용을 완전히 다르게 이해할 수 있다.

사업과 관련해 보고를 할 때도 마찬가지다. 보고를 받는 사람이 고객의 시점에서 생각하는 유형이라고 생각해 보자. 그런 사람에게 보고를 할 때 갑자기 기술이나 비즈니스 모델에 관한 이야기부터 시작한다면 어떨까? 상대는 '애초에 고객이 누구지?', '고객의 니즈를 제대로 파악하고 있는 거야?' 하는 의문이 생겨 보고를 중지시킬 것이다. 설령 각각의 정보가 옳다고 해도 그 정보를 제시하는 순서에 따라 의미가 다르게 전달될 수 있다. 그렇기에 훌륭한 코스 요리와 같이 상대의 기대를 충족시킬 수 있는 순서로 정보를 전달하는 것은 매우 중요하다.

## 상대의 마음을 사로잡는 논증 원칙, 정리

충분한 요소와 기대하는 순서, 이 두 가지 원칙을 지키면 충분히 논리적인 논증이 될 만하다. 하지만 '신 로지컬'이 목표라면 그것만으로는 부족하다. 어째서일까? 그저 논리적이라는 사실만으로 상대가 설득되는 건 아니기 때문이다.

가령 해외 출장에서 지쳐 돌아왔는데 호화로운 레스토랑에 가서 프렌치 코스 요리를 먹는다고 하자. 요리 자체도, 코스별로 나오는 순서도 흠잡을 데 없이 훌륭하다. 하지만 그때 여러분의 마음속에서 실은 이런 생각이 들었을지도 모른다. '양식은 이제 질렸어. 지금은 따뜻한 집밥이 먹고 싶은걸.'

이런 일은 사람 사이의 커뮤니케이션에서도 자주 일어난다. 전달하고 싶은 내용이 아무리 논리적이어도 상대의 마음속에 있는 욕구나 기대에 부응하지 못하면 상대의 마음을 움직일 수 없다.

흔히 컨설팅 제안서를 쓸 때 "최종적으로 제안을 사는 사람에게 써라!"라는 격언이 있다. 대개 제안서 내용은 담당자급 고객과 검토

[도표 1-6] 머리(논리)와 마음(정리)이 융합되어야 비로소 이해할 수 있다

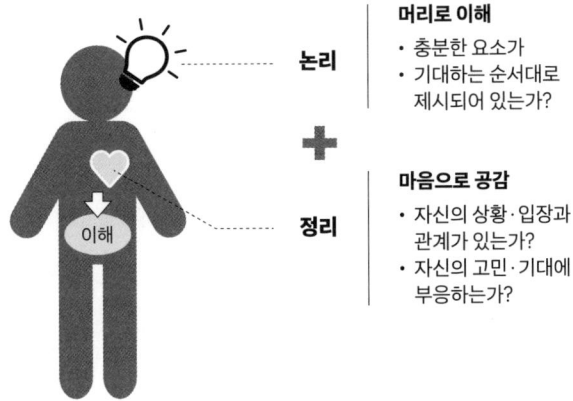

해서 결정하는 경우가 많다. 하지만 눈앞에 있는 그 담당자의 입장에 맞춰 제안서를 쓰면 대부분은 실패한다. 그 제안서를 최종적으로 사 주는 사람은 담당자의 상사인 경영진이며 그들은 담당자와는 사안을 보는 관점이 다르기 때문이다. 상대에 대한 배려가 잘못된 방향이라면, 아무리 논리적이고 구조적으로 말해도 소용이 없다.

그렇기에 논리의 이런 한계를 보완할 또 하나의 요소가 필요하다. 바로 '적합성'relevance이라는 사고방식이다. 적합성은 자신이 전하고 싶은 내용이 상대의 입장, 요구, 고민, 기대와 확실히 관련되어 있는지를 살펴보는 것으로서 바꿔 말하면 **자기만족을 위한 논리가 아니라 상대에 대한 정리**를 우선하는 일이다.

상대에 대한 정리를 의식하지 않고 단순히 논리만 전하려 한다면 상대는 '뭔가 장황하게 설명하고 있는데 나랑 무슨 관계가 있는 거지?' 하고 생각할 것이다. 그렇기에 상대의 감정과 정서를 헤아리고

이를 논리와 융합해야 한다. 두뇌에서 논리를 이해할 뿐만 아니라 내면에서도 공감할 수 있어야 상대가 진정으로 이해할 수 있다(도표 1-6).

## 나도 상대도 고개를 끄덕일 근거를 제시하라

그렇기에 논증 피라미드의 토대에는 아무 이유나 무조건 집어넣어선 안 된다. 느닷없이 상대의 얼굴을 때리고는 "이번 달에는 공휴일이 없었거든!"이라고 때린 이유를 댄다면 "장난해?"라는 반응이 나오는 게 당연하다. 어떤 주장을 뒷받침하는 이유나 근거에는 설득력이 강한 것도 있는가 하면 설득력이 약한 것 또는 전혀 도움이 되지 않는 것도 있다.

그렇다면 의견이나 주장을 지지하는 '강한 근거'의 공통적인 본질은 무엇일까? 바로 **자신과 상대가 모두 옳다고 믿는 사실**이라는 점이다. 상대가 옳다고 생각하는 가치관을 제대로 파악하고 상대의 관점에 맞춘 이유나 근거를 제시해야 튼튼한 논리 기반이 형성된다(도표 1-7).

기업 경영에서는 정량적이고 객관적인 수치 정보가 설득력 있는 근거로 여겨진다. 정량적인 수치 정보는 경영자와 주주, 애널리스트 등 기업 경영에 관여하는 이해관계자들에게 신빙성 높은 사실로서 강하게 인식되기 때문이다.

**[도표 1-7] 자신과 상대 모두가 옳다고 믿는 근거를 찾아라**

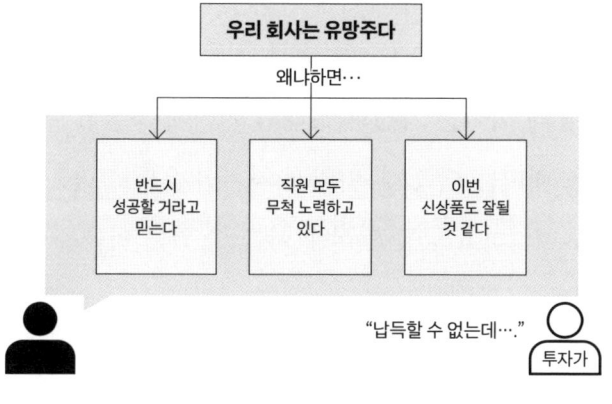

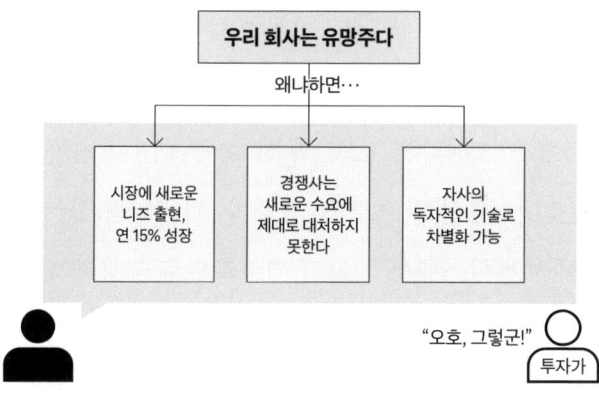

    반면에 연인에게 "왜 나를 좋아해?"라는 질문을 받고 정량 정보(외모나 성격, 상성을 점수로 나타낸 수치 등)로 대답하는 특이한 사람이 있다고 하자. 그 대답을 들은 연인이 어떤 반응을 보일지는 두말할 필

요도 없다. 좋아한다는 감정을 표현할 때 정량적인 수치 정보가 필요하다고 여기는 사람은 거의 없기 때문이다.

이처럼 똑같은 정보라도 상대에 따라 설득력 강한 근거가 되기도 하고 전혀 쓸모없기도 하다. 토론에서 종종 '논파'라는 말이 쓰이는데, 토론의 본래 의미는 자신과 상대의 인식에 공통된 부분을 만들고 서로 손을 내미는 데 있다. 따라서 자기만 옳다고 믿는 이유가 아니라 상대를 배려하고 공통 인식에 이를 수 있는 이유를 찾는 데 주력해야 한다.

## 논리와 정리의 교차점, 이모로지컬

뛰어난 논증이란 무엇일까? 지금까지의 이야기를 두 개의 축으로 이뤄진 매트릭스로 생각해 보자. 우선 논증에는 논리가 필요하다. 그리고 이 논리는 '충분한 요소'를 상대가 '기대하는 순서'로 제공해야 한다. 이를 매트릭스에서 논리의 세로축으로 구성하자.

동시에 상대가 진심으로 이해하게 하려면 상대의 요구를 만족시키고 고민을 해소해 기대를 뛰어넘는 메시지를 골라 취하는 관련성, 즉 정리에 대한 배려가 있어야 한다. 이것이 매트릭스를 횡단하는 정리의 가로축이다. 과거의 로지컬 씽킹에는 이 정리의 가로축이 빠져 있었다. 그 결과 상대를 배려하지 않고 자신이 하고 싶은 말만 하는 사람들을 볼 때마다 안타까운 마음이 들었다.

**[도표 1-8] 논리와 정리의 교차가 최고의 설득력을 가져온다**

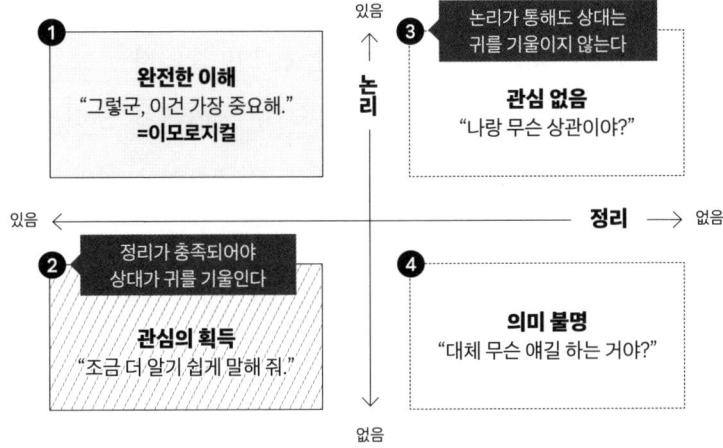

뛰어난 논증은 이 논리의 세로축과 정리의 가로축이 교차해 만들어진다. 두 개의 축을 교차시킨 논증 매트릭스의 각 영역은 다음과 같다(도표 1-8).

- **영역 1:** 완전한 이해("그렇군, 이건 가장 중요해.")
- **영역 2:** 관심의 획득("조금 더 알기 쉽게 말해 줘.")
- **영역 3:** 관심 없음("나랑 무슨 상관이야?")
- **영역 4:** 의미 불명("대체 무슨 얘길 하는 거야?")

서로에게 가장 이상적인 상황은 논리와 정리가 교차하는 영역 1(완전한 이해)이다. 예전에 X(구 트위터)에서 어떤 사용자가 "이모션emotion(정리)과 로직logic(논리)을 오갈 수 있는 사람이 가장 강하다."라고 하자, 그 글을 본 다른 사용자가 댓글로 '이모로지'라는 말을 만들어 냈다. 이 말을 활용해서 말하면, 메시지는 이모로지컬emological 상태일 때 사람의 마음을 가장 잘 움직일 수 있다.

영역 2(관심의 획득)에도 주목해 보자. 가령 논리에 다소 허점이 있거나 이야기가 건너뛰는 부분이 있더라도 그 내용이 상대의 일과 관련되어 있다면 상대는 "더 자세히 말해 봐." 하고 바짝 귀를 기울일 것이다. 이렇게 듣는 사람이 관심을 가지면 대화의 끝에는 반드시 이해와 설득이라는 결과가 찾아온다.

반대로 영역 3(관심 없음)과 같이 논리는 있지만 정리가 결여된 상태라면 아무리 정교하게 논리를 내세워도 상대는 관심조차 보이지 않는다. 이를 간과하면 마치 기계처럼 빠른 말투로 계속 논리만 늘어놓을 뿐이다. '아무리 여러 번 설명해도 상대가 이해하질 못해'라고 생각된다면 논리만 앞세워 정리를 간과하지는 않았는지 되돌아보자. 애써 논리를 내세워도 아무런 성과를 만들어 내지 못한다면 안타깝지만 영역 4(의미 불명)와 큰 차이가 없다.

## IQ에서 EQ로, 생성형 AI 시대에 필요한 것

그렇다면 논리보다 정리, 다시 말해 전달하는 상대와 관계 맺는 방식에 더 신경을 써야 한다. 이 **타자 배려의 정리**야말로 신 로지컬 씽킹의 중요한 가치관 중 하나다.

요즘은 IQ Intelligence Quotient(지능지수)를 넘어 EQ Emotional Quotient(감성지수)가 중요한 지능 척도로 여겨진다. EQ는 미국의 심리학자 피터 샐러베이 Peter Salovey와 존 메이어 John Mayer가 주장하고 역시 미국의 심리학자 대니얼 골먼 Daniel Goleman이 저서 《EQ 감성지능》에서 소개해 세상에 알려졌다. 구체적으로 EQ는 다음 세 가지 요소로 구성된다.

- **자기 인식 지성(자신을 파악하고 있는가?)**: 자신이 느끼고 있는 감정, 동기, 희망, 불안, 분노, 기쁨 등을 파악해 그 감정이 자신과 상대에게 어떻게 영향을 미치는지를 알고 적절하게 관리해 충동을 억제하는 능력
- **대인 관계 지성(상대를 파악하고 있는가?)**: 상대가 느끼고 있는 감정, 의도, 동기, 고민, 니즈 등의 내면을 헤아려 그 이해를 바탕으로 효과적인 커뮤니케이션을 진행해 인간관계를 구축하고 의사결정을 끌어내는 능력
- **상황 판단 지성(상황을 파악하고 있는가?)**: 자신과 상대를 둘러싼 상황이나 분위기를 읽어 내고 이를 토대로 적절한 자기 조절과 타자와의 관계를 형성하는 능력

언젠가 어느 프로젝트의 운영사무국 담당자와 있었던 일이다. 그는 팀원들을 여러 조로 편성하고 과제를 나눠 일을 진행하고자 했다. 그리고 일정이 촉박하다며 내게 이렇게 제안했다. "작업 목록을

표로 만들어 모두에게 이메일로 보내면 어떨까요? 궁금한 점이 있으면 사흘 후 정오까지 회신을 받고, 그런 다음에는 아무런 이의가 없는 걸로 알고 진행하시죠."

나는 그 제안을 듣고 이렇게 말했다. "그건 합리적일 것 같지만 그렇게 해서는 사람들이 움직이지 않습니다. 만약 당신에게 '이러이러하게 해주세요. 이 시간이 지나면 질문은 받지 않겠습니다'라고 한다면 당신은 기꺼이 그렇게 하시겠습니까?"

상대가 무엇을 생각하고 어떤 상황에 둘러싸여 있는지 그 미묘한 사정을 이해한 후에 적절한 이야기를 하는 것. 이런 정리의 힘은 앞으로 다가올 AI 시대에 점점 더 중요해질 수밖에 없다. 진정한 논증은 논리와 정리, 이 두 가지를 겸비해야 한다.

사례
해결

## OR이 아닌 AND로 사고하라

  논증의 사고방식을 의식하면서 앞서 소개한 구도 씨와 핫토리 씨의 대화를 살펴보자. 대화의 논점은 결과가 중요한가, 과정이 중요한가였다. 이런 논의에서 흔히 볼 수 있는 현상이 목소리가 큰 사람에게 또는 분위기에 휩쓸리는 것이다. 객관적인 판단을 내리려면 이런 주위 상황에 흔들리지 않고 서로의 주장과 그 이유를 제대로 시각화해 맞대어 보면서 비교하는 것이 중요하다.

  이번 논의에서 구도 씨는 '결과'를, 핫토리 씨는 '과정'을 중요하게 여기고 있다. 그리고 각자 왜 그렇게 생각하는지 여러 가지 이유를 대화 속에서 제시한다. 두 사람의 대화를 구조적으로 정리해 보면 다음 페이지의 [도표 1-9]와 같다. 구도 씨는 기업의 성장, 외부의 평가, 개인의 경력 등의 시점에서 결과가 중요하다고 주장하고, 핫토리 씨는 장기적인 성과와 조직에 미치는 긍정적인 영향이 중요하다고 주장하는 것을 알 수 있다.

  구도 씨와 핫토리 씨의 의견 중에서 여러분은 어느 쪽 의견에 찬성 혹은 반대하는지 생각해 보자.

[도표 1-9] 목소리 크기와 분위기가 아닌 논증의 구조를 가시화해 비교하라

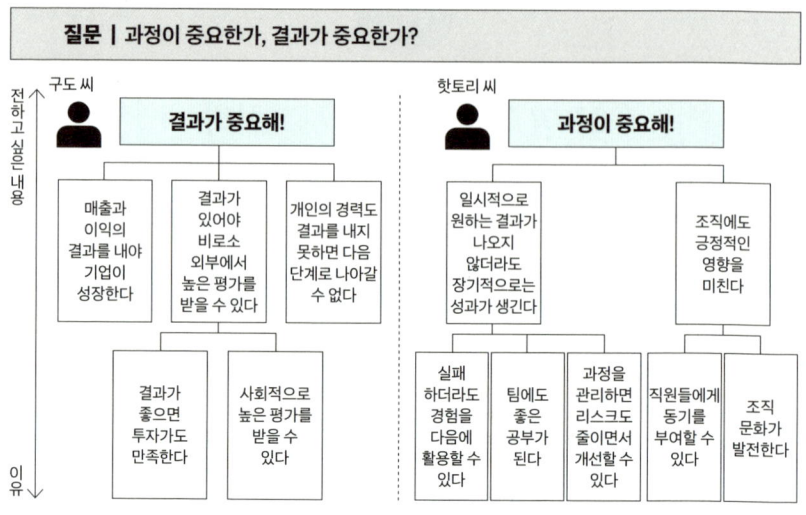

내 생각에는 결과인가, 과정인가라는 단순한 대립 자체가 본질을 간과하게 만드는 것 같다. 결과와 과정은 인과관계에 있다. 좋은 과정이 좋은 결과를 낳고, 좋은 결과는 좋은 과정이 필요하다. 설령 결과가 좋다 할지라도 재현성 없는 방법이나 부정한 방법이 사용되었다면 그 결과에는 지속성이 없다. 또한 아무리 과정의 정당성을 주장해도 결과가 수반되지 않으면 시장의 반응은 냉랭하다. 그것이 애석하지만 오늘날의 세상이다.

그렇기에 더더욱 결과를 만들어 내는 일에 적극적으로 뛰어들고, 이를 창출하기 위한 프로세스를 만들어 계속 실행해야 한다. 둘 중 하나를 선택해야 하는 문제가 아니다. 결과와 과정의 이상적인 조합을 끊임없이 추구하는 행동 속에 결과와 과정의 본질이 있다.

이 책에서 사고의 틀을 강조하는 것도 바로 사고의 프로세스를 업데이트하기 위해서다. 동시에 이 사고의 틀은 코모디티 사고의 함정을 극복하고 사고 성과의 차별화를 끌어내려고 강력하게 의도한 것이기도 하다. 이 책은 '결과인가, 과정인가'라는 OR의 입장이 아니라 '결과도, 과정도'라는 AND의 입장을 취하고자 한다.

## 조건부 논증으로
## 사고의 해상도를 높여라

논증을 펼칠 때 자주 하는 실수가 무엇인지 아는가? 자신이 옳음을 사람들에게 알리려는 의욕이 앞서 '어떤 상황에서도 내 의견이 옳다'라며 자기 의견만을 고집하는 것이다. 이런 단순하고 경직된 논증은 때에 따라선 부적절하게 치우친 인식, 즉 인지 편향cognitive bias의 오류를 초래할 수도 있다.

예를 들어 '상품 개발은 고객의 니즈와 과제를 먼저 파악하고 나서 시행해야 한다'(시장 지향성market in approach, 고객의 니즈와 시장의 수요를 최우선으로 제품과 서비스를 개발, 제공해야 한다는 의미—옮긴이)라는 이론을 떠올려 보자. 이 이론은 이미 널리 알려져 있다. 하지만 그렇다고 해서 이 말이 어떤 상황에서도 옳다고 생각할 수는 없다. 예측과 빗나가는 경우도 얼마든지 있다.

실례로, 자동차를 발명한 헨리 포드는 "만약 고객에게 원하는 것을 물으면 그들은 '더 빠른 말이 필요해'라고 대답할 것이다."라는 말을 남겼다. 아이폰을 세상에 내놓은 스티브 잡스도 "대부분 사람은 눈에 보이는 형태로 보여 줄 때까지 자신이 무엇을 원하는지를 모른다."라고 말했다. 즉 자신의 마음속에 아직까지 세상에 존재하지 않았던 혁신적인 비전과 이를 실현하기 위한 기술 수단이 뚜렷하게 있는 조건에서는 시장 지향성 접근법이 반드시 타당한 수단은 아니라고 할 수 있다(도표 1-10).

**[도표 1-10] 단순 경직형 논증 vs. 조건부 논증**

**단순 경직형 논증**
언제 어떤 경우든 다 옳다고는 할 수 없으며
편중된 인식(=편향)이 되기도 한다

어떤 경우에도 고객의 니즈와 과제를
먼저 파악하고 나서 상품 개발을 해야 한다!
(시장 지향 접근법의
단순 경직형 논증)

**조건부 논증**
조건에 따라 논증의 옳음을 사례별로 구분해서
더욱 정확하고 편향되지 않은 공정한 판단을 할 수 있다.

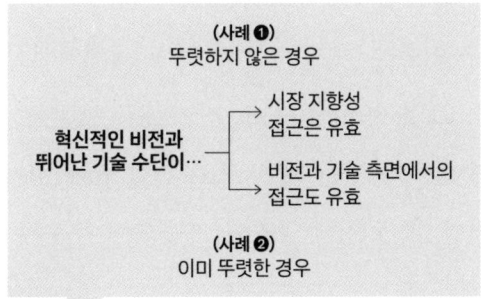

이처럼 '○○은 (어떤 경우에도) ㅁㅁ다', '△△는 (어떤 경우에도) ㅁㅁ가 아니다'라는 단순 경직형 주장을 맞닥뜨렸다면 조건부 사고를 가동해 주의를 기울이면 된다. 이럴 때는 다음과 같이 상황으로 분

류해 생각해 보자.

- 어떤 조건에서 성립하는가?
- 반대로 어떤 조건에선 성립할 수 없는가?

이렇게 나눠 생각하면 논증의 정확성이 올라가고 동시에 편향을 없앤 공정한 사고를 얻을 수 있다.

## 리스크를 감수할 용기가 있는가?

수학 등 순수 이론의 세계와 달리 현실 세계에서는 아무리 엄격하게 논증해도 그것이 100퍼센트 진짜라고 보장할 수 없다. 예를 들어 땅에 물웅덩이가 있는 것을 보고 전날 밤에 비가 내린 것으로 생각하기 쉽지만, 사실은 수도관이 파열되어 누수가 생긴 것일 수도 있다.

그런 의미에서 **로지컬 씽킹은 리스크 테이킹** risk taking이다. 100퍼센트 보장할 수 없는 상황에서 주어지지 않은 정보를 헤아리고 말로 전하려는 시도이며, 마음속 어딘가에 있는 '그렇지 않을지도 모른다'라는 불안을 떨치고 자신 있게 말하는 것이다.

회의 등에서 자신의 안위를 위해 어떤 발언도 하지 않았던 경험은 없는가? 물론 그 회의 자리는 어떻게든 넘어갈 수 있었을지 모른다.

하지만 우리는 **지금 위험을 감수하지 않으면 미래에 더 큰 위험을 초래할 수 있다**라는 사실을 알아야 한다. 발언하는 데 따르는 위험을 감수하지 않고서는 가치를 만들어 내지 못할뿐더러 위기와 실패에 대응하는 능력도 키울 수 없다. 그러다 나중에 정작 발언을 해야 할 때는 이미 늦은 경우가 많다.

따라서 **로지컬 씽킹에는 리스크를 감수할 용기가 필수**라고 강조하고 싶다. '용기? 논리적 사고를 이야기하면서?'라는 생각이 든다면 과거의 논리적 사고에 갇혀 있기 때문이다. 현실에서 가치를 창출하려면 불안과 두려움을 이겨 내는 힘이 필요하다.

## 로지컬 씽킹의 끝, 표준화

작용과 반작용의 법칙, 즉 무언가를 눌렀을 때 그만큼 되밀리는 힘을 받는 현상은 로지컬 씽킹에도 해당된다. 지금까지 배운 로지컬 씽킹의 작용은 단적으로 말해 '논증의 재현성'이라고 할 수 있다. 로지컬 씽킹이 알려 주는 수순에 따르면 누구나 일정한 품질이 보장된 논증을 재현할 수 있다.

이는 컨설팅 회사에서 로지컬 씽킹이 발달한 이유를 알려 준다. 컨설팅 회사는 고객에게 적지 않은 보수를 받고 경영 과제를 해결할 방안을 제언한다. 하지만 어떤 고객은 컨설팅을 받고 큰 성과를 끌어낸 반면에 어떤 고객은 실패하는 사례가 속출하는 등 철저한 대책

없이 되는 대로 일한다면 컨설팅 회사로서 사업을 영위할 수 없다. 따라서 다양한 경영 상황에 놓인 다양한 업계의 수많은 고객에게 항상 효과적인 제언을 하기 위해서는 재현성 있는 방법, 즉 표준화된 방법이 필요하다.

그렇기에 지금까지의 로지컬 씽킹이 수많은 컨설턴트의 사고 근간이 된 것은 필연이라고 할 수 있다. **컨설팅 회사에서는 고객과 경영진의 요구에 따라 품질의 재현성이 필요했고, 따라서 표준화된 로지컬 씽킹을 활용**해왔던 것이다.

## 표준화의 반작용, 코모디티 사고의 함정

한편 우리는 표준화가 일으키는 반작용에 주의해야 한다. 재현성을 추구해 표준화를 강력하게 추진할 때 그 반작용으로 사고의 **코모디티화**가 초래될 수 있다.

이 상황을 경쟁 우위성을 평가하는 프레임워크 VRIO의 관점에서 더 구체적으로 살펴보자. 가치Value, 희소성Rarity, 모방 곤란성Inimitability, 조직 운용Organization을 뜻하는 VRIO는 RBV Resource Based View(자원 기반 관점에서의 역량 확보 전략―옮긴이)로 유명한 미국의 경영학자 제이 바니Jay Barney 교수가 제시한 프레임워크로 다음과 같은 평가 축을 의미한다.

**[도표 1-11] 지금까지의 로지컬 씽킹은 코모디티화되어 가고 있다**

'코모디티 사고의 함정'

| | |
|---|---|
| **V**alue(가치)<br>가치가 있는가? | 결과로서 별반 차이가 없어 평범해지고 말았다 |
| **R**arity(희소성)<br>희소성이 있는가? | 새로움이나 희소성이 사라지고 동질화가 진행되어… |
| **I**nimitability(모방 곤란성)<br>모방하기 어려운가? | 누구나 따라 하면 할 수 있으므로… |
| **O**rganization(조직 운용)<br>조직에서 운용할 수 있는가? | 표준화됨으로써 조직 내 많은 사람이<br>사용할 수 있게 되었지만… |

지금까지의 로지컬 씽킹은…

- **가치**: 그 자원과 능력이 고객에게 가치가 있는가?
- **희소성**: 그 자원과 능력이 희소한가?
- **모방 곤란성**: 다른 사람, 다른 기업이나 조직이 모방하기 어려운가?
- **조직 운용**: 자원과 능력을 조직에서 많은 사람이 효과적으로 운용할 수 있는가?

이 VRIO를 적용하면 지금까지의 로지컬 씽킹은 점차 경쟁 우위를 잃어가고 있음을 알 수 있다(도표 1-11).

확실히 로지컬 씽킹이 표준화됨에 따라 조직에서 많은 사람이 운용할 수 있게 되었다(O: 조직 운용이 향상되었다). 하지만 누구나 따라 할 수 있게 되었기에(I: 모방이 가능해졌기에) 새로움과 희소성이 사라져(R: 동질화가 진행되어) 차이가 없어지고 평범해졌다(V: 가치가 낮아졌다).

이것이 바로 **코모디티 사고의 함정**이다. 표준화에 따른 재현성 추구가 차별화 가능성을 저해하는 딜레마 현상을 초래한 것이다. 재현성은 필요하지만 차별화도 창출해야 한다. 이 두 가지를 동시에 달성할 수 있는 사고방식이 이 책에서 전하는 사고의 틀이다. 그 첫 번째 틀을 다음 장에서 소개할 것이다.

**제2장**

# 연역적 사고로
# 시사를 끌어낸다

'전략은 스토리'라는 말이 있다. 그 전략의 스토리를 그리는 사람의 머릿속은 어떻게 되어 있을까? 이것이 이번 장에서 설명하고자 하는 '연역적 사고'다. 이 두뇌 사용법을 익힘으로써 적은 정보로도 잇달아 시사점을 끌어내고, 이를 연결해 스토리를 엮을 수 있다. 단순한 정보 수집가를 넘어 전략가로서 스토리를 만들어 내기 위한 두뇌 사용법을 살펴보자.

##  아마존의 전략 스토리를 분석해 보자

세계 최대 전자상거래 기업 아마존을 모르는 사람은 별로 없을 것이다. 아마존은 온라인숍으로 시작해서 급속히 사업을 확대해 현재는 다음과 같이 B2C와 B2B 양 방면에서 다양한 비즈니스를 펼치며 성공을 거머쥐었다.

### 주요 B2C 사업

- 아마존닷컴Amazon.com : 폭넓은 상품 라인업(서적, 전자제품, 의류, 일용품 등)을 갖춘 온라인숍
- 디지털 콘텐츠 : 프라임 비디오Prime Video, 아마존 뮤직Amazon Music, 킨들Kindle 등 디지털 콘텐츠 서비스
- 디지털 디바이스 : 킨들 단말기, 아마존 에코Amazon Echo, 파이어Fire TV 등 자사 개발 디바이스

### 주요 B2B 사업

- 아마존 비즈니스 : 기업을 대상으로 한 온라인 마켓플레이스

- 아마존 웹 서비스Amazon Web Services, AWS : 기업을 대상으로 한 클라우드 컴퓨팅 서비스

이렇게 열거한 사업군은 아마존이 그저 무분별하게 사업을 확장해 왔다는 것을 의미하지 않는다. 각각의 사업 확장 이면에는 회사의 사업을 더욱 강화하기 위한 확고한 전략 스토리가 분명 있을 것이다. 그러면 다음 두 가지 시점에서 아마존의 전략 스토리를 상상해 보자.

① B2C로 전개되고 있는 각각의 사업은 서로 어떻게 관련되어 아마존의 B2C 사업 전체를 더욱 굳건하게 하는 것일까?
② 아마존은 어떻게 B2B 사업도 전개할 수 있었을까? 그 배경에는 어떤 전략적 의도가 있었던 것일까?

## 가장 기본적인 두뇌 작용, 연상

논증 방법이라고 하면 무척 딱딱하고 어렵게 느껴지지만 그 원점이 되는 힘은 누구나 이미 갖고 있다. 게다가 재능의 유무와 관계없이 의식하기만 하면 누구나 할 수 있다. 우리가 이미 가지고 있는 사고의 원점原点을 되새기면서 더욱 고도의 사고 기술로 발전시켜 보자.

가령 '하와이라고 하면'을 생각해 보자.

- 하와이라고 하면, 훌라 댄스
- 훌라 댄스라고 하면, 건강을 위한 운동
- 건강을 위한 운동이라고 하면, 요가
- 요가라고 하면, 명상
- 명상이라고 하면, 성공한 경영자의 습관
- 성공한 경영자의 습관이라고 하면, 독서
- 독서라고 하면, 속독술
- 속독술이라고 하면…

이런 식으로 다양한 관련 이미지가 끝없이 연결되어 떠오른다. 이런 연상은 우리가 세상에 태어나 자연스럽게 익힌 능력으로, 어떤 생각을 할 때 가장 기초가 되는 두뇌 작용 중 하나다.

## 연상에 논리를 더하면
## 스토리가 생겨난다

우리는 어떤 사실이나 사건들을 각각 별개로 이해하기보다 하나로 이어진 이야기로 이해하는 사고 습성을 갖고 있다. 이 습성과 달리 사실을 무턱대고 나열하는 방식으로 전달하면 상대의 마음을 사로잡기 어렵다. 그렇기에 다양한 요소를 의미 있는 형태로 연결해 스토리를 만드는 일은 비즈니스뿐만 아니라 사람들 사이의 커뮤니케이션에서도 굉장히 중요하다.

그 유명한 타이타닉호 이야기를 예로 들어 보자. '타이타닉호는 1911년 영국에서 건조한 초호화 여객선이었다. 1912년 4월 10일에 잉글랜드의 사우샘프턴에서 뉴욕을 향해 출항했으나 4월 14일에 북대서양에서 빙산과 충돌, 4월 15일 심야에 침몰했다.' 만일 이렇게만 설명한다면 단지 사실적인 정보의 나열에 지나지 않는다. 하지만 영화 〈타이타닉〉에서 그려진 것처럼 미지의 세계에 대한 희망과 흥분으로 가득 찬 출항, 신분 격차에도 사랑에 빠진 남녀 주인공, 빙산과의 충돌, 사랑하는 사람과의 사별 등 다양한 요소가 스토리로 이어지면 '타이타닉'이라는 말은 전혀 다른 울림으로 우리의 마음을 뒤흔들기 시작한다.

스토리는 단순한 사실과 주제를 넘어 듣는 사람의 감정과 경험에 영향을 미쳐 수긍하고 이해하게 한다. 그리고 이 스토리를 만드는 데 뒷받침이 되는 원리가 바로 '연상'이다.

## 아리스토텔레스와 데카르트의 연역법

'연결해서 생각한다'라는 연상을 발판으로 삼아 논증의 첫 번째 방법인 **연역법**을 알아보자. 영어로는 디덕션deduction이라고 한다. 연역법은 기원전 4세기에 아리스토텔레스가 '삼단논법'으로 제창했다. 그리고 17세기에 '나는 생각한다, 고로 나는 존재한다'라는 정언명제로 잘 알려진 프랑스의 철학자 르네 데카르트에 의해 다시 떠올랐다. 그 후 2,000년이 넘는 긴 세월의 풍파를 이겨 내고 현대까지 이어진 사고 원리다.

그러면 이 연역법은 어떻게 두뇌를 사용할까? 간단한 문제를 통해 이해해 보자.

A 씨의 어머니는 개 코로를 반려동물로 키우고 있다. 그렇다면 코로는 산책을 좋아할까?

'코로는 개니까 그야 당연히 산책을 좋아하겠지'라고 생각할지도 모른다. 그러면 왜 그렇게 생각했는지, 그 사고 과정을 명쾌하게 설명할 수 있는가?

실제로는 '그야 당연히 산책을 좋아하겠지'라고 생각한 여러분의 머릿속에서 연역법의 사고방식이 전개된 것이다. 연역법은 ① '전제조건'을 세우고 ② '개별 사실'을 적용해 ③ '의미'를 끌어내는 세 단

**[도표 2-1] 전제 조건·개별 사실·의미의 세 단계로 인식하는 연역법**

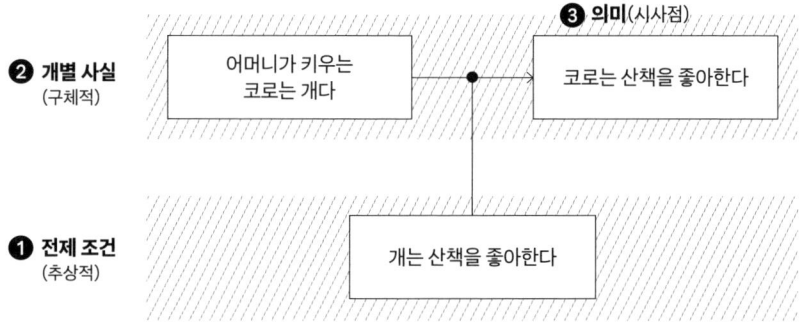

계로 이뤄진 사고방식이다. 이 과정을 앞의 질문 '코로는 산책을 좋아할까?'에 대입해 보자.

① **전제 조건**: 개는 산책을 좋아한다.
② **개별 사실**: 어머니가 키우는 코로는 개다.
③ **의미**: 코로는 산책을 좋아한다.

즉 우리는 '개는 산책을 좋아한다'라는 전제 조건을 무의식적으로 상정하고 '코로는 개다'라는 구체적인 개별 사실을 적용해 '코로는 산책을 좋아한다'는 의미를 끌어냈다. 전제 조건·개별 사실·의미라는 일련의 연결이 연상적으로 끌려 나온 것이다. 이처럼 연역법의 원칙 자체는 매우 단순하다. 이 연역법의 사고방식은 다음과 같이 정리할 수 있다.

① 전제 조건을 논거와 판단의 기준으로 삼아

② 개별 사실(구체적인 일이나 사물)을 그 조건에 적용함으로써

③ 의미(시사점)를 끌어내는 일

이렇게 연결된 3단계 사고가 연역법의 기본적인 방식이다(도표 2-1).

## 연역법으로 증명·평가·예측·판단하기

연역법은 인간의 사고를 뒷받침하는 기본 원칙이다. 따라서 일상생활을 비롯해 매우 폭넓은 상황에서 응용할 수 있다. 여기서는 간단한 작업으로 몇 가지 활용 패턴을 살펴보자(도표 2-2).

### 수학에서의 증명

논증이라는 주제가 인생에서 처음 정식으로 등장하는 것은 중학생 시절일지도 모른다. 교과목이 산수에서 수학으로 바뀌고 시험에 증명 문제가 등장하기 시작하는 무렵이다. 이 증명의 사고방식은 사실 연역법 그 자체다. 그러면 아래 ③의 괄호 안에 들어갈 내용을 생각해 보자.

① **전제 조건**: 세 변의 길이가 같은 삼각형은 합동이다.

[도표 2-2] 연역법으로 다양한 일을 증명·평가·예측·판단할 수 있다

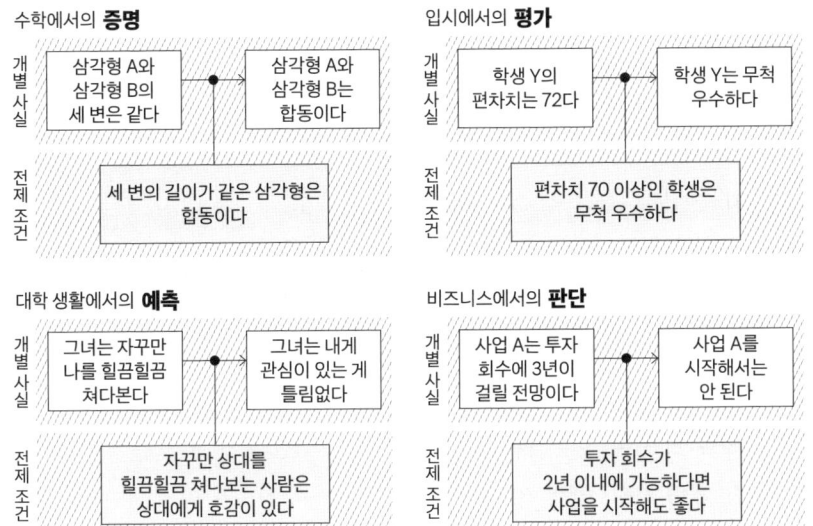

② **개별 사실**: 삼각형 A와 삼각형 B의 세 변은 같다.

③ **의미**: (                              )

전제 조건에 개별 사실을 적용하면 괄호에 들어갈 말은 '삼각형 A와 삼각형 B는 합동이다'라는 것을 알 수 있다. 이때 주목해야 할 사항은 수학적인 전제 조건(세 변의 길이가 같은 삼각형은 합동이다)을 알기만 하면 **언제 누가 풀어도 똑같은 결론이 나온다**는 사실이다. 이렇게 개인의 경험에 좌우되지 않는 **논증의 보편성**을 띠고 있다는 점이 연역법의 중요한 특징이다. 하지만 그 반작용으로서 **보편성은 코모디티 사고를 초래하는 요인이기도 하다**는 사실을 기억해야 한다.

## 입시에서의 평가

찬반양론은 있지만 편차치偏差値(일본 입시에서 사용되는 점수 측정 기준으로, 자신의 실력이 평균 50에서 얼마나 떨어져 있는지를 나타내는 지표. 편차치가 높을수록 성적이 좋다는 의미다—옮긴이)는 입시생의 실력을 측정하는 전제 조건으로 이용되는 경우가 많다. 이 편차치를 이용해 수험생을 평가하는 일 또한 연역법에 따른 사고방식이다. 이번에도 괄호 안에 들어갈 내용을 생각해 보자.

① **전제 조건**: (                    )
② **개별 사실**: 학생 Y의 편차치는 72다.
③ **의미**: 학생 Y는 무척 우수하다.

괄호 안에 들어갈 내용은 '편차치 70 이상인 학생은 무척 우수하다'가 된다. 다만 **연역법은 전제 조건 자체가 옳다고는 전혀 보장하지 않는다**. 그리고 전제 조건에 오류가 있으면 평가 결과에도 오류가 생긴다. 학생이 우수한지 아닌지를 단순히 편차치로 판단해도 괜찮을지 의문이 생기는 이유도, 전제 조건이 옳음을 보장할 수 없다는 연역법의 약점에서 비롯된 것이다.

## 대학 생활에서의 예측

수학에서의 증명이나 수험생 평가뿐만이 아니다. 일상적인 상황에서도 우리는 연역법을 사용해 예측을 한다. 대학에서 마음이 끌리는 상대를 발견하고 '그녀는 나한테 마음이 있을까?' 하는 생각이 머릿속에 꽉 차 있는 친구가 있다고 가정해 보자. 학과 수업 내용은 온데간데없이 사라진 그의 머릿속에서 펼쳐지는 논리를 상상하면서 괄호 안에 적합한 내용을 채워 보자.

① **전제 조건**: 자꾸만 상대를 힐끔힐끔 쳐다보는 사람은 상대에게 호감이 있다.
② **개별 사실**: (                    )
③ **의미**: 그녀는 내게 마음이 있는 게 틀림없다.

그의 논리에 따르면 괄호 안에는 '그녀는 자꾸만 나를 힐끔힐끔 쳐다본다'라는 내용이 들어간다.

그런데 이렇게 눈을 반짝이며 기대에 부풀어 있는 친구에게 우리는 연역적인 사고방식을 근거로 '개별 사실의 오해'(그녀가 보고 있는 사람은 네가 아니라 옆자리에 있는 미남이다)나 '전제 조건의 오류'(힐끔힐끔 본다고 해서 마음이 있다고는 할 수 없다. 이상한 사람으로 생각해서 쳐다볼 수도 있다)라고 지적할 수 있다. **전제 조건이나 개별 사항이 잘못되면 결론 또한 잘못된다**는 사실을 기억하자.

### 비즈니스에서의 판단

비즈니스에서도 연역법이 사용된다. 한 가지 예로 사업과 관련된 판단, 즉 의사결정이 있다. 다음을 살펴보자.

① **전제 조건**: (　　　　　　　　)
② **개별 사실**: 사업 A는 투자 회수에 3년이 걸릴 전망이다.
③ **의미**: 사업 A를 시작해서는 안 된다.

이때 괄호 안에 들어갈 내용은 '투자 회수가 2년 이내에 가능하다면 사업을 시작해도 좋다'이다(3년 미만이라면 기간은 얼마든 상관없다).

이처럼 전제 조건이 명확하게 설정되어 있으면 누구에게나 명확히 보이는 언어 형태로 객관적인 판단을 내릴 수 있다. 한편 **그래도 합의에 이르지 못하는 경우는 전제 조건 자체가 맞지 않기 때문이다.** 위 사례에서 말하자면 '중장기적인 관점에서 투자 회수에 3년이 걸려도 괜찮지 않나?' 같은 이견이 있을 수 있다. 이 경우에는 판단 결과를 논의할 게 아니라 **전제 조건 자체에 관해 더 깊은 수준에서 의사결정을 해야 한다.**

연역법은 적용 범위가 굉장히 넓은 범용 도구로, 특히 전제 조건이 중요하다. 무언가를 생각할 때는 다음과 같은 사항을 스스로 물어보자.

- 전제 조건이 명확한가?
- 그 전제 조건은 타당한가?
- 다른 전제 조건은 없는가?

이렇게 질문하고 답함으로써 다양한 상황에서 여러 일을 증명, 예측, 평가, 판단할 수 있다. 이렇게 해보는 것만으로도 연역법을 활용할 수 있는 범위가 얼마나 폭넓은지를 알 수 있다.

## '의미의 연쇄 반응'으로 탄생하는 스토리

연역법이 지닌 가능성은 무궁무진하다. 삼단논법같이 형식적인 논리를 적용하기만 해서는 실용적인 측면에서 활용도가 낮고 실제로 사용하기 힘들다. 이번에는 좀 더 자유로운 형식으로 연역법의 본질을 이야기해 보자.

먼저 '연역법'이라는 말의 어원을 살펴보자. 연역법의 '연'演은 강연의 '연'과 같은 한자로 무언가 주장을 펼친다는 뜻이다. 그리고 '역'繹이라는 어려운 한자는 연역법의 핵심으로 '실을 뽑다, 실타래의 끝을 당겨 풀다'라는 뜻이다. **실타래에서 술술 실을 당겨 뽑아내듯이 정보가 지닌 잠재력을 계속 끌어내는 것, 이것이 바로 연역법의 본질**이다(덧붙이면 연역법의 영어 단어 'deduction'의 접두어 'de-'는 '밖으로 떨어지다'를 의미한다. 중심에서 밖을 향해 점점 넓혀 나가는 이미지가 한자와 똑같다).

이런 원리를 앞에서 예로 든 반려동물 코로의 경우를 통해 이해해 보자. 앞의 예에서 우리는 삼단논법으로 '코로는 산책을 좋아한다'라는 지극히 당연한 의미를 끌어냈는데, 이 문장이 지닌 잠재력을 좀 더 끌어내 보자. 다음 [도표 2-3]을 보면서 머릿속에 스토리를 떠올려 보자.

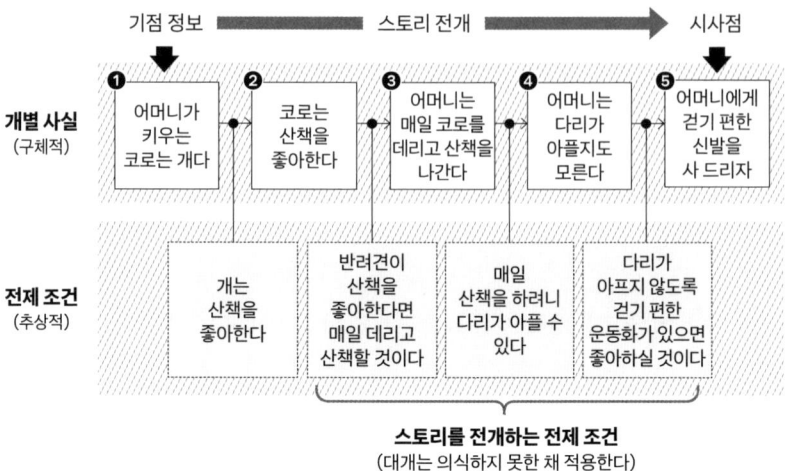

[도표 2-3] '기점 정보'에서부터 '스토리'를 전개하고 '시사점'을 끌어낸다

여기서는 '어머니가 키우는 코로는 개다'라는 출발점에서 다음과 같이 스토리를 전개할 수 있다.

- 개 코로는 산책을 좋아할 것이다.
- 그러면 어머니는 매일 코로를 데리고 산책할 것이다.
- 그렇다면 매일 코로를 쫓아다니느라 다리가 아플지도 모른다.

마지막에는 '그렇다면 걷는 데 편한 신발을 선물해야겠다'라는 시사를 끌어낼 수 있다.

위와 같이 '이러이러하다면, 이러이러할 것이다'라는 사고를 반복하는 작업은 마치 탐정과 같다. 이처럼 **연역법의 진수는 자신이 획득한**

**정보의 잠재력을 점차 끌어내 의미 있는 스토리를 펼치는 데 있다.** 차근차근 자연스럽고 매끄러운 스토리를 전개해 시사점을 끌어내는 연역법의 사고방식을 '연역적 사고'라고 부르자.

이때 전제 조건 하나하나를 엄밀하게 검증할 수 없으므로 논리적인 확실성을 100퍼센트 보장할 수는 없다. 그렇다고 해서 근거가 전혀 없는 것은 아니다. 객관적인 논리와 듣는 사람의 주관 사이에 균형을 맞추면서 센스메이킹sensemaking(일어난 현상에 대해 능동적으로 의미를 부여하는 사고 프로세스를 뜻하며 미국의 조직심리학자 칼 웨이크Karl Weick가 소개했다—옮긴이)을 하는(듣는 사람이 의미 있는 정보로서 이해할 수 있게 전달하는) 것이 중요하다.

## 연역적 사고로
## 코모디티 사고에서 벗어나라

주어진 정보(코로는 개다)에서 주어지지 않은 정보(걷기 쉬운 신발을 어머니에게 선물하겠다)를 끌어내는 일이 가능한 까닭은 스토리를 전개할 때 사람들이 독자적인 전제 조건을 적용해 새로운 정보를 더해가면서 생각을 거듭하기 때문이다.

이런 점이 탈脫 코모디티화에 매우 중요하다. 수학에서의 증명처럼 연역법에서 끌어낸 결론은 언제 누가 시행해도 같은 결과가 나온다고 앞서도 설명했다. 하지만 그 반작용으로 늘 같은 결과가 나온다면 누가 해도 똑같고 차별화할 수 없게 되는 코모디티 사고의 함

[도표 2-4] 같은 정보라도 '주관'을 더하면 다른 시사점을 취할 수 있다

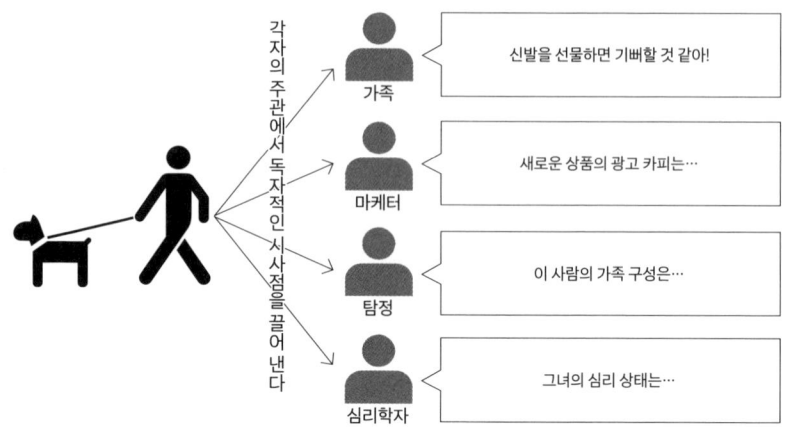

정에 빠지고 만다. 학문 세계에서는 보편성이 큰 가치지만 비즈니스 세계에서는 동질화 또는 코모디티화로 변질되고 만다.

한편 연역적 사고에서는 순수하고 논리적인 엄밀성이 느슨해지므로 자신의 **주관에서 생겨나는 독자적인 전제 조건**을 덧붙이면 똑같이 주어진 정보로도 사람에 따라 전혀 다른 시사점을 끌어낼 수 있다. 가령 '어머니가 키우고 있는 코로는 개다'라는 정보에서는 아래와 같이 다양한 사실을 끌어낼 수 있다.

- 마케터라면 새로운 상품의 기획안이나 광고 카피 문구를 고안할지도 모른다.
- 탐정이라면 가족 구성을 추리할지도 모른다.
- 심리학자라면 어머니의 심리 상태를 고찰할지도 모른다.

같은 정보에서도 서로 다른 시사점을 도출할 수 있는 건 사람마다 제각각 지닌 주관, 즉 그 사람만의 사물을 보는 독자적인 방식이 작용하기 때문이다. 주관성은 독창성의 원천이므로 객관성을 절대시하면 독창성을 간과하게 된다.

## 주관을 담아
## 독창적인 스토리를 전개하라

연역적 사고가 지닌 가능성을 더욱 넓혀 보자. 아래에 전개한 각 단계의 괄호 안에 들어갈 내용을 생각해 보자.

① **전제 조건**: 폐쇄적인 세상에서는 (         )가 필요하다.
② **개별 사실**: 요즘 세상은 폐쇄적이다.
③ **의미**: 요즘 세상에서는 (         )가 필요하다.

논증하기에는 정보가 부족한가? 논리적으로는 그렇다. 연역법은 전제 조건과 개별 사실이 갖춰져야 비로소 사용할 수 있는데 이 문제에서는 전제 조건이 결여되어 있다. 하지만 생각한다는 것의 현실이 이렇다. 게다가 새로운 일에 도전하려 할 때는 처음부터 '이렇게 생각하면 된다'라는 전제 조건이 주어지는 경우가 훨씬 적다. 그렇기에 논리적으로 정보가 부족하다는 인식을 떨치고 스스로 전제 조건을 설정해 생각을 전개하는 연습이 필요하다.

스타벅스를 설립한 미국의 기업가 하워드 슐츠Howard Schultz는 독자적인 전제 조건에 따라 다음과 같이 생각했다.

① **전제 조건**: 폐쇄적인 세상에서는 (인간성을 회복할 수 있는 자리)가 필요하다.
② **개별 사실**: 요즘 세상은 폐쇄적이다.
③ **의미**: 요즘 세상에서는 (인간성을 회복할 수 있는 자리=제3의 장소)가 필요하다.

'요즘 세상은 폐쇄적이다'라는 독자적인 인식에 독자적인 가치관에 근거한 전제 조건을 융합함으로써 가정도 직장도 아닌 '제3의 장소'라는 독특한 사업 콘셉트를 구상해 냈다. 이것만으로도 그는 코모디티 사고의 함정에서 빠져나온 것이다.

하지만 그는 여기서 멈추지 않았다. [도표 2-5]의 스토리 전개를 살펴보자.

슐츠는 연역적 사고에 따라 스타벅스의 사업 콘셉트를 원두커피에 대한 고집이나 바리스타 양성, 마음 편한 공간 디자인 등의 사업 디자인으로 발전시키고, 나아가 '스타벅스 체험 제공'이라는 제공 가치를 끌어냈다. 즉 초반의 사업 콘셉트에서 스타벅스만의 독창적인 스토리를 점차 끌어냈다는 것을 알 수 있다.

요즘은 '사실 기반'fact base이 지나칠 정도로 강조되고 있지만 무언가 새로운 일을 도모할 때 항상 팩트나 데이터가 깔끔하게 갖춰져

[도표 2-5] 연역적 사고로 정보의 잠재력을 독자적인 스토리 전개로 끌어내기

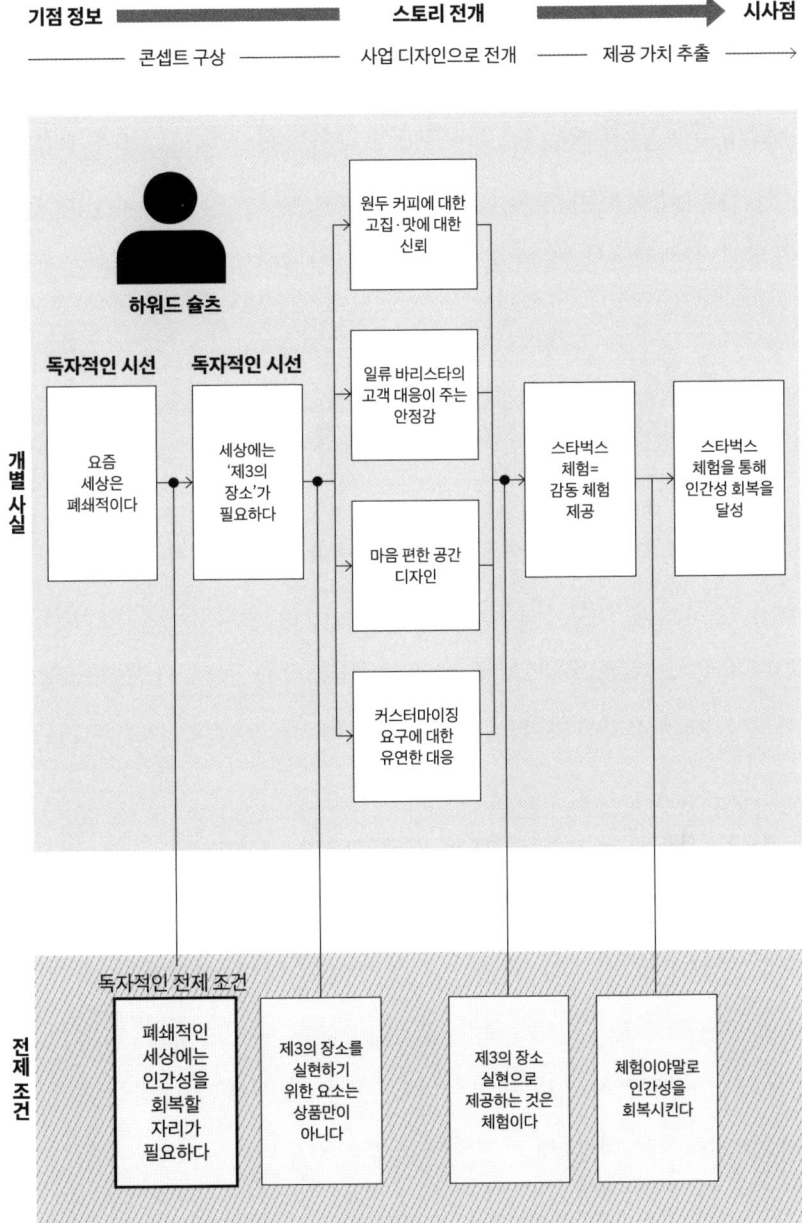

논증으로 사고를 구성하라

있는 경우는 드물다. 더구나 모두가 같은 사실을 접할 수 있는 정보화 시대에 사실에만 치우쳐 이를 기반으로 삼는다면 사고가 코모디티화될 수 있다.

그렇기에 전제 조건을 고지식하게 인식하지 말고 그 전제 조건에 자신의 주관을 담아 발전시키기를 두려워해서는 안 된다. 이런 사고야말로 차이를 만들어 내는 원천임을 기억하자.

## 연역적 사고, 실제 상황에서 이렇게 활용하라

이번에는 연역적 사고의 실제 사용 방법을 살펴보자. 실제로 이들 활용 사례도 연역적 사고의 수많은 가능성을 생각하면 극히 일부에 지나지 않는다. 활용 사례를 통해 응용 감각을 길러 다양한 상황에서 자유자재로 사용하길 바란다.

### 활용 사례 1. 보고 자료의 큰 틀을 구성할 수 있다

연역적 사고는 스토리를 만들어 내는 사고로, 이를 응용하는 방법으로는 보고서 전체의 구성을 짜는 작업이 있다. 여기서는 내가 평소에 파워포인트 자료로 슬라이드를 구성할 때 사용하는 방법을 소개하고, 연역적 사고로 보고서의 큰 틀을 구성하는 방법을 설명할 것이다. 핵심은 다음 세 가지다(도표 2-6).

**[도표 2-6] 전체를 조망하면서 핵심 차트를 중심으로 스토리를 전개하라**

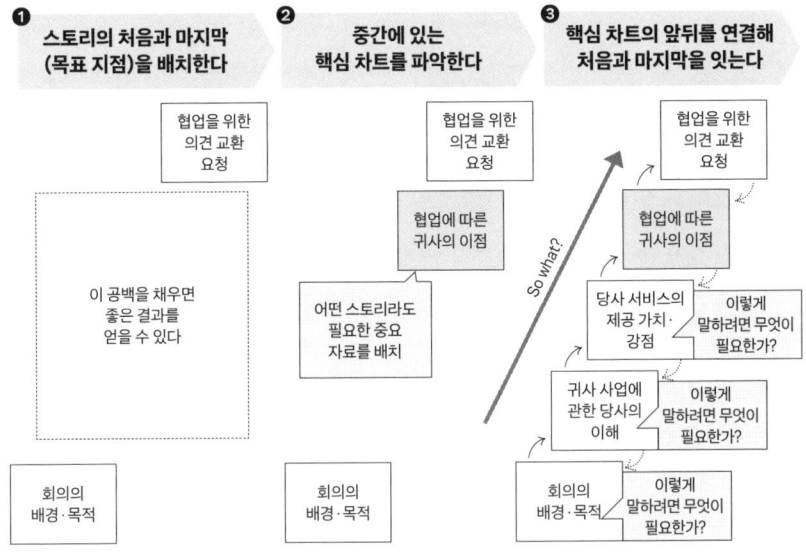

① 스토리의 처음과 마지막(목표 지점)을 배치한다.
② 중간에 있는 핵심 차트를 파악한다.
③ 핵심 차트의 앞뒤를 연결해 처음과 마지막을 이어 준다.

한 예로 외부 기업과의 협업을 구축하기 위해 그 기업에 대한 첫 접근 스토리를 생각해 보자. 절차 면에서는 자료 전체의 첫 부분과 마지막 목표 부분을 먼저 배치한다. 이때 종이에 써서 생각하면 '처음과 마지막 사이에 있는 공백을 채우면 된다'라는 것이 시각화되므로 이 방법을 추천한다. 여기서는 맨 처음 슬라이드에 '회의의 배경·목적', 마지막 슬라이드에 '협업을 위한 의견 교환 요청'이라고 놓아 두자.

다음으로 스토리를 구성할 때 중요한 것은 전체의 자료 구성 중에서 각 자료에 중요성의 경중輕重과 농담濃談을 부여하는 일이다. 나 역시도 팀원들과 대화하는 자리에서 "자료의 중요도를 어떻게 구분하고 있나요?" 하고 자주 일깨우곤 한다.

특히 목표를 이루기 위한 가장 중요한 자료는 핵심 차트로 의식하는 것이 중요하다. 협업 구축에서는 '당사와 협업함으로써 귀사에서 얻는 이점'을 어필하는 것이 중요하니 이 내용을 스토리 전체의 핵심 삼아 중간에 배치하자.

이렇게 처음·중간·마지막이 배치된 상태에서 이제 스토리를 연결해 나간다. '귀사의 이점'을 설명하려면 근간이 되는 '당사 서비스의 제공 가치와 강점'을 알릴 필요가 있기 때문에 그 내용을 앞에 배치한다. 게다가 그 배경이 되는 '귀사 사업에 관한 당사의 이해'를 앞에 두면 설득력이 훨씬 커질 것이다.

이렇게 처음·중간·마지막을 기점으로 각 단계를 연역적으로 연결하면 하나의 스토리가 만들어진다. 전체상을 바라보면서 그 속에 있는 핵심 차트를 기축으로 삼아 앞뒤를 조정하고 넓히면서 하나의 스토리로 완성해 나가는 것이 스토리를 만드는 비결이다.

### 활용 사례 2. 톱다운으로 문제의 해결책을 밝힐 수 있다

연역적 사고는 문제를 해결하기 위한 방법을 톱다운top-down 방식으로 밝히는 데도 사용할 수 있다. 《목적 중심의 사고법》에서 '목적–

**[도표 2-7] 목표와 방법을 끌어내는 목적 중심의 사고법**

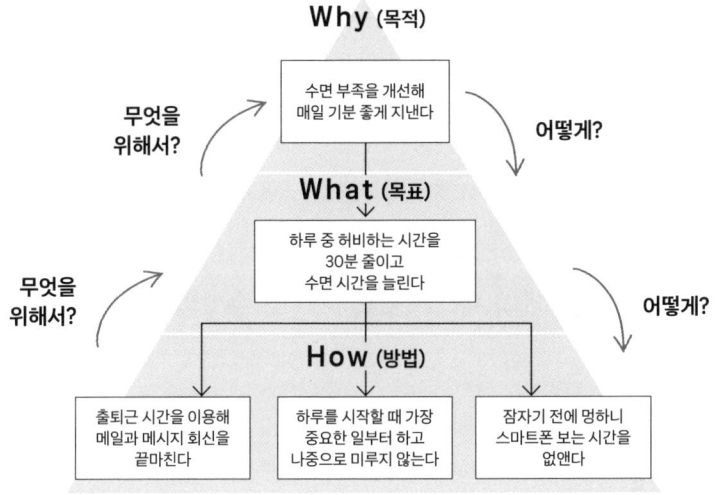

'목표-수단'으로 성과 창출 스토리를 전개할 때도 이 연역적 사고를 응용했다(도표 2-7).

예를 들어 '수면 부족을 개선해 매일 더 기분 좋게 지내기'를 목적으로 설정했다고 하자. 거기서부터 '어떻게?'를 생각해서 '하루 중 허비하는 시간을 30분 줄이고 수면 시간을 늘린다'는 목표를 설정한다. 그리고 나서 '어떻게?'를 생각해서 '출퇴근 시간을 이용해 메일과 메시지 회신을 끝마친다', '하루를 시작할 때 가장 중요한 일부터 하고 나중으로 미루지 않는다', '잠자기 전에 멍하니 스마트폰 보는 시간을 없앤다' 등의 방법을 찾아내는 것이다.

사실 이는 '목적→목표→방법'과 같이 스토리를 결말부터 역순으로 전개하고 있다. 실제로 방법→목표→목적의 순서로 보면 '잠자기 전에 스마트폰을 보는 시간을 없앰으로써 쓸데없는 시간을 줄이고 수면 시간을 늘리면 수면 부족을 개선할 수 있다'라는 스토리가 만들어진다.

이렇게 거꾸로 거스르는 연역법도 최소의 시간과 에너지로 낭비 없이 생각하는 데 무척 효과적이다.

### 활용 사례 3. 미래의 시나리오를 예측할 수 있다

연역적 사고는 미래 시나리오를 예측하는 데도 사용할 수 있다. 기점이 되는 영향 요인에서 연역적으로 그 영향을 끌어내는 방식이다. [도표 2-8]에서 볼 수 있듯이 '바람이 불면 나무통 장수가 돈을 번다'라는 이야기는 바람이 분다는 영향 요인에서 그 앞날의 전개 상황을 예측한 것이다.

한 가지 주의해야 할 점은 스토리가 길어질수록 이런 현상이 생길 가능성이 줄어든다는 사실이다. 앞의 예에서 각각의 인과 관계가 성립할 확률을 50퍼센트라고 하자. 그러면 ①의 '바람이 분다'에서 ⑧의 '나무통 장수가 돈을 번다'까지 일곱 번의 논리가 연결되므로 이 추론이 성립될 확률은 1퍼센트 미만(50퍼센트의 7제곱)으로 더할 수 없이 내려간다.

따라서 이 예시와 같이 추론이 너무 길어졌을 때는 '지금 말이 안 되게 이야기를 연결하고 있는 건 아닌가?'라고 스스로 질문해 보면서 주의를 기울여야 한다.

[도표 2-8] 미래 예측에도 쓰이는 연역적 사고

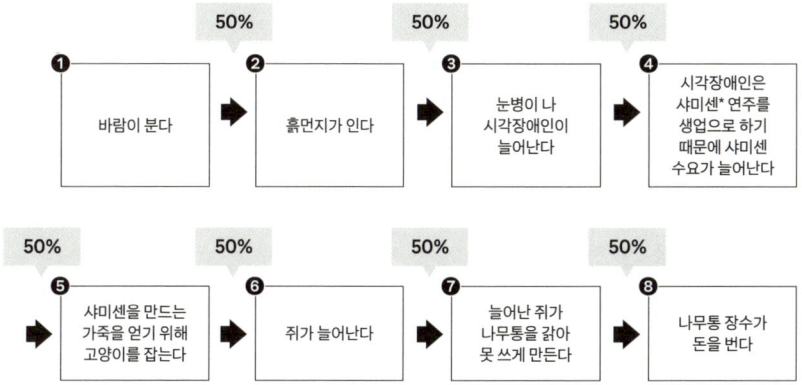

* 샤미센三味線: 일본의 전통 현악기로 원래 고양이 뱃가죽으로 만들었다.―옮긴이

## 연역적 사고를 하기 위한 세 가지 요점

지금까지 연역적 사고란 무엇인지What에 관해 설명했다. 그렇다면 이 연역적 사고는 어떻게How 사용할 수 있을까? 연역적 사고를 하기 위한 요점을 다음 세 가지 항목으로 정리해 살펴보자.

① 개별 사실의 관찰량을 충분히 확보한다.
② 사고의 가속기로서 전제 조건을 많이 축적한다.
③ So what?으로 사고의 범위를 넓힌다.

## 1. 개별 사실의 관찰량을 충분히 확보한다

우선은 첫 번째 요점에 관해 명탐정 셜록 홈스의 일화를 인용해 살펴보자. 홈스는 보통 사람들이 알아차리기 어려운 일들을 예리한 관찰력으로 포착하고, 타고난 추리력으로 어디서도 보기 어려운 통찰을 끌어낸다.

단편 소설 《보헤미아 왕국의 스캔들》의 1막을 보자. 이 작품은 홈스의 조수인 왓슨(예전에는 군의관이었으며 이후 개업의가 되었다)이 오랜만에 홈스의 사무소를 찾아오는 장면에서 시작된다. 홈스는 왓슨을 보자마자 이렇게 말을 꺼낸다.

"…(전략) 그런데 또 개업했나 보군. 자네가 그럴 의향이 있었다는 얘긴 못 들었는데."

왓슨은 만나자마자 재빨리 추리력을 발휘하는 홈스에게 그 사실을 어떻게 알았느냐고 묻는다.

"그야 간단하지. (중략) 요오드포름 냄새를 풀풀 풍기는 데다 오른손 검지에는 질산은에 그을린 검은 자국이 있더군. 게다가 마치 '여기에 청진기가 들어 있어요'라고 말하기라도 하는 것처럼 한쪽이 불룩한 실크 모자를 쓴 신사가 들어왔잖은가. 그런데도 그 신사가 개업의라는 걸 알아차리지 못한다면 어지간히도 멍청한 거 아니겠어?"

홈스는 왓슨을 보자마자 '요오드포름 냄새', '질산은에 그을린 검은 자국', '한쪽이 불룩한 실크 모자'라는 개별 사실을 예리하게 포착했다. 그리고 '의료용품을 취급하는 사람은 개업의다'라는 전제 조건을 작동해 연역적 사고로 '왓슨이 병원을 열었다'라는 추리를 해낼 수 있었다.

이 일화에서 알 수 있는 것은 사고라는 이름의 정보 처리를 실행하려면 사고의 재료로 사용할 개별 사실을 꼼꼼히 모아야 한다는 사실이다. 뒤집어 말하면 홈스와 같은 추리력을 갖고 있어도 개별 사실로서의 정보를 충분히 확보하지 못한다면 마치 텅 빈 프라이팬을 불 위에 올려놓은 것이나 다름없다.

실제 프로젝트에서도 사고가 궁지에 몰리듯 꽉 막힌 팀원에게 조언을 해주다 보면 재료가 부족한 채 머릿속이 공회전만 하는 경우를 심심찮게 만난다. 그럴 때는 "구체적인 인풋이 부족한 게 아닐까?" 같은 조언만 해줘도 생각이 진전할 수 있다.

### 2. 사고의 가속기로서 전제 조건을 많이 축적한다

두 번째 요점은 '전제 조건'에 관해서다. 지금까지 살펴봤듯이, 연역적 사고란 이른바 'A라면 B라고 할 수 있다', 'B라면 C라고 할 수 있다', 'C라면 D라고 할 수 있다' 등 계속 앞으로 나아가며 사고를 전개하는 것이다.

이런 연역적 사고에서 전제 조건은 'A라면 B라고 할 수 있다'라며 사고를 전개해 앞으로 치고 나가는 가속기의 역할을 한다. 앞서 살펴봤듯이 '개는 산책을 좋아한다'라는 전제 조건을 갖고 있다면 '코로는 개'라는 사실을 안 시점에서 자동으로 '코로는 산책을 좋아한다'라는 추론을 끌어낼 수 있다.

여기에 '개를 키우고 있는 사람은 걷기 편한 운동화를 선물 받으면 기뻐한다'라는 내용까지 한꺼번에 묶어 전제 조건으로서 인지하고 있으면, 개를 키우는 사람을 봤을 때 '걷기 편한 운동화가 있으면 기쁠 것이다'라는 사실을 순식간에 떠올릴 수 있다. 이것이 가속기로서의 전제 조건이 작동하는 방식이다.

이런 사실은 **사고 속도가 반드시 두뇌의 회전에 의해서만이 아니라 전제 조건을 머릿속에 얼마나 저장하고 있느냐에 따라서도 크게 좌우된다**는 점을 시사한다. '사고의 공식'처럼 전제 조건을 미리 쌓아 두고 있으면 아래 예시들과 같이 A라는 정보를 얻었을 때 바로 그 자리에서 '그렇다면 B다'라고 떠올릴 수 있다(도표 2-9).

'시장 도입기라면 프로모션 비용을 적극적으로 투자해야 한다', '제조 규모가 커지면 제품 한 개당 원가가 낮아진다(규모의 이익scale merit)', '사용자가 많아질수록 사용자의 편익이 상승한다(네트워크 효과)' 등, 이런 기초적인 경영 이론을 배워 두면 이를 공식으로 사용해 판단 속도를 높일 수 있다. 게다가 전제 조건의 기능은 가속기뿐만이 아니다. 스타벅스의 사례에서 살펴봤듯이 **전제 조건에 독자적인 가치관이 담기면 사고의 독창성을 창출하는 원천이 될 수 있다.** 이런 전제 조건을 '신념'이라고 부른다.

'그 사람은 어쩌면 그렇게 빨리 생각할 수 있을까?', '어떻게 그런

[도표 2-9] 반응 속도가 급격히 빨라지는 경우

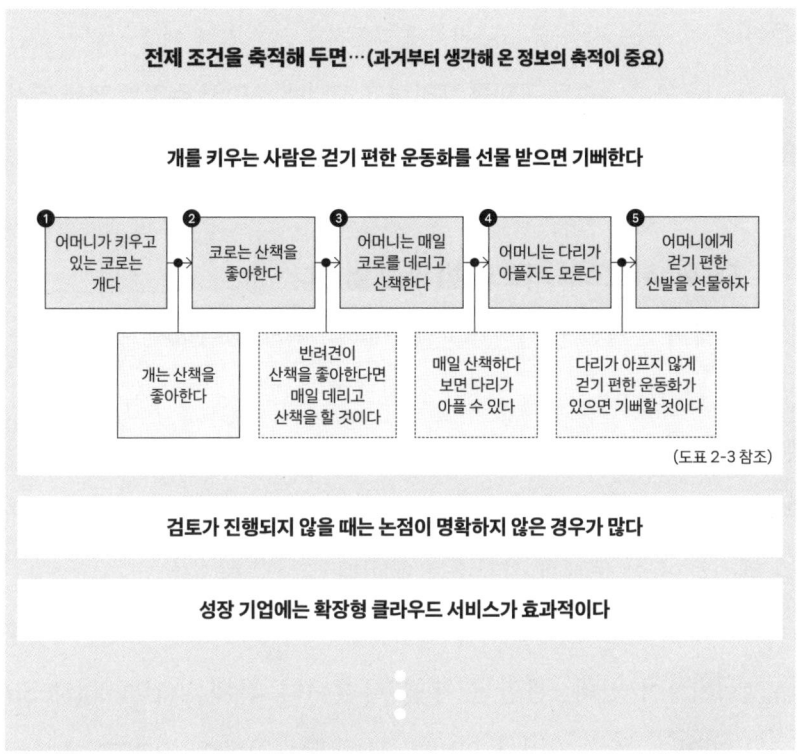

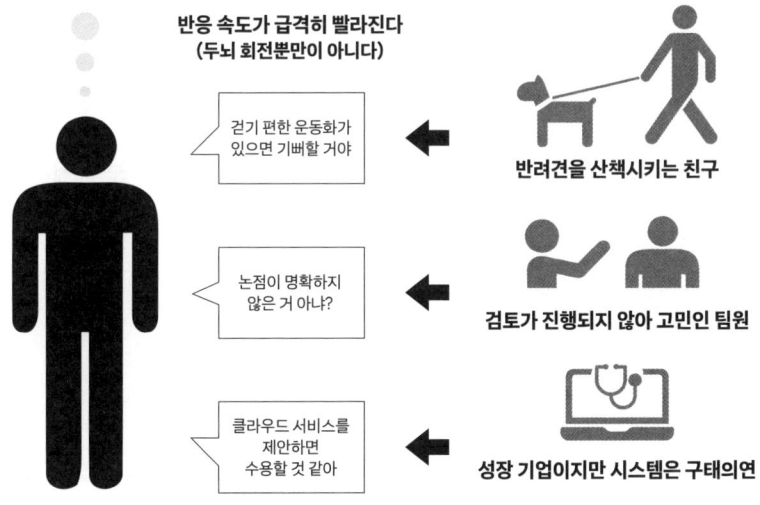

논증으로 사고를 구성하라

발상을 할 수 있지?' 하고 생각하게 되는 사람이 있는가? 이런 사람들이 보여 주는 지두력地頭力(지식에 의존하지 않는 문제 해결 능력—옮긴이)은 **지금까지 수많은 문제를 생각하고 해결해 오면서 수많은 전제 조건을 머릿속에 저장해 놓고 자유자재로 활용하기 때문에 가능한 것이다.**

### 3. So what?으로 사고의 범위를 넓힌다

애초에 무언가를 생각하려고 할 때 '자, 이제 생각하자' 하고 두 주먹을 불끈 쥔다고 해서 생각이 저절로 떠오르거나 계속해서 전개되는 건 아니다. 오히려 머릿속이 새하얘져 사고가 멈춰 버리기 일쑤다. 두뇌를 회전시켜 사고하는 데 필요한 것은 주먹을 쥐는 게 아니라 해결해야 할 문제를 설정하는 일이다.

연역적 사고를 펼치기 위한 질문으로 So what?(그래서 결국 어떻다는 말이지?)이 있다. 관찰한 개별 사실이나 전제 조건에 대해 So what?이라고 묻고 거기서 의미를 끌어내는 것이다. 그리고 여기서 도출된 의미를 새로운 발판으로 삼아 다시 So what?을 거듭해 앞으로 사고를 전개해 나간다. 그러면 사고의 폭이 더 넓어지고 처음에는 도저히 닿지 못했던 생각에 도달해 주어진 정보에서 주어지지 않은 정보를 끌어낼 수 있다(도표 2-10).

스타벅스의 사례를 다시 떠올려 보자.

- 현대인의 도시 생활은 폐쇄적이다. (So what?)
- 폐쇄적인 도시 생활에 지친 현대인에게는 제3의 장소가 필요하다.

**[도표 2-10] So what?을 거듭해 정보에서 잠재력을 끌어내기**

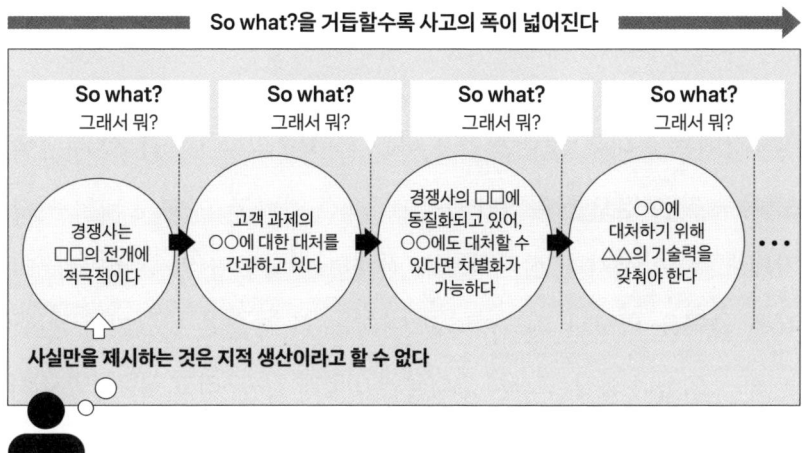

- (So what?)
- 그러려면 점포 디자인과 바리스타 양성 등을 쇄신해야 한다. (So what?)
- 스타벅스에서만 느낄 수 있는 독자적인 감동 체험을 제공하자.

So what?을 반복하면서 스토리가 전개되었다. 경험이 적은 컨설턴트들은 사실 정보(가령 '○○ 업계의 경쟁사 점유율은 15퍼센트다'라는 정보)만을 보고하고서 상급자에게 "그래서 결국 어떻다는 말이지?"라는 냉담한 반응을 얻는 경우가 많다. 이런 일이 벌어지는 까닭은 So what?이 부족해 연역적 사고를 전개하지 못해서다. 이제는 사실 정보에 누구나 다 쉽게 접근할 수 있다. 지적 생산을 원한다면 사실 정보에서 시사점을 도출하는 데 더 공을 들여야 한다.

## 하나를 들으면
## 열을 아는 사람의 머릿속

세상에는 하나를 들으면 열을 아는 사람이 있다. 여러분의 주변에도 아주 작은 정보를 들었을 뿐인데 '그건 이렇고, 이렇게 돼서 이런 거네요' 하며 생각을 적극적으로 전개하는 사람이 있을 것이다. 이 같은 능력을 타고난 재능이라고 여기는 건 경솔한 판단이다. 이런 능력은 오히려 **항상 '그래서 그다음엔 어떻게 될까?'라고 질문하면서 사고를 진전시키는 '진취적인 사고'가 습관화**된 것이라고 보면 된다.

진취적 사고가 습관화된 사람들은 한 가지를 들으면 거기에 만족하거나 안주하지 않고 '그래서 어떻게 되는 걸까? 그렇다면 어떻게 되는 거지?' 하는 질문이 항상 머릿속을 돌고 있다. 어떤 한 가지 정보를 들었을 때 자신이 이미 알고 있는 지식과 경험을 적극적으로 조합해서 스스로 이해의 폭을 점차 넓혀 나가는 것이다.

진취적 사고가 습관화된 사람들의 머릿속에 자리하고 있는 것은 재능이 아니라 남들과 다른 자세다. 하나를 듣고 거기에 그친다면 사고는 제자리에 머물러 있을 뿐이다. 하나를 들은 순간에 바로 앞으로 나아가며 사고를 펼치는 것, 그것이 바로 하나를 듣고 열을 아는 사람들의 머릿속에서 일어나는 일이다.

자세를 바로잡는 데 재능은 필요 없다. 이는 의식과 습관의 문제로, 자세를 바로잡기 위한 노력을 마다하지 않는다면 누구나 하나를 듣고 열을 아는 사람이 될 수 있다.

## 연역적 스토리, 직선적 논리에서 순환 논리로

지금까지 연역적 사고로 스토리를 엮는 방법을 살펴봤다. 하지만 이제껏 살펴본 연역법의 직선적인 논리만으로 모든 것이 다 해결되지는 않는다. 이번에는 '네트워크 효과'를 예로 들어 생각해 보자(도표 2-11).

네트워크 효과는 어떤 제품과 서비스의 사용자가 늘어날수록 그 제품이나 서비스가 지닌 가치도 함께 증가하는 현상이다. 이를테면 스마트폰과 앱 스토어에 나타나는 네트워크 효과에서는 다음과 같은 식으로 '스마트폰 이용자 증가 ⇌ 개발자 증가 ⇌ 편리성 향상'이라는 상호 강화의 순환이 일어난다.

**네트워크 효과의 순환 논리**
- 스마트폰 이용자가 늘어나면
- 그 시장을 노리고 수많은 개발자가 앱을 제공하기 때문에
- 스마트폰은 더욱 편리해지고
- 그로써 더욱 많은 스마트폰 이용자를 불러들이며…

이런 순환이 생겨나면 아무런 손을 쓰지 않고도 경쟁력이 가속하는 엄청난 상황을 만들 수 있다. 순환 논리로 생각하는 방식에는 바로 이런 위력이 있다.

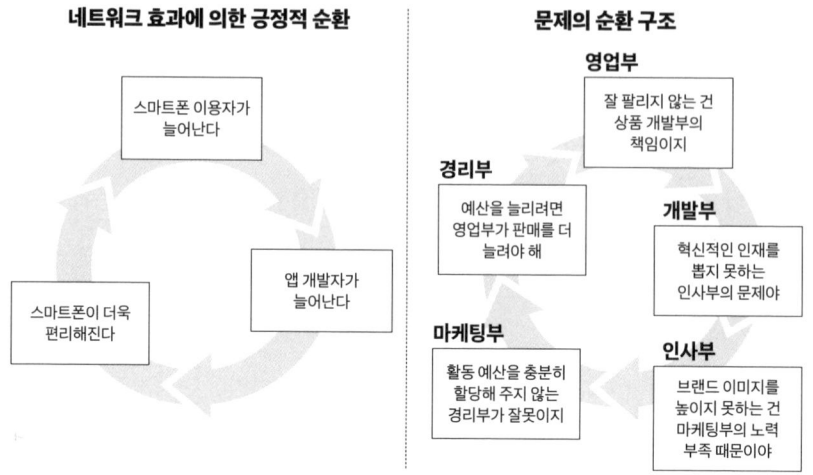

[도표 2-11] 순환적인 논리 구조를 파악하면 사고 수준이 한 단계 올라간다

또한 순환은 문제의 구조를 인식할 때의 현실감도 보여 준다. 다음 대화를 살펴보자.

**영업부** 판매 실적이 너무 저조해. 뭔가 좀 아쉬운 상품을 만든 개발부의 잘못이야.

**개발부** 좋은 상품을 개발해도 혁신적 인재를 채용하지 못하면 아무 소용 없어. 인사부에 문제가 있는 거지.

**인사부** 애초에 우리 회사의 브랜드 이미지로는 그런 우수한 인재가 오지 않아. 마케팅부의 노력 부족 아닌가?

**마케팅부** 기업의 브랜딩에도 비용이 필요해. 경리부가 자금을 더 지원해 주지 않으면 힘들어.

**경리부** 현재의 매출과 이익으로는 마케팅부의 자금을 더 늘리는 건 불

가능해. 영업부가 더 매출을 올려야지.

서로 남의 탓만 하고 책임을 전가하는 모습이지만 현실이 대체로 이렇다. 만약 이 기업에 직접적으로 "실적 부진의 원인은 제품력이 떨어진 데 있습니다."라고 조언한다면 어떨까? "세상일은 그렇게 단순하지 않다고. 당신은 아무것도 모르는군."이라는 반응만 돌아올 것이다. 이런 순환 구조를 가진 문제는 직접적인 접근법으로는 대처할 수 없다.

이를 해결하기 위해서는 우선 문제를 순환 구조로 바라볼 수 있어야 한다. 그런 다음에는 마치 도수치료사가 환자의 몸 전체를 보면서 중요한 관절과 근육을 바로잡듯이 각 부위별로 세심하게 조정하면서 악순환을 선순환으로 바꿔 나가야 한다.

## 정통파 템플릿의 세계 vs. 논리적 의외성의 세계

지금까지 연역법의 정공법은 다 설명했다. 하지만 기존의 로지컬 씽킹을 업데이트하고자 한다면 여기서 더 깊이 들어가 사고의 코모디티화에서 벗어나기 위한 가능성을 탐구해야 한다.

앞서 전제 조건의 축적을 '공식'으로서 확보하는 일이 얼마나 유용한지에 관해 설명했다. 하지만 이런 공식은 세상에 유통되고 있는 공식에 대해 나름대로 경험을 쌓은 사람이라면 누구나 알고 있어 코모디티화된 '템플릿'이 될 수도 있다. 가령 '고객 세그먼트(제품이나 서비스를 제공할 때 고객을 공통된 특성에 따라 분류한 기준 조건이나 그룹―옮긴이)를 좁혀 자사의 핵심 역량을 발휘할 수 있는 포지션을 선택, 집중함으로써 경쟁사에 대한 지속적인 경쟁우위를 발휘하겠다'라는 식으로, **흔한 템플릿에 적용했을 뿐인 이야기는 누구나 할 수 있으며 그렇게 말해 봐야 새로운 가치는 없다.**

이렇게 **발상으로서는 정통이고 틀림없지만 어디선가 들어 본 적 있는 템플릿 같은 사고가 전개되는 세계관을 '정통파 템플릿의 세계'**라고 한다. 템플릿을 사용하면 확실히 속도도 빠르고 세상에서 인정받은 정통파 사고이므로 반론도 나오기 어렵다.

하지만 이 세계관에서 결정적으로 결여된 것은 "흥미로운걸!" 하고 감탄하게 만드는 **의외성**surprise이다. 의외성이란 평소의 의식 밖에 있다는 뜻이다. 보통은 생각할 수 없기에 의외성은 차별화의 원천이다. 정통파 템플릿의 세계에는 이 의외성이 없기 때문에 가치의 핵심이 결정적으로 결여되어 있다(도표 2-12).

이 의외성이 과연 무엇인지 많은 스토리에서 사용되는 '용사 이야기'를 예로 들어 살펴보자. 정통파 템플릿의 세계에서 용사 이야기는 다음과 같이 펼쳐지는 게 정석이다.

공주님이 끌려간다. → 용사가 마왕을 쓰러뜨리겠다고 결심한다. → 길을 떠나 동지를 모으고 성장한다. → 동지들과 함께 마왕을 무찌르고 공주님을 구출한다.

**[도표 2-12] 정통파 템플릿의 세계 vs. 논리적 의외성의 세계**

정통파 템플릿의 세계

정통적이고 틀리지는 않지만
어디서나 보고 들을 수 있다

논리적 의외성의 세계

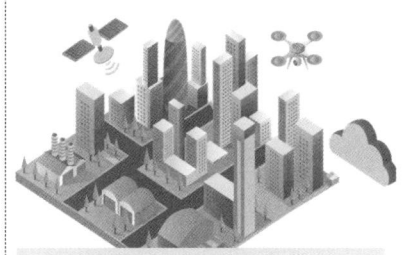

논리성이 있으면서 놀라게 하는
의외성도 공존한다

　템플릿대로 되어 가는 뻔한 전개이므로 이야기로서의 가치는 빈약하다(그렇기는 하지만 비즈니스에서는 이와 같은 전개가 반복되고 있다). 이 용사 이야기에 대해 RPG 게임 '라이브 어 라이브'Live a Live(일본 회사 스퀘어가 1994년에 제작한 롤플레잉 비디오게임—옮긴이)에서는 다음과 같은 스토리 전개로 의외성을 연출했다.

　　공주님이 끌려간다. → 용사가 마왕을 쓰러뜨리겠다고 결심한다. → 길을 떠나 동지를 모으고 성장한다. → **용사에게 열등감을 느껴 질투한 동지가 배신한다.** → 동지가 용사에게 결투를 청했다가 목숨을 잃는다. → 그 모습을 본 공주가 동지의 뒤를 따라 자살한다. → 동지와 사랑하는 공주를 잃은 용사가 절망하고 스스로 마왕이 된다. → (게임 내에서 이야기는 계속 이어진다.)

이 스토리를 읽어 보면 정통파 템플릿에서 벗어나 있어 의외성을 느낄 것이다. 또한 이 스토리에는 그렇게 전개될 수밖에 없는 이유가 있고 논리성도 있다. 그렇기에 그다음 이야기가 궁금해지고 결말이 어떻게 되었는지 알고 싶어진다. 이와 같이 사람의 마음을 끌어당기는 의외성, 흔한 이야기와 차별화된 내용이야말로 이야기의 가치라고 할 수 있다.

이렇게 논리성과 의외성의 트레이드온trade-on(상반되는 두 가지의 가치를 양립시키는 접근법—옮긴이) 사고를 실현하고 전개하는 세계관을 '논리적 의외성의 세계'라고 한다. 보다 진정한 가치가 있는 지적 성과를 창출하고자 한다면 기존의 정통파 템플릿의 세계가 가져다주는 안정되고 편안한 상태에 머무르려는 유혹을 떨치고 사고를 논리적 의외성의 세계로 옮겨야 한다.

## So what's new?
## 그래서 무엇이 새로운가?

그렇다면 논리적인 의외성의 세계에는 어떻게 발을 들여놓으면 좋을까? 키워드는 So what's new?(그래서 뭐가 새로운데?)다. 이는 연역의 스토리를 끌어내는 So what?에 What's new?(무엇이 새로운가?)를 합친 질문이다. 단순히 논리적인 정보를 끌어낼 뿐만 아니라 그렇게 끌어낸 정보가 지닌 의외성에 대해 묻고 있다(도표 2-13).

어떤 고객 경영진에게 업계의 외부 환경을 정리해 보고했을 때의

**[도표 2-13] So what's new?로 의외성 있는 시사점을 끌어내라**

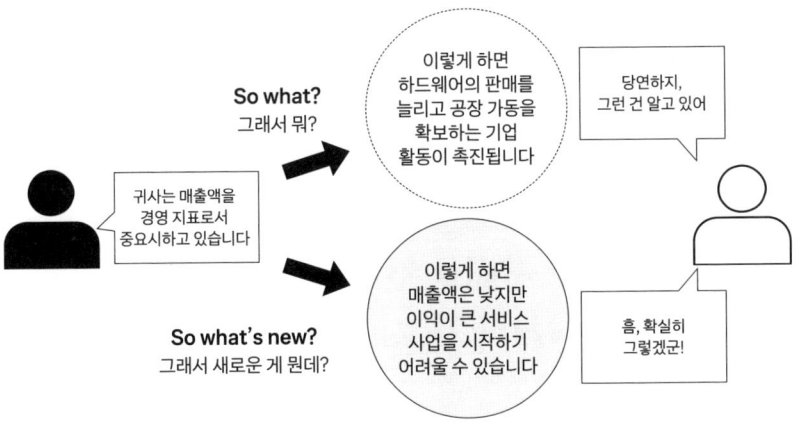

일이다. 그때 팀에서는 메가트렌드와 업계 및 경쟁사와 관련된 정보를 2주에 걸쳐 수집해 50장의 슬라이드로 스토리를 구성했다. 하지만 고객의 반응은 이랬다.

"내용에 잘못된 곳도 없고 정리도 잘 되어 있긴 한데, 여기서 새로운 게 뭐죠?"

So what?에 따른 스토리 전개에 문제는 없었다. 하지만 What's new?라는 기대를 충족시킬 만한 새로운 정보가 없었던 것이다. 엄밀히 말하면 고객은 "이미 다 알고 있으니 이 정보는 가치가 없어요."라고 선언한 것이나 다름없다.

이 경험으로 깨달은 점은 우선 So what?을 통해 논리적으로 전개할 수 있기 때문에 시간만 들이면 누구든 같은 전개를 펼칠 수 있다(따라서 의외성이 부족하다)는, 사고 측면의 문제점이었다. 게다가 논리적인 정합성을 취하는 데 팀의 에너지를 지나치게 사용하다 보니 의외성을 발견하는 데 충분한 자원을 투입할 수 없다는 관리 측면의 문제점도 있었다.

So what?만으로는 부족하므로 여기에 치우쳐서는 안 된다. So what?에 의외성을 추가한 So what's new?를 추구해야 한다.

## 불확실성의 시대를 건너는 안티프래질리티 사고

미국의 사상가 나심 니콜라스 탈레브Nassim Nicholas Taleb가 주장한 안티프래질리티antifragility(반취약성反脆弱性)라는 사고방식이 있다. 신체에 병원체가 침투함으로써 몸의 면역 시스템이 더욱 강해지듯이 안티프래질리티는 불확실성, 무질서, 부하, 스트레스 같은 부정적인 요소를 오히려 긍정적인 양분으로 이용하는 성질을 가리킨다. 그리고 의외성을 찾아내는 일과 안티프래질리티는 서로 밀접하게 관련되어 있다.

이런 이치를 이해하기 위해 과일 이름을 15개 대 보는 간단한 테스트를 해보자. 손가락을 꼽으면서 머릿속으로 떠올리거나 종이에 적으면서 과일 이름을 15개 나열해 보자. 15개를 다 떠올렸는가? 뒤로 갈수록 '그리고 또 뭐가 있더라…' 하고 생각하는 데 부하가 걸려 그때부터 점점 흔하지 않은 과일(리치, 구아바, 용과 등) 이름이 나오지는 않았는가?

우리의 사고는 비상식적이고 드문 일보다는 상식적인 일상생활에

**[도표 2-14] 부하와 스트레스를 발상의 양분으로 하는 안티프래질리티 사고**

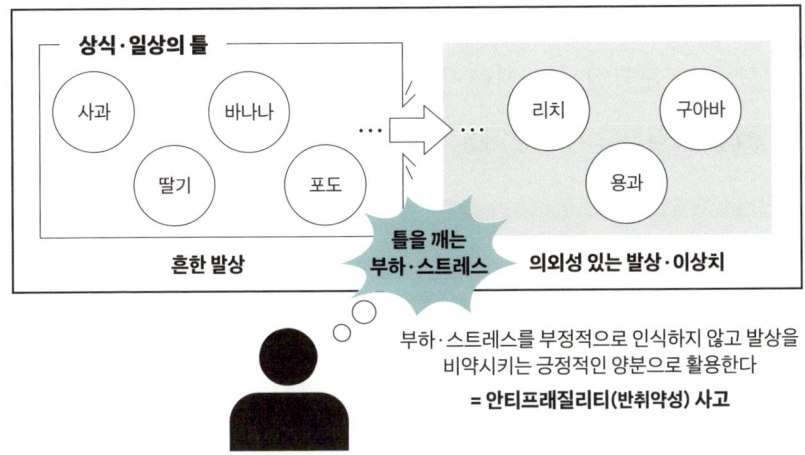

최적화되어 있다. 그 틀을 넘어서 '그리고 또 뭐가 있더라?' 하다 보면 사고하는 데 부하가 걸린다. 뒤집어 말하면 바로 이렇게 **사고에 걸리는 부하를 극복해야 상식 내의 최적치에서 벗어난 이상치**outlier**로서의 의외성이 나온다**(도표 2-14).

전략적인 스토리 만들기도 마찬가지다. 우선은 대략적인 스토리를 구성한다. 그리고 나서 그 스토리를 기점으로 So what's new?라고 계속해서 질문한다. 이렇게 의외성을 더해 가면서 시행착오를 반복하고 더 나은 스토리로 다듬어 나간다. **이때 가져야 할 마음가짐은 페일 패스트**fail fast**, 즉 실행 이전의 스토리 책정 단계에서 일찌감치 많은 실패를 해둔다고 생각하는 것이다.**

아이가 조립 장난감을 가지고 놀면서 딸그락딸그락 여러 방법으로 바꿔 가며 조립하듯이, 소소한 실험과 변경을 반복해 실시함으로써 더 강하고 적응력 있는 상태로 만드는 조작 활동을 나심 탈레브는 '팅커링'tinkering이라고 했다. 무엇이 가치 있는 것으로 여겨질지 알 수 없는 불확실성의 시대일수록, 우리는 팅커링을 통해 더욱 강한 **안티프래질리티** 사고방식을 추구해야 한다.

## 종합적 사고로 전략 스토리를 그려라

연역적 사고를 가장 전략적으로 다루는 방법은 구스노키 겐楠木建 교수가 저서 《히스토리가 되는 스토리 경영》에서 제시한 '전략 스토리'에서 찾아볼 수 있다. 구스노키 교수의 말을 빌리면 전략이란 기업의 포지셔닝과 조직 능력의 '정지 화면'이 아니라 성과에 이르는 흐름 또는 움직임을 '동영상'으로 구성한 것이다. 그는 전략 스토리의 우수한 실례로 자동차용 소형 모터를 제조·판매하는 마부치 모터MABUCHI MOTOR를 꼽았다(도표 2-15).

이 전략 스토리에 논리적 의외성을 부여하는 요소로는 다음 세 가지를 들 수 있다. 여기서 '…했는데도' 이후 나오는 내용에 논리적 의외성이 담겨 있다는 사실에 주목하자.

### 1. 표준화를 추진했는데도 고객의 니즈를 제대로 충족시킨다

표준화를 통해 제품을 개발한 후에는 고객에게 사후 영업을 할 필요가 없어지므로, 사전에 고객의 니즈를 충족시키기 위한 개선과 조

**[도표 2-15] 요소를 연결해 의외성 있는 전략 스토리로 종합하라**

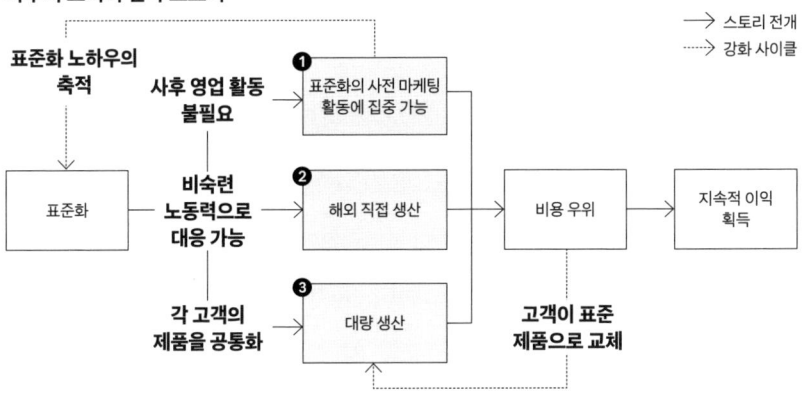

※ 구스노키 겐《히스토리가 되는 스토리 경영》을 토대로 작성함

정에 자원을 투입할 수 있다. 이렇게 축적된 표준화 노하우는 더욱 뛰어난 표준화를 실현 가능하게 해서 자율적 강화의 선순환을 만들어 낸다.

### 2. 기술 면에서 뒤떨어지는 해외 생산인데도 품질이 보장된다

표준화함으로써 같은 제품을 반복적으로 만들어 내면 되고, 해외의 비숙련 노동력이라도 품질을 보장할 수 있어 결과적으로 낮은 생산 원가를 실현할 수 있다.

### 3. 표준화되었는데도 독자적인 우위성을 발현한다

'표준화 → 대량 생산 → 비용 경쟁력 상승 → 고객이 표준 제품으로 바꿈 → 대량 생산…' 이런 선순환에 따라 자사의 비용 경쟁력이 계속해서 올라가는 구조가 이뤄진다.

전략 스토리를 그릴 때 책이나 인터넷 혹은 남들에게 들은 이야기를 부분적으로 활용할 수 있을지도 모른다. 하지만 그 부분적인 요소들을 하나의 독창적인 스토리로 엮어 내는 일은 자신의 머릿속에서만 가능하다. 이때 필요한 건 요소를 논리적으로 분해하는 분석analysis이 아니라 창조적으로 이어 나가는 종합synthesis의 힘이다. 이는 마치 하나의 이야기를 엮는 것 같은 예술적인 시도로서, '전략은 예술이다'라고 하는 이유가 바로 여기에 있다.

## 논리적 의외성을 창출하는 여섯 가지 스토리 패턴

지금까지 설명한 내용을 한번 정리해 보자. 사고의 코모디티화에서 벗어나기 위해 연역적 사고법에서는 다음과 같은 방법들을 사용해 볼 수 있다.

- 기점이 되는 정보에서 잠재력을 끌어내어 새로운 시사점(의미)을 추출한다.
- 객관성에 치우치지 않고 주관과 신념을 스토리에 담아 독창성의 원천으로 삼는다.
- 논리적 의외성을 추구하고 So what's new?에 대답해 나간다.

- 안티프래질리티 사고에 따라 부담이나 스트레스를 새로운 발상의 양분으로 삼으면서 팅커링을 통해 논리적 의외성을 만든다.
- 그 극한의 표현으로서 전략 스토리가 있어야 한다.

의외성을 만들어 내기 위한 마지막 단계로, 유용한 스토리 전개 패턴을 살펴보자(도표 2-16).

### 1. 전제나 상식을 겹치지 않게 하거나 역발상을 끌어낸다

연역적 사고는 전제 조건을 토대로 해서 시사점을 끌어낸다. 전제 조건이 상식적이라면 결론도 평범해진다. 이를 역으로 이용해 전제 조건 자체를 상식에서 살짝 비켜 가게 하거나 정반대로 뒤집음으로써 의외성을 끌어낼 수도 있다. 비즈니스에서도 상식을 역전시켜 성공한 사례가 얼마든지 있다.

- 아마존 서적 판매: 책은 서점에서 실제로 보고 구매하는 것이 상식
  → 온라인상의 고객 체험을 쇄신해(아마존 평가와 추천 등) 기존의 상식을 뒤엎음
- 이케아: 가구는 완성품을 구매하는 것이 상식
  → 조립 전 상태로 판매, 상품 가격을 낮추면서 DIY 니즈에도 대응
- 에어비앤비: 여행이나 출장 등 외박 시에는 호텔이나 료칸(일본 전통식 숙박 시설—옮긴이) 등 상용 시설에 묵는 것이 상식
  → 웹 플랫폼을 활용해 개인의 집을 숙소로 제공

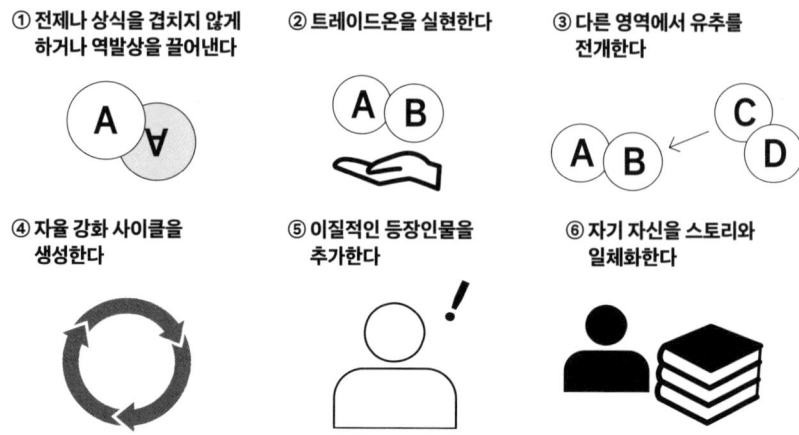

[도표 2-16] 논리적 의외성을 만들어 내는 여섯 가지 스토리 전개 패턴

상식은 자신이 깨닫지 못하는 사이에 머릿속에서 작용하기 마련이므로, 우선은 의식적으로 이 상식들을 노트에 써 보자. '책을 사려면 서점이나 온라인 스토어로 가야 한다', '레스토랑에서 식사하려면 주문하고 요리가 나올 때까지 기다려야 한다', '쓰레기는 버리는 것이니 가치가 없다', '패션 아이템은 신상품이 좋다', '여행은 휴가 때만 갈 수 있다' 등 다양한 상식들을 써 놓은 다음에 비틀어 보거나 역발상을 떠올려 보자. 이렇게 새롭게 바라보면 상식은 순식간에 의외성의 보물 창고로 바뀔 수 있다.

### 2. 트레이드온을 실현한다

비즈니스에서는 '품질을 높이고 싶지만 비용이 오른다', '비용을 낮추고 싶지만 그러면 품질도 떨어지고 만다' 같은 현상이 두드러진다. 이렇게 하나를 얻으면 하나를 잃는다는 일득일실—得—失의 관계를 **트레이드오프**trade-off라고 하며 균형을 잘 잡기 위해서는 관리 능력이 필요하다.

한편 일득일실의 트레이드오프에 반해 일거양득—擧兩得을 실현하고자 하는 것이 **트레이드온**이다. 즉 품질을 높이면서 비용은 내린다는, 상식을 깨뜨림으로써 성과를 노리는 방법이다.

비즈니스를 예로 들면 디지털 플랫폼의 기술을 활용한 넷플릭스Netflix는 '영화·애니메이션 무제한 시청! 비용은 정액으로!'라는 트레이드온을 가능하게 했다. 이는 빌리면 빌릴수록 비싸지는 종래의 렌털 비즈니스의 관점에서 보면 있을 수 없는 일이다.

'전략이란 버리는 것'이라는 말이 있다. 그런데 이 상식에 정면으로 맞서 둘 다 거머쥐기를 목표로 하는 것이 트레이드온이다. 상식적으로 일득일실의 대립이 있을 때 '트레이드온을 실현할 수는 없을까?' 하고 자문하면 의외성을 발견할 수 있다.

### 3. 다른 영역에서 유추를 전개한다

유추analogy는 이미 알고 있는 정보에서 새로운 발견을 횡적으로 전개하는 사고방식이다. 도식적으로 'A:B=C:D'의 형태로 표현한다. A:B라는 '이미 알고 있는 정보'를 C:D라는 '모르는 정보'에 대응시키는 것이다.

이를테면 똑똑 부러지는 판 초콜릿에서 힌트를 얻어 개발한 올파커터칼을 도식으로 나타내 보자.

A(판 초콜릿) : B(부러지는 초콜릿) = C(커터칼) : D(잘라 쓰는 칼날)

다양한 업계와 업종에서 프로젝트 경험을 쌓아 온 컨설턴트는 유추가 주특기 중의 하나다. 의료 업계에서 얻은 예방의료의 개념을 예측 유지보수predictive maintenance 같은 생산성 개선에 적용해 보는 등 이미 알고 있는 정보를 다른 아이디어로 횡적 전개하는 일은 의외성의 원천이 될 수 있다.

### 4. 자율 강화 사이클을 생성한다

이는 스토리를 단순한 직선형으로 끝내는 것이 아니라 이야기가 순환하면서 자율적으로 강화되는 구조를 만들어 내는 사고방식이다. 마부치 모터에서 실천한 표준화에 따른 원가 경쟁력 구축도 바로 이 자율 강화 사이클을 도입한 경우다. 그 밖에도 뛰어난 사업에는 이 자율 강화 사이클을 도입하는 사례가 많다. 몇 가지를 꼽아 보면 다음과 같다.

- 사용자가 늘어날수록 콘텐츠도 늘어나 더 많은 사용자를 불러들이는 유튜브
- 검색 이용자 수가 늘어날수록 검색 정확도가 향상되어 더 많은 이용자를 불러들이는 구글
- 등록자가 증가함으로써 네트워킹 기회가 늘어나 더 많은 등록자를 불러들이는 링크드인

이처럼 그냥 내버려 둬도 저절로 강해지거나 확대되는 상태는 직접 시간과 노고를 들이지 않으면 일이나 사업이 커지지 않는다는 상식적인 가치관에 반한다. 이는 세상에 승자 독식이 종종 발생하는 원인이기도 하다.

### 5. 이질적인 등장인물을 추가한다

일반적인 스토리에서 보통은 상정되지 않는 이질적인 요소를 짜 넣는 사고방식이다. 이번 장에서는 언뜻 보기에 로지컬 씽킹과는 관계없는 안티프래질리티 사고방식을 다루고 있는데, 이 또한 '이질적인 등장인물'의 예다.

비즈니스에서는 후지필름의 화장품 사업 아스타리프트ASTALIFT가 좋은 사례다. 카메라 필름 사업을 주력으로 하던 후지필름의 사업 포트폴리오에 화장품이라는 이질적인 등장인물이 추가된 것은 의외 그 자체다. 하지만 잘 살펴보면 카메라 필름의 주원료인 콜라겐 가공 기술과 필름의 열화를 방지하는 항산화 기술은 안티에이징에도 적용할 수 있는 기술로, 이는 극히 논리적인 선택이었다.

### 6. 자기 자신을 스토리와 일체화한다

궁극의 이질적인 등장인물은 바로 '자기 자신'이다. 자신의 개성과 가치관 자체를 스토리에 짜 넣어 의외성의 원료로 삼는 것이다. 자신의 가치관, 개성, 신념, 의사를 포함시키는 일은 종래의 로지컬 씽킹 범주에서는 다룰 수 없었다. 하지만 하워드 슐츠가 고안한 '제3의 장소'라는 가치관이 있었기에 지금의 스타벅스가 존재하듯이, 혹은 스티브 잡스가 아니었다면 아이폰이 탄생할 수 없었듯이 스토리의 의외성과 논리성은 궁극적으로는 자기 자신을 원료로 한다.

## 고객을 묶어 경쟁 우위를 만든다

 이 장을 총괄하는 의미에서 지금까지의 사고방식을 사용해 아마존의 전략 스토리를 해석해 보자. 우선 아마존이 B2C로 전개하고 있는 사업의 전략 스토리에 관해 생각해 보자. 아마존이 B2C 사업으로서 보유하고 있는 비즈니스는 다음 세 가지였다.

- 온라인숍(아마존닷컴)
- 디지털 콘텐츠(프라임 비디오, 아마존 뮤직, 킨들)
- 디지털 디바이스(킨들 단말기, 아마존 에코, 파이어 TV)

 결론부터 말하면 이 B2C 사업에서 아마존의 전략적 의도의 중심은 '더욱 많은 사용자를 고객으로 끌어들여 아마존 경제권 내에 정착화, 즉 록인lock-in(이용 중인 제품이나 서비스를 다른 동종의 제품이나 서비스로 바꾸기 어렵게 만드는 일—옮긴이)을 하는 데 있다고 볼 수 있다. 왜 그렇게 보는 것일까? 먼저 다음과 같은 스토리를 그릴 수 있기 때문이다. 연역적 사고로 살펴보자.

- 더 많은 고객을 모을 수 있다면 온라인 소매 업체로서 아마존의 구매력이 올라간다. (So what?)
- 더 낮은 가격에 상품을 사들여 저렴한 가격으로 사용자에게 제공할 수 있다. (So what?)
- 저가의 상품이 더 많은 사용자를 불러들인다. (So what?)
- 아마존의 구매력이 더 오르는 선순환을 형성한다.

이처럼 고객을 모집함으로써 저절로 강해지고 더 많은 고객이 모여든다는 하나의 스토리가 생겨나는 것이다. 이뿐만이 아니다. 다음과 같은 다른 노선의 스토리도 있다.

- 사용자가 늘어나면 (So what?)
- 사용자의 구입 데이터를 축적할 수 있다. (So what?)
- 이런 사용자 데이터를 '이 상품을 산 사람은 이런 상품도 산다'와 같은 추천 기능 등의 강화에 활용함으로써 (So what?)
- 온라인 플랫폼의 편의성을 더욱 높일 수 있다. (So what?)
- 그러면 고객도 더 늘어나 선순환이 형성된다.

그리고 수없이 많은 디지털 콘텐츠나 디지털 디바이스는 이런 사용자를 다른 제품이나 서비스로 옮겨 가지 않도록 묶어 두기(록인)위한 요소로서 기능한다.

[도표 2-17] 아마존의 B2C, B2B 사업 전략 스토리

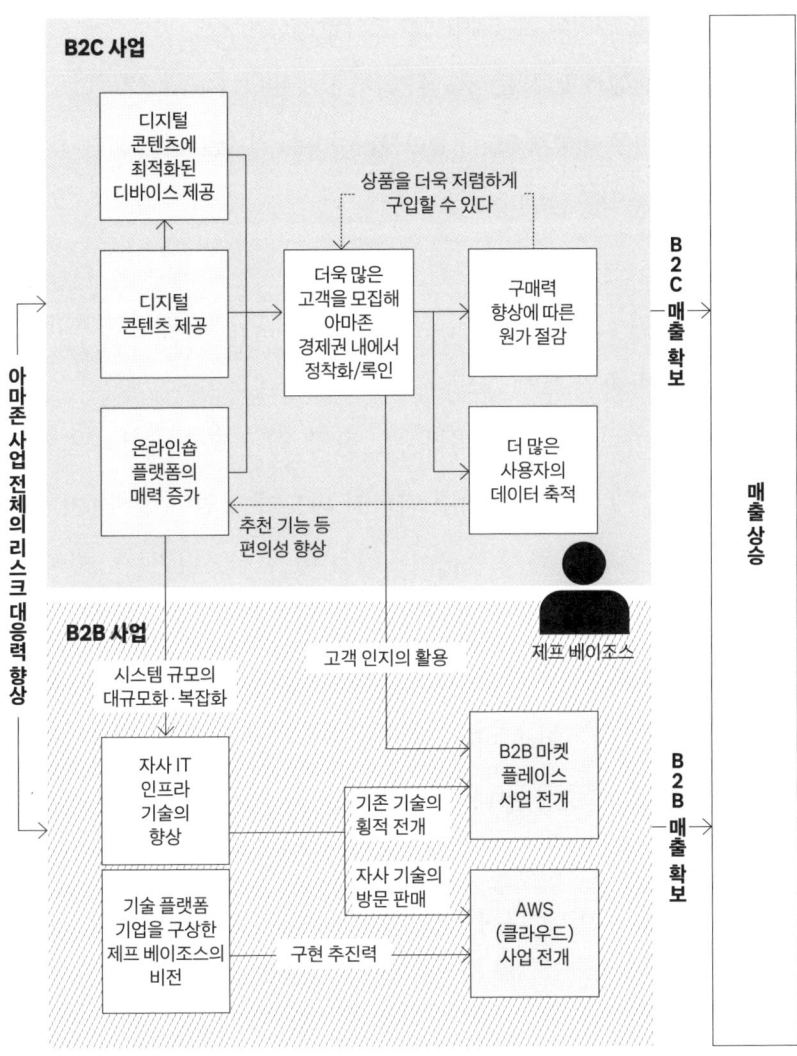

논증으로 사고를 구성하라

- 사용자가 독서 디바이스 킨들을 사용해 킨들 언리미티드Kindle Unlimited(독서 무제한 구독 서비스)를 이용하거나, 프라임 비디오로 마음에 드는 영화와 애니메이션을 본다면 (So what?)
- 아마존에서 떠나려는 생각을 하지 않게 된다. (So what?)
- 아마존은 이렇게 모인 사용자를 '아마존 경제권' 안에 정착시켜 안정된 수익을 얻는다.

앞에 제시된 [도표 2-17]의 상반부에 전개된 스토리들은 이 B2C 사업에서 아마존의 전략 스토리를 보여 준다.

다음으로, 아마존은 왜 의외라고도 할 수 있는 B2B 사업을 전개할 수 있었을까? 그 배경에는 어떤 전략적 의도가 있었던 걸까? 기업을 대상으로 한 온라인 마켓 플레이스인 아마존 비즈니스는 그런대로 알기 쉽다. 일반 사용자를 대상으로 제공하던 온라인 소매 기능을 비즈니스용으로도 제공한 형태다. 하지만 기업을 대상으로 한 클라우드 컴퓨팅 서비스인 아마존 웹서비스는 얼핏 보기에 온라인숍이라는 업태와는 거리가 멀다. 그런데도 아마존은 어떻게 이 영역에 진출할 수 있었을까? 이 또한 B2C 사업의 전략적 의도와 밀접하게 관련되어 있을 것이다. 다시 한번 연역적 사고로 생각해 보자.

- B2C 사업으로 고객을 모집하는 동안 아마존의 온라인 플랫폼을 받쳐 주는 IT 인프라도 유연하게 규모를 확대해 나갈 필요가 있다. (So what?)

- 그래서 아마존은 사내 IT 인프라를 유연하게 관리하기 위해 필연적으로 클라우드 컴퓨팅 기술을 개발해야 한다. (So what?)
- 그리고 많은 기업이 IT 인프라 관리로 고전하는 가운데 자사에서 개발한 클라우드 기술이 다른 기업에도 유용하다는 사실을 깨닫고 이 기술을 외부에 제공해 새로운 수익원을 창출했다.

이런 스토리를 상상할 수 있다. 하지만 아마존을 AWS로 진출하게 한 요소는 이뿐만이 아니다. 보통은 '온라인숍이 클라우드 서비스라니, 그게 가능해?'라는 생각을 할 것이다. 하지만 아마존의 창업자 제프 베이조스는 그렇게 생각하지 않았다. 베이조스는 아마존을 단순한 소매 기업에 머물게 하지 않고 종합적인 기술 플랫폼으로 성장시키겠다는 비전을 갖고 있었다.

- 아마존은 기술 플랫폼 기업이다. (So what's new?)
- 따라서 아마존은 클라우드 컴퓨팅 사업에 진출해야 한다.

베이조스는 이런 독자적인 주관성 또는 신념을 발휘해 아마존을 '온라인숍 + 클라우드 컴퓨팅 서비스'라는 전례 없는 기업으로 변신시킨 것이다. 이는 완전히 의외의 발상으로 보이지만 그 배경을 살펴보면 논리적이기도 하다.

아마존은 B2C와 B2B 두 가지 사업을 추진함으로써 경영 기반이 무척이나 견고해졌다. 일반 소비자와 비즈니스를 대상으로 하는 사업은 사업 변동의 상관관계가 낮다. 다시 말해서 한쪽 사업이 잘되지 않더라도 다른 한쪽 사업이 아마존을 지탱할 수 있다. 리스크 대응력의 기본 수준이 올라가는 것이다.

각 사업은 개별적으로 보면 '점'이라 해도 그들의 잠재력을 끌어내 전략 스토리라는 '면'으로 엮어 내면 사업 전체가 비로소 제 역량을 발휘하게 된다. 그 스토리에는 객관적 사실뿐만 아니라 독자적인 신념이 담겨 있기 때문에 타사에는 없는 독창적인 모습이 드러난다. 연역적 사고를 통한 논리적 의외성이 있는 전략 스토리를 그려 내는 방법은 이 사례에서 얻을 수 있는 중요한 가르침이다.

**제3장**

# 귀납적 사고로
# 결론을 끌어올린다

연역적 사고가 정보의 잠재력을 바깥으로 넓히는 '전개 운동'이라면 귀납적 사고는 다수의 정보를 그 중심부로 응축시키는 '결정화 운동'이다. 이는 단순히 객관적인 사실을 기계적으로 모아 정리하는 단계를 넘어 자신의 주관적 시점을 통해 독자적인 시사로 승화시키는 일이기도 하다. 자신이 전하고 싶은 말을 추출하고 그 정당성을 뒷받침하는 근거를 제시하는 방법을 귀납적 사고를 통해 살펴보자.

**업무의 DX, 어떤 솔루션을 선정해야 할까?**

　IT 전략부에서 일하는 다카마쓰 씨의 회사에서는 최근 디지털 전환Digital Transformation, DX(디지털 기술을 사회 전반에 적용해 전통적인 사회 구조를 혁신시키는 것—옮긴이)을 가속화하고 있으며, 이 흐름 속에서 상품 개발 업무의 디지털화를 추진하기 위한 솔루션 도입을 계획하고 있다.

　지금까지 다카마쓰 씨는 솔루션 제공 회사를 X사, Y사, Z사까지 세 회사로 좁혔다. 이제 이 중에서 어느 회사를 제1후보로 선정할지 상사인 모리카와 부장에게 보고해야 한다. 모리카와 부장은 개혁에는 긍정적이지만 업무 혁신이 불러올 리스크에도 민감해서 신중하게 추진하고 싶어 한다. 만약 혁신에 실패할 경우 회사가 오랜 세월에 걸쳐 쌓아 온 업무 수행 능력을 헛되이 만들지도 모른다는 불안감이 있었기 때문이다.

　현재 다카마쓰 씨의 수중에는 세 회사가 제안한 내용을 바탕으로 한 다음과 같은 정보가 확보되어 있다.

① 서비스 품질 면에서는 애프터서비스에 충실한 Y사가 좋다.
② 도입 속도 면에서는 Y사가 1년 걸리고, X사와 Z사는 7개월 걸린다.
③ 운용 비용은 Y사가 X사보다 10퍼센트 높고, Z사가 X사보다 20퍼센트 낮다.
④ 보안 위험도는 Z사 외 다른 회사들은 상당히 낮다.
⑤ 제품에 관해서는 기능과 커스터마이징이 충분히 갖춰진 X사와 Y사가 매력적이다.
⑥ 시스템 충돌 리스크는 Y사의 시스템 구성이 가장 탄탄해서 리스크가 낮고, X사와 Z사는 비슷한 수준이다.
⑦ 도입 비용은 Y사가 X사보다 15퍼센트 높고 Z사와 X사는 비슷하다.

모리카와 부장은 업무로 무척 바빠서 보고 내용은 3분 이내에 파악할 수 있도록 간결하게 정리하라고 항상 강조해 왔다. 다카마쓰 씨는 내용을 어떻게 정리해서 부장에게 보고해야 할까?

## 같은 것과 다른 것을 구분하는 사고의 원리

오늘날 빅데이터는 양Volume, 다종다양성Variety, 속도Velocity라는 3V로 그 특징을 설명할 수 있을 만큼 방대하고 시시각각 변한다.

이러한 정보를 처리하고 판단을 가능하게 하는 사고 원리가 있다. 바로 복잡하고 다양한 **정보 더미 속에서 '같은 것'과 '다른 것'을 구분하는 일**이다. 음료를 예로 생각해 보자. 세상에는 엄청나게 많은 종류의 음료가 있어서 이대로는 전체상을 파악하기가 어렵다. 그런데 '알코올/무알코올', '탄산/무탄산' 같은 기준으로 구분하면 모든 음료는 단 네 가지 종류로 나눌 수 있다(도표 3-1). 이것이 같은 것과 다

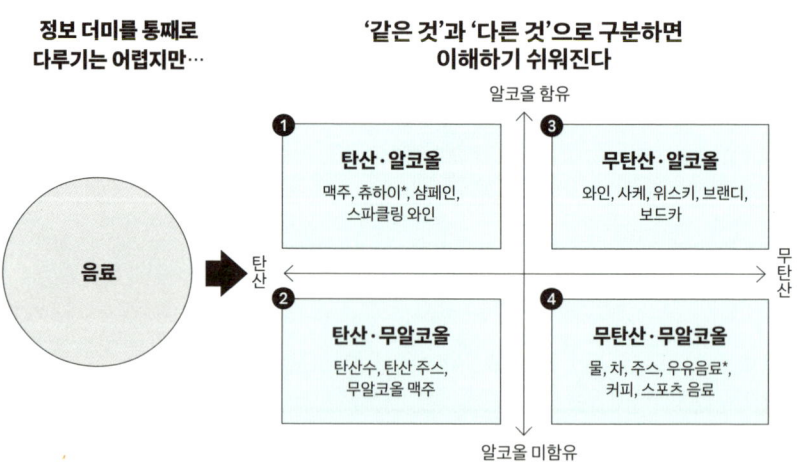

[도표 3-1] 정보 파악의 기본 원리

\* 츄하이: 소주에 탄산수를 섞은 음료. '소주 하이볼'을 줄여 부르는 말―옮긴이
\* 우유음료乳飲料: 생우유나 유제품 등을 원료로 한 비타민, 칼슘, 과일주스 등의 비유제품

른 것을 구분하는 작업의 위력이다.

## 그룹핑에 따라 달라지는 사고의 흐름

로지컬 씽킹에서는 같은 것과 다른 것을 구분해 묶는 일을 **그룹 핑**grouping이라고 부른다. 이때 그룹을 분류하는 방법은 딱 하나의 정답이 있는 게 아니다. 어떤 관점에서 구분하느냐에 따라 같은 대상이라도 완전히 다르게 인식할 수 있다. 예를 들어 마트에서 판매하는 상품처럼 단순한 물건도 [도표 3-2]와 같이 여러 가지 방법으로 그룹핑할 수 있다.

정보를 분류하는 방법에 따라 이어지는 사고의 흐름도 달라진다. 앞의 예로 설명하자면 '판매 장소'라는 관점에서는 플로어 플래

[도표 3-2] 분류 관점에 따라 달라지는 그룹핑

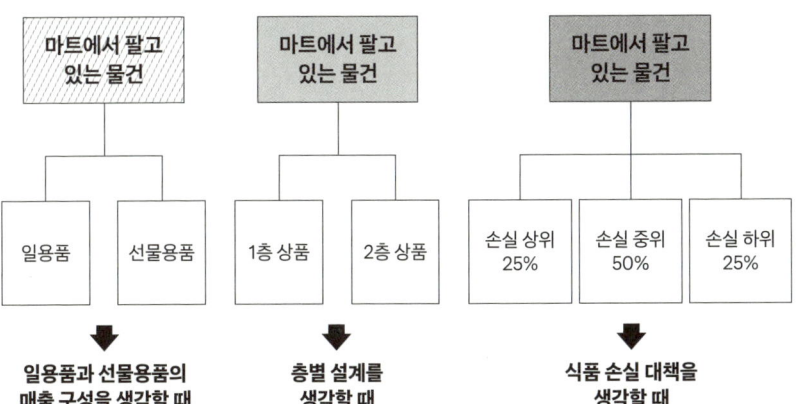

닝 floor planing(매장의 레이아웃, 구성 계획—옮긴이)으로 연결되고 '식품 손실' food loss(먹을 수 있는데도 생산, 수확, 저장, 가공 단계에서 버려지는 식품—옮긴이)의 관점에서는 손실 방지 대책으로 이어진다. 컨설턴트들은 이런 구분 방법을 '분류 관점' 또는 '착안 시점'이라고 부르며 복잡한 정보 덩어리를 얼마나 깔끔하고 날카로우며 참신한 시각으로 나눌 수 있는지를 중요하게 여긴다.

## 자신만의 분류 관점을 축적하라

컨설턴트들은 사고의 폭을 넓힐 수 있는 다양한 관점을 다수 확보해서 축적해 놓는데, [도표 3-3]은 이들이 자주 사용하는 분류 관점을 정리한 것이다.

이렇게 자신의 분류 관점을 모아 놓으면 어떤 내용을 정리할 때 처음부터 일일이 접근법을 찾지 않아도 되어 정리 속도가 훨씬 빨라진다. 실제로 나도 어떤 일을 생각할 때 머릿속에 축적되어 있는 리스트에서 분류 관점을 이것저것 꺼내어 바꿔 가면서 '이건가? 저건가?' 하고 가장 적합한 것을 찾곤 한다. 그룹핑에는 정해진 해답이 있는 게 아니다. 그 상황에 얼마나 적합한 분류 관점으로 접근할 수 있느냐가 그 사람의 수완이다. 여러분은 어떤 분류 관점을 갖고 있는가? [도표 3-3]을 보완한다면 어떻게 하겠는가?

## [도표 3-3] 그룹핑의 순발력을 높이는 분류 관점

논증으로 사고를 구성하라

## 그룹핑을 터득하면
## 귀납법도 할 수 있다

이 그룹핑 사고를 발전시키다 보면 **귀납법**이라는 논증의 제2방법에 다다른다. 영어로는 인덕션induction으로, 연역법인 디덕션과 함께 '인덕션-디덕션'으로 외워 두면 좋다. 키워드를 기억해 두면 한 단어를 떠올리기만 해도 고구마가 덩굴째 딸려 나오듯이 관련된 사고방식을 끌어낼 수 있다.

귀납법의 가장 기본적인 사고방식을 다음 예를 통해 살펴보자(도표 3-4).

- 영국의 백조는 희다. (사례)
- 프랑스의 백조는 희다. (사례)
- 독일의 백조는 희다. (사례)
→ 그러므로 모든 백조는 희다. (결론)

여기서는 개별 사례로서 각국의 백조가 흰색이라는 사실을 들어 '모든 백조는 희다'라는 결론을 도출하고 있다. 이렇게 보고 들은 각각의 사례에서 공통점을 추려 결론으로 귀결하는 것이 귀납법이다. 여기에 그룹핑이 활용된다. 이때 도출된 '모든 백조는 희다'라는 결론을 활용하면 '호주에 있는 백조는 무슨 색인가?' 하는 질문에도 '흰색'이라고 예측해 대답할 수 있다.

[도표 3-4] 개별 사례를 결론으로 끌어내는 귀납법

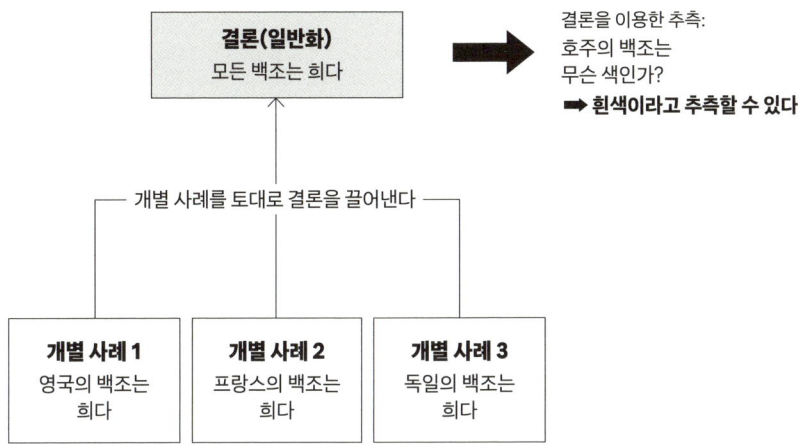

귀납법은 이처럼 구체적인 사실이나 사례를 결론으로 정리해 일반화하는 방법이다.

## 경험이 쌓일수록 논리는 더욱 강해진다

더 깊이 이해하자면 **귀납법이란 경험을 통해 논리를 강화하는 방법이다.** 개별적이고 구체적인 사례나 데이터를 수집(경험)하고 거기서 공통점을 찾아내 그룹핑함으로써 더욱 일반적인 결론(또는 법칙)을 끌어내는 것이다. 앞서 언급한 백조의 예를 다시 살펴보자. 유럽 지역뿐만 아니라 중국과 일본, 미국의 백조도 희다는 사실을 알면 '모든 백조는 희다'라는 결론은 더욱 명확해진다(도표 3-5).

**[도표 3-5] 귀납법은 경험의 축적을 통해 결론의 확실성을 높인다**

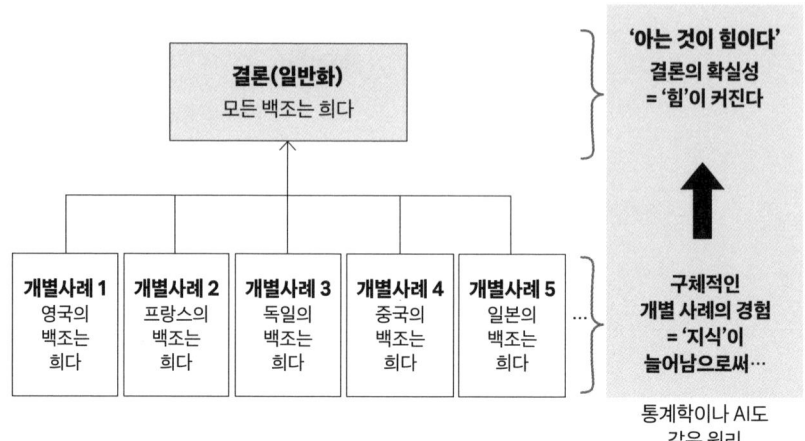

17세기 영국의 철학자 프랜시스 베이컨Francis Bacon은 이 귀납법을 인류의 사고를 여는 '노붐 오르가눔'novum organum(라틴어로 '새로운 도구'라는 뜻)이라고 부르고 다음과 같은 명언을 남겼다.

"아는 것이 힘이다."Knowledge is power.

이처럼 귀납법은 지식을 모아(경험을 통해) 보편적인 법칙(자연을 지배하는 힘)을 얻는 방법으로, 오늘날까지도 그 위력은 여전하다. 최대한 많은 샘플을 수집해 예측력을 강화하는 통계학이나 기계 학습으로 능력을 향상시키는 AI도 그 원리는 귀납법에 바탕을 두고 있다.

# 귀납적 사고란
# 하나의 본질로 정리하는 것

이렇게 자연마저도 지배하는 강력한 귀납법을 자연과학이나 통계학과 동떨어진 세계에서도 사용할 수 있는지 알아보자. 먼저 귀납법을 좀 더 유연하게 이해해 보자. '각각의 관찰 사례에서 일반 법칙을 끌어낸다'라는 형식적인 사고관을 풀어서 '다양한 정보에서 하나의 본질을 끌어낸다'고 인식하는 것이다. 이를 **귀납적 사고**라고 부르는데, 비즈니스를 예로 들어 살펴보자(도표 3-6).

컨설턴트는 사업 변혁을 생각할 때 우선은 그 기업의 현재 상태를 파악하기 위한 진단을 실시한다. 즉 재무제표를 분석하거나 기존의 사업계획서를 검토하고 관계자를 인터뷰하는 등 다양한 접근 방법

[도표 3-6] 귀납적 사고란 하나의 본질로 정리하는 것

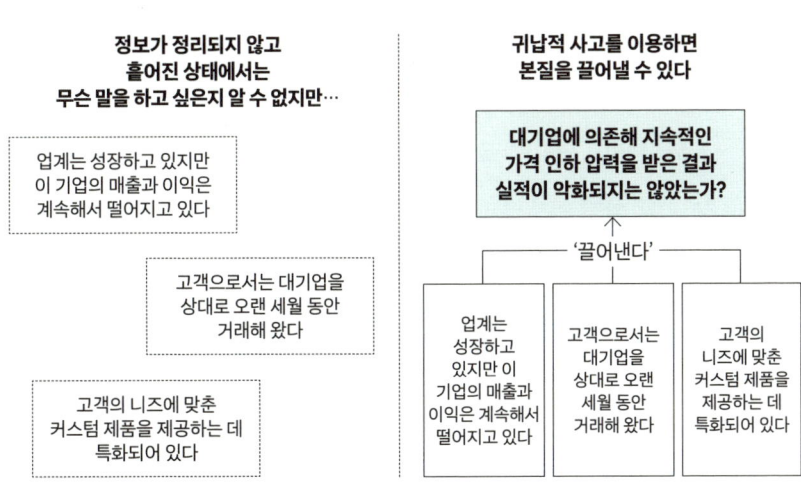

으로 기업을 진단하고, 그중에서 해결해야 할 문제를 찾아내 고객에게 제시한다. 이런 진단 과정에서 다음과 같은 정보가 추출되었다고 가정해 보자.

- 업계는 성장하고 있지만 이 기업의 매출과 이익은 계속해서 떨어지고 있다.
- 고객으로서는 대기업을 상대로 오랜 세월 동안 거래해 왔다.
- 고객의 니즈에 맞춘 커스텀 제품을 제공하는 데 특화되어 있다.

이들 정보를 그저 나열해서 고객에게 전달하면 "아무렴 우리 일인데, 그런 것쯤은 이미 다 알고 있다고!" 하는 반응이 돌아올 뿐이다. 따라서 여기서는 귀납적 사고를 이용해 하나의 통찰을 끌어내야 한다. 그러면 다음과 같은 시사점들을 찾아낼 수 있다.

- 이 기업은 커스텀 제품에 주력하는 동안 다른 고객을 유입하지 못한 채 대기업으로부터 계속 가격 인하 압력을 받은 결과 실적이 악화되고 있다. 한마디로 '대기업 의존' 상태인 점이 이 기업이 직면하고 있는 본질적인 문제가 아닐까?
- 그렇다면 '대기업 의존 상태에서 벗어나 다른 고객에게 어떤 제품을 어떻게 홍보하고 판매할 것인가'가 이 기업이 앞으로 해결해야 할 과제다.

경영 컨설턴트의 역량은 여러 가지의 개별 사실을 통합, 정리해 고객이 깨닫지 못했던 의의를 찾아내고 끌어내는 데서 드러난다. 이 또한 주어진 정보에서 주어지지 않은 정보를 찾아내는 일이며, 컨설턴트뿐만 아니라 지적 생산과 관련된 모든 사람에게 중요한 사고방식이다.

## 모으고 나서 정리하지 말고 정리하고 나서 모아라

귀납적 사고는 사실에서 쌓아 올리는 보텀업bottom-up 개념이다. 이때 빠지기 쉬운 함정이 '정보를 수집하고 나서 정리한다'라는 생각이다. 이렇게 작업하면 필요 없는 정보까지 시간을 들여 수집하거나, 정보의 바다에 파묻혀 정리하는 데 시간이 너무 많이 걸린 나머지 지적 생산의 성과로서 시사점을 찾아내지 못한다. 그저 시간만 낭비할 뿐이다.

올바른 자세는 그 반대다. 수집하고 나서 정리할 게 아니라 정리하고 나서 수집해야 한다. **정보를 수집하기 전에 미리 정보를 담을 수 있는 구조, 즉 전체적인 틀을 설계해 둬야 이후 지적 생산성을 크게 향상시킬 수 있다.** 미리 만들어 놓은 틀에 필요한 정보를 집어넣는다는 식으로 정보를 수집하는 것이 좋다(도표 3-7).

숙련된 컨설턴트는 시장 조사와 고객 인터뷰, 프레젠테이션을 할 때도 귀납적 사고의 이런 전체적인 구조와 과정을 머릿속에 그리면

[도표 3-7] 수집하고 나서 정리하지 말고 정리하고 나서 수집하라

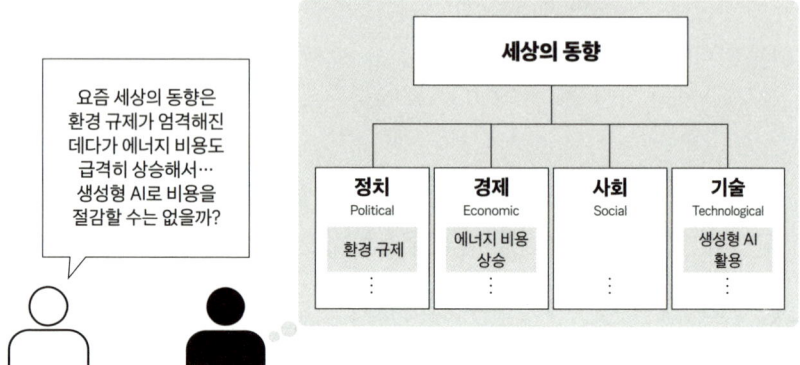

서 진행한다. 이런 경지야말로 신 로지컬 씽킹이 목표로 하는 이상적인 모습이다.

## 사실보다 시사점에 주목하라!
### look과 see의 차이

컨설팅 회사에서는 이렇게 모아 정리한 의미를 **시사**insight라고 한다. 개별 사실(주어진 정보)은 모두의 눈앞에 보이기 마련인데, 이를 보는see 것이라고 한다면 뛰어난 컨설턴트는 사실의 깊숙한 곳에 있는 본질(주어지지 않은 정보)을 꿰뚫어 볼look 수 있다. 이런 일은 모두가 당장 해낼 수 있는 일이 아니다 보니 시사, 즉 인사이트라는 특별한 이름이 붙은 것이다.

[도표 3-8] 똑같은 정보에서도 역량에 따라 끌어낼 수 있는 시사점이 다르다

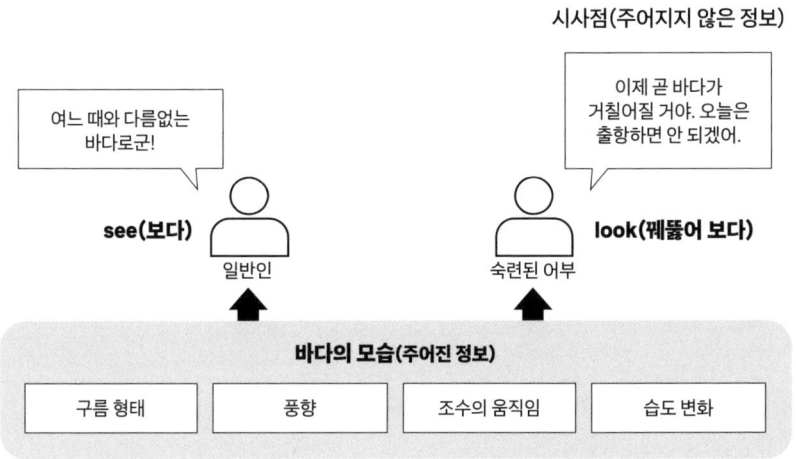

예를 들어 설명해 보자. 보통 사람들이 바다를 바라볼 때 파도나 하늘을 눈으로 볼 수는 있다. 하지만 숙련된 어부는 "이제 곧 바다가 거칠어질 거야. 오늘은 출항하면 안 되겠어."라고 눈앞에 없는 시사점을 꿰뚫어 볼 수 있다. 똑같이 주어진 정보에서도 주어지지 않은 정보가 보이는 것이다(도표 3-8).

컨설턴트도 마찬가지다. 경영 계획, 재무제표, 공장 현장, 담당자의 목소리 등 수많은 정보를 접하게 되는데, 이때 신입 직원이라면 정보를 정리하는 것만으로도 힘에 부친다. 하지만 숙련된 컨설턴트는 "매출 중시의 경영 관리 제도가 비즈니스 모델의 변혁을 저해하고 있군요."라며 본질을 꿰뚫어 보고 간결하게 전달한다. 같은 정보를 접하더라도 꿰뚫어 보는 시사점이나 정보의 의미에 압도적으로 차이가 생기는 것이다.

이런 상황이 벌어지는 이유는 뭘까? 숙련된 컨설턴트는 개별 사실을 아는 것만으로 만족하지 않고 '그 정보에서 뭘 알 수 있을까?' 하고 항상 자문하면서 귀납적 사고로 인사이트를 끌어내려고 의식하기 때문이다. 주어진 정보를 보는 것만으로 만족해서는 안 된다. 항상 '시사점은 무엇인가?'라고 자문함으로써 주어지지 않은 정보를 꿰뚫어 보는 데 집중하자.

## 본질을 정리하는 귀납적 질문, So what?

귀납적 사고를 더욱 실천적으로 사용하는 방법을 살펴보자. 키워드는 '질문'과 'So what?'(그래서 뭘 알 수 있을까?)이다. 명확하게 하고 싶은 질문을 설정한 상태에서 자신이 가진 정보에 대해 So what?이라고 물어보고 거기서 알 수 있는 내용을 찾아내는 것이다. 예를 들어 A 씨와의 대화에서 다음과 같은 사실을 알게 되었다고 하자.

- A 씨는 카레라이스를 좋아한다.
- A 씨는 김치찌개를 좋아한다.
- A 씨는 마파두부를 좋아한다.

이들 정보에 관해 질문을 상정하고 시사점을 찾아본다. 이를테면 'A 씨는 어떤 맛을 좋아하는가?'라는 질문을 정하고 이들 정보에 대

[도표 3-9] 질문을 어떻게 설정하느냐에 따라 끌어내는 시사점이 달라진다

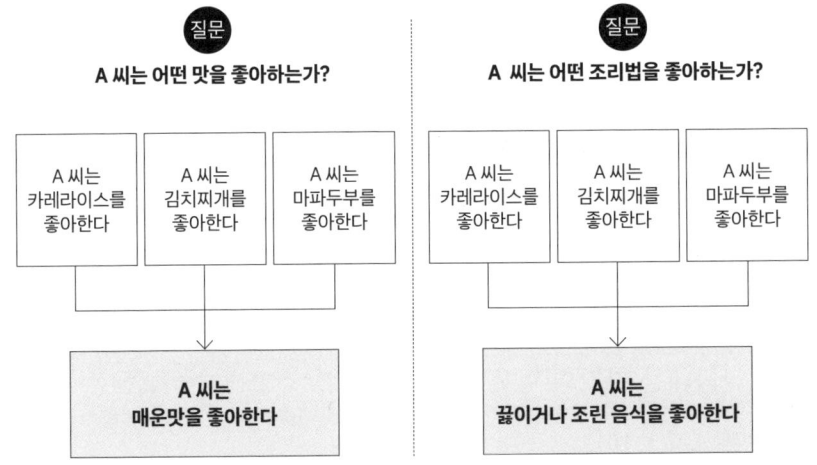

해 So what?이라고 물어보면 'A 씨는 매운맛을 좋아한다'라는 시사점을 얻을 수 있다.

그 밖에도 'A 씨는 어떤 조리법을 좋아하는가?'라는 질문을 던지고 So what?을 생각하면 'A 씨는 끓이거나 조린 음식을 좋아한다'라는 답을 찾아낼 수 있다. 같은 정보라도 어떤 질문을 던지느냐에 따라 다른 시사점을 끌어낼 수 있는 것이다(도표 3-9).

경험이 적은 컨설턴트가 자주 저지르는 실수는 개별 정보를 잘 요리하지 못하고(시사점을 끄집어내지 못하고) 그대로 내놓는 것이다. 어지간히 재료가 좋지 않은 한 그것만으로는 먹을 수 있는 음식을 내놓을 수 없다. 'So what?으로 시사점을 찾아내지 못하면 영 찜찜해'라고 할 정도로 So what?이라고 질문하는 연습을 하자.

## 프레임워크의 렌즈로
## 사물을 입체적으로 포착하라

주사위가 보는 각도에 따라 다른 숫자를 나타내듯이 사물을 보는 방법은 한 가지만이 아니다. 다양한 관점을 가지고 사물을 보는 측면을 바꾸면 더욱 본질적으로 대상을 파악할 수 있다. 이렇게 사물을 다각적으로 인식하는 데 유용한 도구가 프레임워크다. 프레임워크가 나타내는 각각의 항목은 대상을 다른 측면에서 바라보는 렌즈가 된다(도표 3-10).

간단한 예를 들면 조직에서 인재를 볼 때의 프레임워크로 능력skill과 의지will가 있다. 각각의 렌즈를 통해 바라봄으로써 'A 씨는 능력이 뛰어나지는 않지만 이 일에 대한 의욕은 높다. 이번에 한번 맡겨보자'라는 관점을 가질 수 있다.

그 밖에도 시장의 트렌드일 경우 PEST(정치Political, 경제Economic, 사회Social, 기술Technological)의 네 가지 관점에서 바라보면 더 잘 이해할 수 있다. 더불어 '창조한다-만든다-판다'라는 프레임워크를 사용하면 기업 활동의 개발에서 제조와 판매까지의 측면을 살펴볼 수 있다. 또한 물건을 만드는 현장일 경우 작업자의 능력Man, 설비 능력Machine, 생산방식의 효율성Method, 원재료의 품질Material이라는 4M의 관점에서 분석할 수 있다.

다만 한 가지 유의할 점이 있다. 프레임워크를 사용할 때는 "4P로 전략을 세웠습니다."라고 의기양양한 표정으로 전달하지 않는 게 좋

## [도표 3-10] 프레임워크를 활용해 사물을 다각적으로 관찰하라

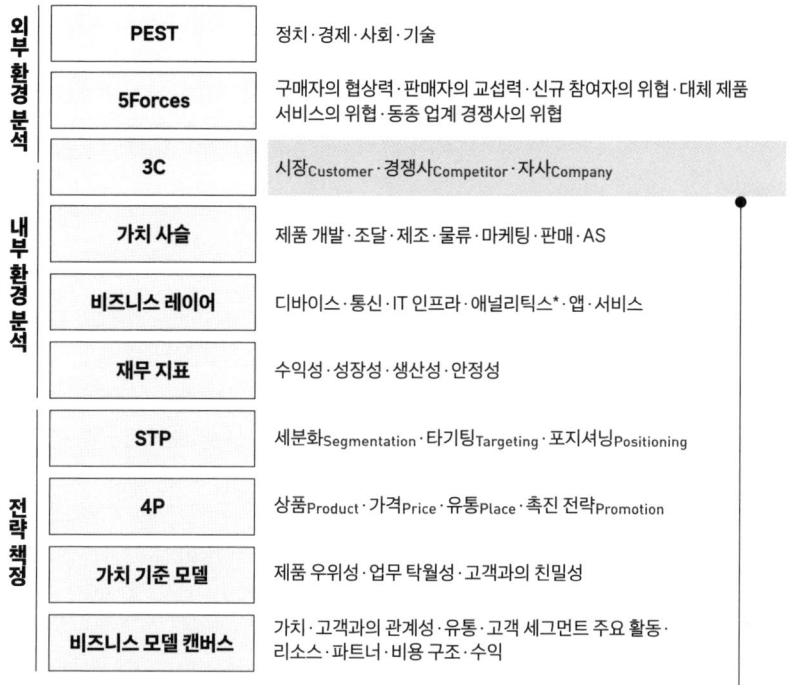

| 구분 | 프레임워크 | 내용 |
|---|---|---|
| 외부 환경 분석 | PEST | 정치·경제·사회·기술 |
| | 5Forces | 구매자의 협상력·판매자의 교섭력·신규 참여자의 위협·대체 제품 서비스의 위협·동종 업계 경쟁사의 위협 |
| | 3C | 시장Customer·경쟁사Competitor·자사Company |
| 내부 환경 분석 | 가치 사슬 | 제품 개발·조달·제조·물류·마케팅·판매·AS |
| | 비즈니스 레이어 | 디바이스·통신·IT 인프라·애널리틱스*·앱·서비스 |
| | 재무 지표 | 수익성·성장성·생산성·안정성 |
| 전략 책정 | STP | 세분화Segmentation·타기팅Targeting·포지셔닝Positioning |
| | 4P | 상품Product·가격Price·유통Place·촉진 전략Promotion |
| | 가치 기준 모델 | 제품 우위성·업무 탁월성·고객과의 친밀성 |
| | 비즈니스 모델 캔버스 | 가치·고객과의 관계성·유통·고객 세그먼트 주요 활동·리소스·파트너·비용 구조·수익 |

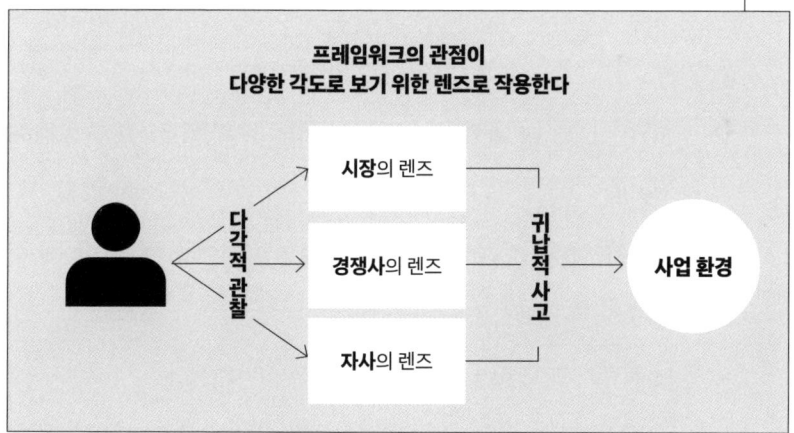

프레임워크의 관점이 다양한 각도로 보기 위한 렌즈로 작용한다

* 애널리틱스Analytics: 웹사이트의 방문자 기록 분석을 제공하는 구글의 프로그램—옮긴이

다. 이들 프레임워크는 정평이 나 있는 것뿐이다. 듣는 사람이 '그런 건 이미 다 안다고!' 같은 생각이 드는 경우가 적지 않다. 프레임워크 자체로는 정보를 차별화할 수 없다. 얼마나 독창적인 시사점을 찾아낼 수 있느냐가 지적 생산의 승부수라는 사실을 잊지 말자.

## 경험을 지렛대 삼아 '법칙'을 도출하라

별것 아닌 정보나 사건이라도 시사점을 찾아내려는 마음이 있다면 여기서 귀중한 법칙을 얻을 수 있다. 개별 사실 또는 사건을 일단 법칙으로 인식하면 다양한 상황으로 확장해 전개할 수 있다. 바로 경험의 지렛대다. 나 또한 일상에서 겪는 사사로운 일에서 시사점을 도출하는 데 흥미를 느끼고 두뇌 회전 연습을 겸해 '법칙 도출 게임'을 하기도 하는데, 이를테면 다음과 같은 식이다.

- 아이가 그네를 탈 때 어느 한순간에 힘을 주면 그네가 앞뒤로 크게 움직인다.
  → [법칙] 일에서도 힘을 넣어야 할 요소를 확인해 그 포인트에 힘을 쏟으면 큰 임팩트를 얻을 수 있다.
- 강의 원류가 더러우면 그 아래까지도 전부 탁해진다.
  → [법칙] 조직이나 팀에서 리더의 능력, 열의, 인격이 그 아래에 있는 많은 구성원에게 영향을 미친다.

- 행글라이더는 한번 기류를 잘 타면 동력이 없어도 멀리까지 날아갈 수 있다.
    → [법칙] 프로젝트에 착수하는 시점에서 구성원들의 업무와 역할의 방향을 제대로 잡으면 팀은 자력으로 움직일 수 있다.

대상이 지닌 구체성에 얽매이지 않고 추상화 또는 승화하는 시각으로 볼 수 있게 되면 극히 평범한 일상이 배움의 보물 창고가 된다. 역시 '아는 것이 힘'이다.

## 블랙 스완, 고집을 버리고 새로운 가능성을 열어 두자

귀납적 사고법을 다룰 때는 블랙 스완black swan(검은 백조)에 주의해야 한다. 앞서 백조의 색깔을 예로 들어 귀납법을 설명했던 내용을 떠올려 보자.

어느 나라에서나 백조는 전부 흰색이었기에 '모든 백조는 희다'라고 알려진 시대가 있었다. 하지만 17세기에 호주에서 검은 백조가 발견되면서 이 결론은 오류라는 사실이 밝혀졌다. 지금까지 몇천, 몇만 번이나 같은 것을 보고 당연하다고 생각한 사실이 단 하나의 예외적 사실 또는 현상으로 뒤집힌 것이다.

이로써 '블랙 스완'이라는 단어는 '기존의 예측에서 벗어나 지금까지의 사고방식을 뒤엎는 일'이라는 의미로 쓰이게 되었다. 이는 우리의 지적 태도를 논할 때 중요한 점이다. 다양한 경험에서 시사점을 끌어내고 그 정당성을 수없이 검증했다고 하더라도 그 결론을 뒤엎는 블랙 스완이 튀어나올 가능성이 전혀 없다고는 할 수 없다. 나 역시 해외를 대상으로 시장 조사를 할 때 매우 유망한 국가를 특정했지만 규제 하나가 새로 도입되면서 시장 진입의 길이 막혔던 적이 있었다.

귀납적 사고를 통해 통찰력 있는 결론을 끌어내더라도 이를 뒤엎을 수 있는 블랙 스완이 튀어나올 가능성은 항상 도사리고 있다는 것을 명심해야 한다. 자신의 사고만을 고집하지 않고 새로운 가능성을 열어 두는 것은 유연한 지성을 보여 주는 태도다.

## 귀납적 사고, 실제 상황에서 이렇게 활용하라

지금까지 설명한 귀납적 사고법을 비즈니스에서 활용하려면 어떻게 해야 할지 구체적인 상황을 통해 살펴보자.

### 상황 1. "결국 무슨 말이 하고 싶은 거지?"

상사에게 보고했는데 마지막에 가서 "여러 가지 이야기 잘 들었네. 그런데 결국 무슨 말이 하고 싶은 건가?" 하는 반응이 돌아온 적은 없는가? 이런 상황에서도 귀납적 사고를 작동시킨다면 "요컨대…" 하면서 한마디로 정리할 수 있다.

**[도표 3-11] 개별 정보는 흩어진 채로 방치하지 말고 시사점을 끌어낸다**

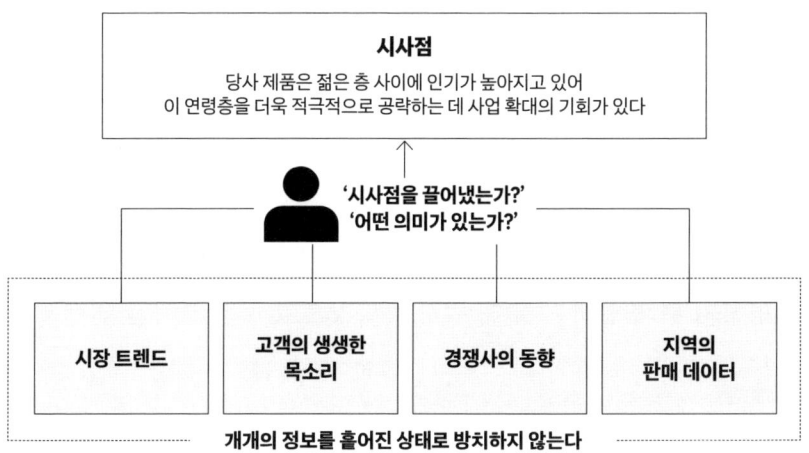

예를 들어 여러분이 자사 제품에 관한 시장 조사 결과를 보고하게 되어 시장의 트렌드, 지역의 판매 데이터, 경쟁사의 동향, 고객의 생생한 목소리 등 많은 정보를 제시했다고 하자. 개별적인 이들 정보를 그저 나열하기만 한다면 보고를 받는 사람은 "그래서 결국 무슨 말이 하고 싶은 건가?" 하고 되물을 것이다.

이럴 때는 정보를 수집하는 데서 그치지 말고 '제대로 시사점을 생각했는가?', '어떤 의미를 찾아낼 수 있는가?'라는 So what?을 계속해서 체크해야 한다. 그렇게 하면 수많은 정보에서 '당사 제품은 젊은 층 사이에서 인기가 높아지고 있어 이 연령층을 더욱 적극적으로 공략하는 데 사업 확대의 기회가 있다'라는 시사점을 끌어낼 수 있다(도표 3-11).

## 상황 2. "그거 정말이야?"

귀납적 사고법의 또 다른 활용법으로 가설 검증에 사용하는 것이 있다. 자신이 제시한 So what?(시사점)에 대해 Why so?(이유는?)라고 질문하고 대답하는 것이다.

새로운 제품을 시장에 내놓을 때 '이 신제품은 일하는 30대 여성들에게 인기가 있다'라는 가설을 세웠다고 하자. 그러면 이 가설을 증명하기 위해 일하는 30대 여성을 타깃으로 시장 조사를 진행하고 그들의 취향과 니즈, 구매 행동에 관한 데이터를 수집할 수 있다. 또한 경쟁사 제품의 어떤 점이 고객의 니즈를 만족시키지 못했는지, 자사 제품은 어떻게 만족시키고 있는지 등의 비교 정보도 다각적으로 수집할 수 있다.

그런 다음 Why so?를 던져 가설을 뒷받침하는 이유를 정리하고

[도표 3-12] 가설을 뒷받침하는 검증 구조로 Why so?에 답하라

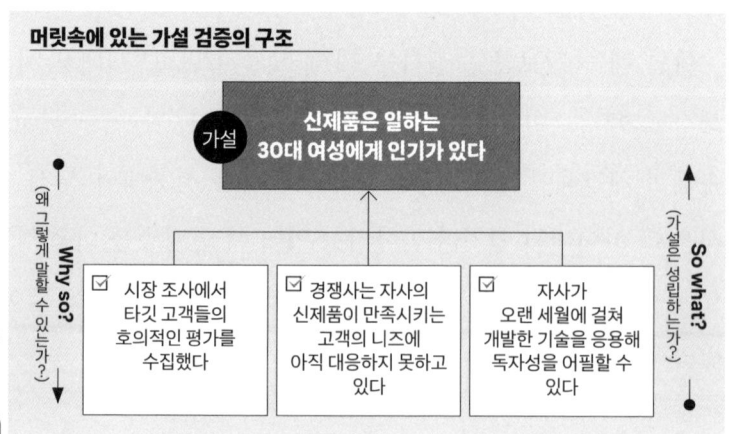

So what?을 통해 '이 신제품은 일하는 30대 여성들에게 인기가 있다'라는 가설을 확증한다. 이렇게 하면 나중에 "어째서 그렇게 말할 수 있지?"라는 질문을 받았을 때도 "왜냐하면…." 하면서 의견을 피력할 수 있다. 시사점과 이유로 이뤄진 한 쌍의 구조다(도표 3-12).

### 상황 3. "처음 가설이 잘못되었어!"

자신에게 유리한 정보만 수집하려는 성향을 확증 편향이라고 하는데, 가설 검증은 이익이 되는 정보만 모으는 것을 의미하지 않는다. 가설을 세우고 검증을 진행하는 과정에서 가설에 반하는 정보가 나오는 경우도 종종 발생하기 때문이다. 특히 의도적으로 가설에 반하는 정보를 모으는 것을 가설의 '반증'이라고 하며, 그런 반증의 결과를 반영함으로써 가설의 빈틈을 없앨 수 있다.

이를테면 영업상 접근을 생각할 때 '이번 제품의 장점은 압도적으로 뛰어난 신기술이다. 제품의 기술적인 특징을 상세히 설명해 고객의 관심을 끌면 계약으로 연결할 수 있을 것이다'라는 가설을 세우고 고객을 방문했다고 하자. 하지만 막상 고객은 기술적인 세부 사항에는 별로 관심을 보이지 않고 오히려 제품이 자사의 과제 해결에 어떤 도움을 줄지, 일상의 업무를 어떻게 바꿀 것인지에 관심이 있다면 어떨까? 애초에 가설이 잘못된 것이다.

이렇게 가설을 반증하는 정보가 나왔을 때는 So what?이라고 질문함으로써 가설을 진화시키는 방향으로 사고를 돌리면 된다. 이 예에서 말하면 반증의 결과를 반영해 '고객 과제에 중점을 두고 신기

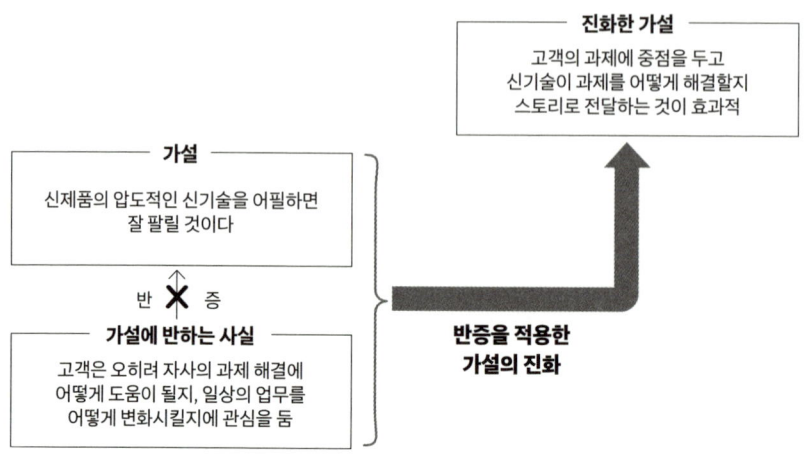

[도표 3-13] 기존의 가설을 부정하는 반증은 가설을 더욱 강하게 진화시킨다

술이 과제를 어떻게 해결할지 스토리로 전달하는' 접근법으로 진화시킬 수 있다. 이 방법 하나로 이후 접근하는 몇십 개 회사에 대한 영업에서도 정확도를 단번에 끌어올릴 수 있다(도표 3-13).

## 다단계의 귀납적 사고로 구조화하라

문제가 크고 복잡해질수록 논리의 구조도 또한 넓어진다. 이를테면 '신규 사업 A는 유망한가?'라는 질문을 생각한다고 하자. 이때는 문제의 범위가 너무 넓다. 따라서 문제의 크기에 압도되지 말고 자신이 감당할 수 있는 수준까지 문제를 여러 개의 단계로 나눠서 바라봐야 한다.

'신규 사업 A는 유망한가?'라는 문제를 나눌 때는 3C의 관점으로 나눠서 생각할 수 있다. 이렇게 하면 사업의 유망한 정도는 다음 내용을 나타내면 되겠다는 판단이 선다.

- 시장 수요의 규모·성장성을 기대할 수 있다.
- 경쟁 기업 간의 경쟁이 심하지 않다.
- 자사의 강점을 살린다.

전체의 큰 문제에 대한 답을 **메인 메시지**라 하고 이런 부분적인 문제에 대한 답은 **서브 메시지**라고 부르자. 이어서 이 메시지들을 나타내기 위해 구조를 분해해 나간다. 이를테면 '경쟁 기업 간의 경쟁이 심하지 않다'라는 내용을 나타내려면 다음과 같은 사항을 명확히 제시하면 된다.

- 주요 기업의 수가 많지 않다.
- 독점적으로 점유하는 기업이 없다.
- 신규 기업의 진입을 저해하는 진입 장벽이 있다.

이렇게 문제를 분해해서 피라미드의 아래층에서부터 사실을 명확하게 파악해 나가면 거기서 여러 번의 So what?을 거듭해 최종적인 답을 도출할 수 있다.

이렇게 귀납적 사고법을 다단계로 실행하면 크고 복잡해 보이는

[도표 3-14] 큰 질문은 구조를 여러 단계로 분해하면 풀기 쉽다

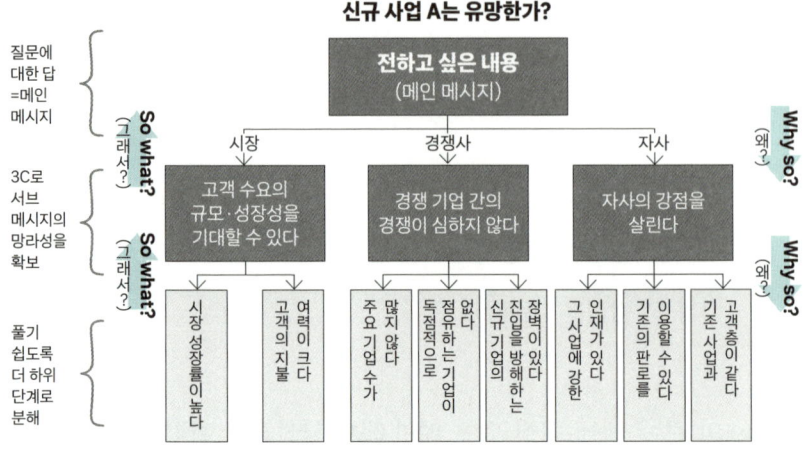

문제에도 어렵지 않게 접근할 수 있다.

## 서브 메시지를 넘어 메인 메시지로 나아가라

이렇게 다단계 구조를 만들 때 사람들이 자주 하는 실수가 있다. 시사점의 추출이 서브 메시지 단계에 머물러 본래의 질문에 대한 답을 끌어내지 못하는 것이다. 앞서 언급한 예를 살펴보자. 열심히 경쟁 기업을 조사해 기업 간 경쟁이 그렇게 심하지 않다는 사실을 알아냈다고 해도, '신규 사업 A는 유망한가?'라는 최종적인 질문에는 답할 수 없다.

대개는 서브 메시지를 도출했다고 해서 할 일을 다 한 것 같은 착

[도표 3-15] 서브 메시지만으로는 문제가 해결되지 않는다

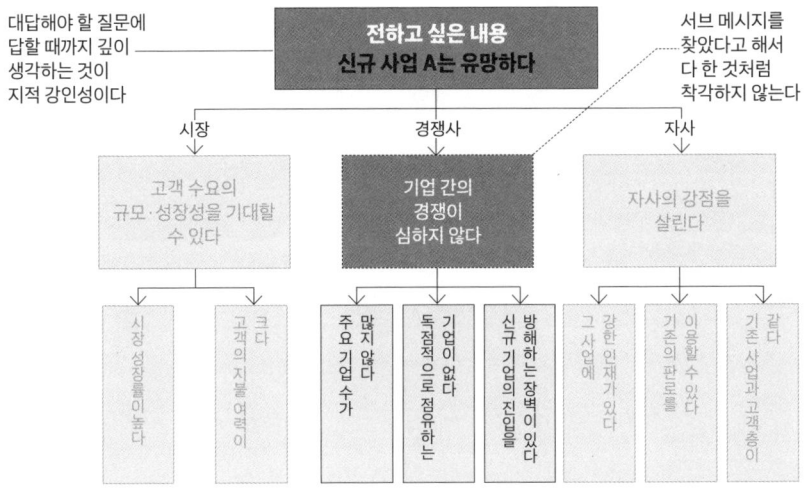

각에 만족하고 생각을 멈추기 쉽다. 하지만 다단계 구조가 이뤄진 경우 So what?을 거듭해 최종적인 메인 메시지에 이르기까지 시사점을 깊이 생각해야 한다. 각 서브 메시지는 어디까지나 큰 질문에 답하기 위한 부분적 수단이며, 이들 수단을 통합해 목적으로 삼은 질문까지 이르는 게 중요하다. 이런 지구력이야말로 지적 강인성이라 할 수 있다.

자동차 제조 회사에서 이직해 온 한 팀원이 "전 직장에서는 '왜?, 왜?' 하고 원인을 철저히 파고들었는데 컨설턴트의 사고는 진취적이라고 할까요. 방향이 반대인 것 같아요."라고 말한 적이 있다. '왜?, 왜?' 하고 진정한 원인을 깊이 파고드는 자동차 회사에 반해 컨설팅 회사는 So what?을 통해 사실을 시사점으로 승화시키는 데 사고의

방향성이 있다. 이들 회사는 현실의 바깥쪽에 있는, 주어지지 않은 정보를 추구한다.

## 정보를 무기로, 배려를 방패로

 지금까지 설명한 귀납적 사고를 사용해 모리카와 부장에게 어떻게 보고할지를 생각해 보자. 우선은 대답해야 할 질문을 확인한다. 질문은 '어느 회사를 제1후보로 선택해야 하는가?'다. 이에 대한 답을 메시지로 조합해 나가자.
 먼저, 솔루션 제공 회사에 관한 많은 정보가 주어져 있지만 이대로는 마구 흩어져 있기 때문에 생각을 정리하기가 힘들다. '자신이 생각하기 쉬운 형태로 바꾸는' 것은 효율적으로 생각을 정리하는 데 무척 중요하다. 따라서 이때는 그룹핑으로 정보를 정리하는 게 좋다. 메모에 있는 많은 정보를 다음 네 가지 관점을 활용해 [도표 3-16]처럼 구조적으로 정리할 수 있다.

① 품질
② 비용
③ 리스크 대응
④ 도입 속도

## [도표 3-16] 논리×정리의 논증 구조를 머릿속에서 이미지로 떠올리기

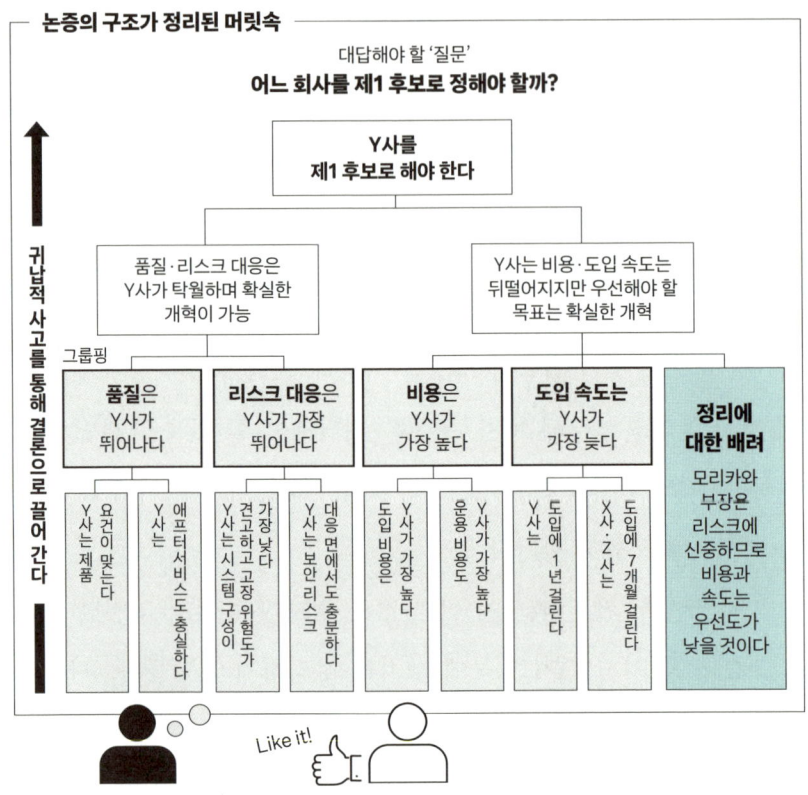

결론적으로 Y사를 제1후보로 해야 한다고 생각합니다. 그 이유는 다음과 같습니다.

1. Y사는 비용과 도입 속도에서는 타사보다 뒤떨어지지만 우선해야 할 사항은 확실한 개혁이라고 생각하며
2. 그 점에서 볼 때 품질 면이나 우려되는 리스크 대응 면에서 Y사가 뛰어나므로 확실한 개혁에 대한 대응을 기대할 수 있기 때문입니다.
3. 특히 리스크 대응 면에서는 Y사의 시스템 구성이 가장 견고하며 고장 위험이 낮습니다(=우려하는 점에 관해 더욱 상세히 설명).

따라서 Y사를 제1후보로 선정하는 방안은 어떠십니까?

그와 더불어 중요한 것은 단순히 사실 정보를 정리하는 데서 끝내면 안 된다는 사실이다. 논리만이 아니라 정리를 배려해야 한다. 모리카와 부장은 평소부터 업무 혁신의 리스크를 걱정했다. 그렇다면 비용과 도입 속도는 의사결정을 할 때 우선도가 낮을 것이라고 예상할 수 있다.

그러면 결론으로서는, 비용이나 도입 속도가 뒤떨어지더라도 혁신을 확실하게 수행할 수 있는 회사, 즉 품질과 리스크 대응에 뛰어난 Y사를 제1후보로 추천할 수 있다. 그리고 [도표 3-16]에서 볼 수 있듯이, 다카마쓰 씨가 모리카와 부장에게 의견을 전할 때는 "Y사를 제1후보로 생각하고 있습니다."라고 결론부터 전하고 모리카와 부장이 특히 걱정하고 있는 리스크 대응에 관해 상세한 정보를 제공하는 게 좋다.

정보를 전달할 때는 머릿속에서 도표에 나타나 있는 논증의 구조를 이미지로 떠올리면서 수많은 정보에서 귀납적 사고를 통해 결론으로 끌어 가는 데 집중해 보자.

상대의 감정을 헤아려 정리를 배려하는 행동은 단순히 눈치를 보는 것과는 다르다. 눈치를 보며 상대의 기분에 맞추는 행동에는 자신의 의사가 들어 있지 않으며 그저 단순히 상대의 비위를 맞출 뿐이지만, 정리에 대한 배려는 자신이 전하고 싶은 내용이 있어야 가능하다.

만약 Y사 외 다른 회사를 선택했다면, 모리카와 부장이 걱정하고 있는 리스크 대응 면에서 문제가 없는지 상세히 설명을 덧붙여야 한다. 그런 태도야말로 상대방의 정리를 배려하는 것이다. 이 사례를 통해 논리와 정리의 쌍방을 융합한 논증이야말로 진정으로 상대의 이해를 끌어낸다는 가르침을 잘 기억해 두자.

# 상대에 따라
# 구조를 일부러 무너뜨려라

어떤 제품의 오퍼레이션 효율화 프로젝트에서 있었던 일이다. 제조 부장과의 회의 자리에서 한 직원이 다음과 같은 방법으로 설명해 부장에게 자신의 의견을 전했다.

"대책으로서의 결론은 ○○입니다. 왜냐하면 현재 문제의 원인은 □□이며, 대책을 강구해 얻을 수 있는 이점은 세 가지가 있습니다. 따라서 ○○를 실행해야 합니다."

컨설턴트답게 능숙한 말솜씨로 막힘없이 설명했다. 귀납법적 사고의 본보기였고 논증 방식으로서 아무 문제가 없었다. 하지만 이 말을 들은 부장은 얼굴을 찌푸리면서 이렇게 대답했다. "그렇게 간단하지가 않네…."

이야기를 구조적으로 잘 구성하고 조목조목 구분해서 술술 설명하면 "그거 별로 어려운 일이 아닙니다."라는 느낌이 강하게 드러난다. 그런 태도는 때론 깊이가 없어 보여서 "그렇게 단순하지 않아. 그렇게 쉽게 결론 내릴 수 있는 게 아니야." 또는 "매사를 표면적으로만 보고 있는 거 아닌가?"라는 반응이 돌아온다.

이때는 '결론→이유→결론'으로 제시하는 '결론 우선적' 커뮤니케이션을 지양하고, 상대방에게 전달할 때의 논리 구조를 과감히 무

**[도표 3-17] 상대에게 맞춰 구조를 과감히 무너뜨려라**

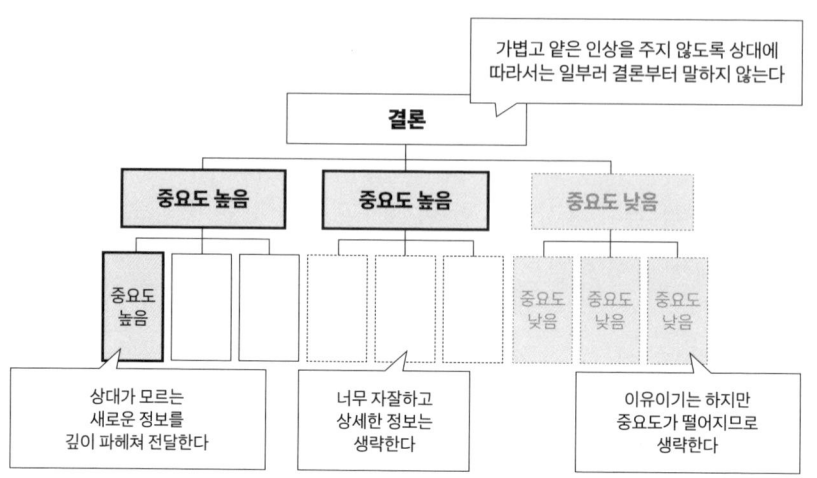

너뜨리는 것이 효과적이다. 이 또한 정리를 의식하는 한 가지 사례다(도표 3-17).

이 직원의 예를 가지고 말하자면 깔끔한 피라미드형 트리 구조를 마음속에 담아 두면서도 "지금 상황은 ○○에 우선 어려움이 있을 것 같습니다. 실제로 현장 담당자와 이야기해 본 바로는….."과 같이 내용을 깊이 있게 전하면서 상대와 공감대를 형성해야 한다.

그 밖에도 MECE 형식에 맞춰 구성한 피라미드 구조가 있다고 해서 이를 하나부터 전부 망라해 설명하는 실수를 할 수도 있다. 특히 시간이 없는 경영자는 그렇게 장황한 보고를 들으면 "그 이야기는 이미 알고 있네. 중요한 핵심은 뭔가?" 하는 반응을 보일 것이다. 이 경우에도 MECE의 구조를 과감히 무너뜨리고 "한마디로 ○○를 해야 하는 이유의 요점은 두 가지입니다."라고 본질만 뽑아서 전달하는 것이 좋다.

상대에게 의견을 전할 때 논리의 강도를 느슨하게 한다고 해서 자신의 마음에 담아 둔 논리 구조까지 느슨해지는 것은 아니다. 자신의 마음속에는 확실한 논리 구조가 있다. 상대와의 관계성이나 관심 정도까지 확인하면서 '일부러 구조를 깨뜨리는' 방법도 있다는 것을 알아 두자.

## 좋은 시사점에는 논리의 비약이 있다

구조를 무너뜨리는 이야기에 이어 이번에는 논증의 기본을 과감히 깨뜨리는 이야기를 해보려고 한다. 우리는 종종 '당신이 하는 말에는 비약이 있다'라는 비판을 듣곤 한다. 논증이 논리의 흐름을 따라가야 하는 이상 비약은 논증이 불충분함을 뜻한다. 그러나 그 반작용으로 주의해야 할 점이 있다. 논리에 비약이 너무 없으면 누구나 도달할 수 있는 '당연한 이야기'에 그친다는 사실이다.

기업 데이터를 분석해 "이 사업은 3년 연속으로 매출이 감소하고 있고, 특히 세그먼트 A에서의 실적이 저조합니다."라고 전한다면 "그런 건 알고 있습니다. 그게 어떻다는 거죠?"라는 반응이 돌아올 것이다. 상대가 듣고 싶은 내용은 매출이 3년째 하락하고 있다는 이야기가 아니라, 대기업과의 거래에 의존하고 있어 줄곧 가격 인하 압력을 받는 게 아니냐는 시사점이다.

정보를 전달받는 사람은 자신이 이미 알고 있는 이야기를 원하는 게 아니다. '알아야 하지만 아직 모르고 있는 새로운 정보'(=주어지지 않은 정보)를 원한다. 그렇기에 적당한 비약으로 정보에 새로움을 부여해야 한다. 역설적이지만 좋은 시사에는 논리의 비약이 있다.

## 논리의 정확성과 비약의 균형 감각

정확성에 지나치게 집착하면 이야기가 평범해진다. 그렇다고 해서 비약(에 의한 재미)이 너무 심하면 그저 '폭론'이 되어 듣는 사람이 납득하지 못한다. 기본을 깨뜨리려면 이 균형 감각을 절묘하게 조절해야 한다. 균형을 유지하기 위한 두 가지 포인트를 꼽으면 다음과 같다.

먼저 **전하고자 하는 내용 자체가 요구하는 정확성을 고려하는** 것이다. 이를테면 사업의 운명을 결정하는 사업 예산이나 인원 배치를 제안할 때는 수치와 그 배경에 있는 논리의 정확성이 중요하다. 반면에 신규 사업 개발과 같이 참신한 아이디어가 필요한 경우는 논리의 정확성에 집중하기보다는 현재의 답답한 상황에서 벗어나 '비약하는 느낌'을 내서 어필하는 것이 좋다.

또 다른 포인트는 **상대와의 신뢰 관계**다. 우리가 상대의 이해를 얻는 일의 본질은 서로 같은 것을 믿는 것이다. 상대에게 이미 형성된 나에 대한 믿음이 내가 전하고 싶은 말을 지지해 주기 때문에 과도

한 논리가 필요 없다. "네가 그렇게 말한다면 그런 거겠지." 하고 믿는 상대에게는 논리를 비약해서라도 함께 새로움을 탐구해 나가야 하며, 바로 거기서 가치가 생성된다.

반면에 신뢰 관계가 형성되어 있지 않은 경우는 다소 장황하더라도 논리적으로 설명해 신뢰의 간극을 메워야 한다. 상대에 따라 적합한 강도의 논리를 균형 있게 조절하면서 변화시켜 나가야 한다.

## 나만의 통찰을 끌어내기 위한 나의 관점

기본을 깨뜨리는 것에 대해 마지막으로 중요한 이야기를 해보자. 왜 같은 정보를 접했는데도 사람마다 도출해 내는 시사점이 다를까? 그 이유는 주관主觀에 있다. 여기서 주관은 '그건 당신의 생각(착각)이다'라는 부정적인 의미가 아니다. 주관이란 그 사람의 흥미, 관심, 지금까지의 환경에서 얻은 경험이나 학습에서 생겨난 독자적인 시각이며 개성이다.

도요타 생산 방식Toyota Production System, TPS을 고안한 도요타 자동차의 전 부사장 오노 다이이치大野耐一는 미국 슈퍼마켓의 업무를 관찰해 TPS에 관한 아이디어를 얻었다고 한다. 소비자가 필요로 하는 상품을 필요한 때 필요한 양만큼 갖춰 놓는 것을 세심히 살펴보고 그 방식을 제품 생산의 방법론이라는 시사점으로 끌어올린 것이다.

여기에는 생산 현장을 직접 관찰하고 분석하면서 그 개선을 놀랄

[도표 3-18] 자신만의 시사점을 끌어내기 위해 '주관'을 엮어 넣기

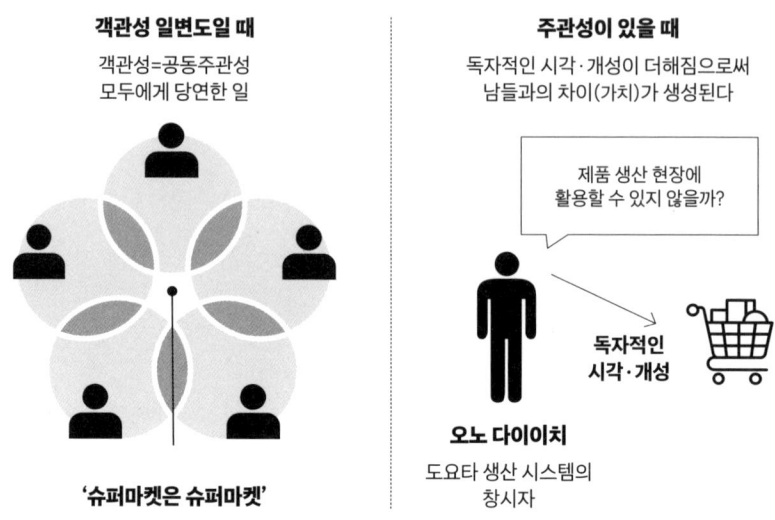

만한 열의로 끊임없이 추구한 오노 전 부사장의 주관이 발휘되어 있다. 즉 다른 사람이라면 그렇게 하지 않았을 그만의 독자성이 있다 (도표 3-18).

오늘날의 사회에서는 객관성이 지나치게 강조되는 것 같다. 오스트리아의 철학자 에드문트 후설Edmund Husserl은 객관성이란 공동주관성(혹은 간주관성間主観性, 사람들이 공통으로 같은 인식을 가진 부분)이라고 간파했다. 객관성은 한 사람 한 사람의 주관이 많이 겹친 부분으로, 그렇기에 차이가 없으며 사고의 코모디티화를 야기한다.

남들과의 차별성이나 자신만의 가치를 드러내고자 할 때 자신의 주관을 엮어 넣는 것은 꼭 필요하다. "객관적인 사실도 갖추고 있는 데다 (당신다운 독자성이 엿보이는) 주관적 해석도 더해져 있어 좋군

요." 같은 평가를 받을 수 있도록 주관적 사고와 객관적 사고의 균형을 잡는 것. 이것이야말로 진정한 지성이 아닐까.

시사점을 도출해 내는 능력은 하루하루 사고를 단련하고 자신이라는 인간을 갈고닦음으로써 높아진다. 시간이 오래 걸릴뿐더러 쉽게 얻을 수 있는 능력은 아니다. 하지만 이런 사실을 알고 지금부터 매일매일 노력하는 사람과 알지 못한 채 아무것도 하지 않는 사람이 10년 후에 바라보는 세계는, 마치 일반인과 어부가 다른 관점으로 바다를 바라보는 것이나 마찬가지라는 사실을 잊지 말자.

# 제2부

발견으로
사고를 확장하라

로지컬 씽킹은 단순히 정확하고 알기 쉽게 전달만 하면 되는 것이 아니다. 애초에 그 정확하고 알기 쉽게 전달하고자 하는 가설은 무엇인가? 그 가설은 상대방에게 의외성과 차별성을 제시할 수 있는가? 그런 생각을 하려면 어떤 질문을 꺼내야 하는가? 그때의 두뇌 사용법은?
이번 '반' 파트에서는 지금까지의 로지컬 씽킹이 직시하기를 꺼려 온 질문과 정면으로 마주하고자 한다. 논증에 대한 '발견'이라는 또 다른 사고의 국면을 지금부터 개척해 보자.

제4장

# 가설을 만들어
# 사고를 차별화한다

과거의 로지컬 씽킹은 자신의 주장이 옳다는 것을 보여 주는 논증의 기술을 주로 전수해 왔다. 하지만 옳다고 증명하려는 그 의견은 어디서 온 것일까? 자신이 주장하고 싶은 가설이 있어야만 논증이며, 그 가설이 없다면 애초에 논증을 시작할 수 없다. 이는 씨앗도 없이 나무를 키우려고 하는 것과 다름없다.

이번 장에서는 기존의 로지컬 씽킹에서 드러난 약점을 보완하는 '발견'의 영역을 다룬다. 이로써 우리의 사고 가능성은 크게 열릴 것이다.

 **유선 전화 사업의 매출을 어떻게 증대할까?**

　유선 전화 사업을 주력으로 해온 주식회사 신로지통신은 일본 내에서 유선 전화 및 관련 서비스를 제공하고 있으며, 가정과 중소기업을 중심으로 폭넓게 사업을 확장해 왔다. 그러나 최근 스마트폰과 SNS의 보급으로 유선 전화에 대한 수요가 크게 감소했다.

　이에 신로지통신의 오사와 기획실장은 하락한 매출을 회복하고 회사를 성장시키기 위해 새로운 사업 콘셉트에 관한 아이디어를 모색하는 중이다. 지금까지는 업무에 쫓기느라 새로운 기획을 생각할 여유가 없었지만 오늘은 모든 일정을 비우고 새로운 아이디어를 구상하기로 했다. 유선 전화 사업은 신로지통신의 초기 사업으로 사업 철수나 매각은 선택지에 없다.

　여러분이 오사와라면 유선 전화 사업의 매출을 신장시키기 위해 어떤 사업 콘셉트를 생각해 낼 것인가? 다음 두 가지 관점을 단서로 삼아 최대한 많은 아이디어를 떠올려 보자. 그리고 그중 가능성이 엿보이는 초기 가설의 첫 번째 후보를 선택해 보자.

① 누구에게 제공할 것인가?

② 무엇을 제공할 것인가?

이 사례에서는 엄격하게 논리적 절차를 따지기보다는 의외성이 있고 톡톡 튀는 아이디어를 내는 데 주력해 보길 바란다.

## 한도를 넘어서면
## 선도 악으로 바뀐다

아무리 좋은 것이라도 과도한 상태가 되면 해를 초래하고 만다. 생물이 살아가는 데 반드시 필요한 물도 과잉 섭취하면 물 중독 증상을 일으킨다. 한도를 넘어서면 선도 악으로 바뀌는 것이다. 생각하는 행위도 마찬가지다. 물론 기존의 로지컬 씽킹이 강조해 온 논증은 매우 유용하다. 하지만 그 정도가 지나쳐서 논증만 고집하는 독선적인 사고관을 갖게 되면 지적 생산과 관련해 다음과 같은 부작용을 일으킨다.

### 1. '무엇을 전하고 싶은가'에 대한 자신의 의견이 없다

정보를 수집하거나 설명을 들은 내용을 쉽게 이해할 수는 있지만 '그래서 당신의 의견은 무엇인가?'라는 질문을 받으면 선뜻 대답하지 못한다.

### 2. 비판에 치우쳐 가능성의 싹을 밟아 버린다

누가 의견을 냈을 때 그 내용에서 흠을 찾거나 비판만 한다. 이런 조직은 가능성의 새로운 싹이 자라지 못하는 황무지로 바뀐다.

### 3. 주위와 똑같은 것밖에 생각하지 못해 놀라운 발상이 없다

사실에 근거해 엄밀한 논증을 철저히 해도 혹은 철저히 하기 위해 장황하게 설명했음에도 누구나 다 아는 평범하고 식상한 결론밖에 내지 못한다.

이런 부작용은 논증이 과도해서 '선이 악으로 바뀐' 폐해다. 논증이 문제의 원인이 되지 않으려면 이런 사고의 편향성을 바로잡고 본래의 사고가 지닌 평형감각을 되찾아야 한다.

## 컨설턴트의 구조화 신화를 깨뜨려라

컨설턴트가 되면 맨 처음 구조화에 관해 배운다. '기업을 둘러싼 환경에는 외부 환경과 내부 환경이 있으며 외부 환경 중에는 시장과 경쟁사라는 환경이 있고…' 이런 식으로 정보를 계층화해 연결해 가는 것이다. 다음 페이지의 [도표 4-1]처럼 트리 구조tree structure를 만들어 가는 것이 구조화의 기본이다.

구조화는 확실히 정보를 정리하는 데는 효율적이다. 하지만 '선이 과하면 악이 된다'라는 말처럼 구조화에 너무 치우치면 역효과가 난다. 이를 세 가지 함정으로 열거해 보자.

- 구조화로 모든 것을 나타내면 정보량이 방대해져서 다 소화할 수 없다. (정보량의 함정)
- 구조화해도 새로운 정보는 늘지 않는다. (새로운 정보 부재의 함정)

**[도표 4-1] 절대적 정답처럼 보이는 구조화의 함정**

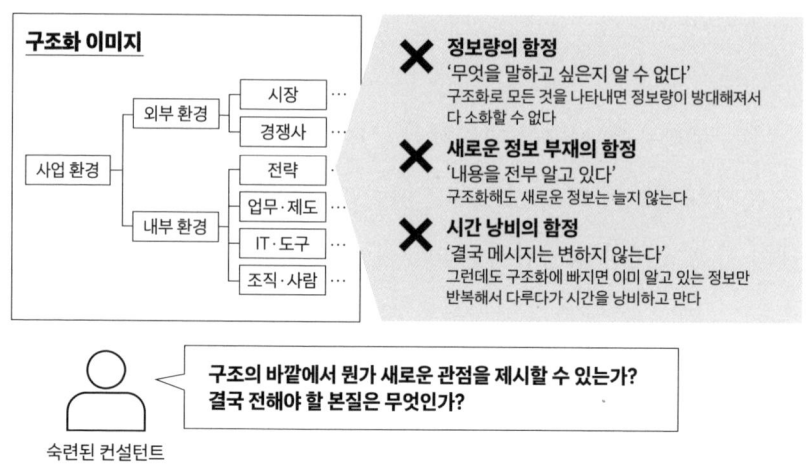

- 그런데도 구조화에 빠지면 이미 알고 있는 정보만 반복해서 다루다 시간을 낭비하고 만다. (시간 낭비의 함정)

구조화는 지나치게 맹신하지 않는 것이 좋다. MECE 논리 구조, 즉 중복과 누락 없이 모든 내용을 완벽하게 정리했다고 해도 "깔끔하게 정리하셨네요. 하지만 전부 다 알고 있는 내용이에요." 같은 답이 돌아오는 상황은 얼마든지 있다.

한 고객이 내게 이런 고민을 털어놓은 적이 있었다. "마케팅의 KPI(평가지표)를 트리 형식으로 구조화한 자료가 사내에 있어요. 하지만 결국 이건 누가 써도 똑같아지는 교과서 같은 내용이에요. 차별화를 위해 무엇을 하면 좋을지는 알려 주지 않더라고요." 이는 '우등생이긴 한데 참 재미가 없어'라는 말과 다름없다. 구조화는 사고의 숙련도에 따라 다음과 같이 인식 관점이 달라진다.

- **초급:** 구조화가 잘 되지 않는다.
- **중급:** 구조화를 최고로 여긴다. 뭐든지 구조화하지 않으면 어색하게 느껴진다.
- **상급:** 구조화는 기본이며 그 이상이 필요하다. '구조의 밖에서 얼마나 새로운 정보를 제공하는가?', '구조를 과감히 무너뜨리고 본질만을 전달할 수 있는가?' 등

사람들은 구조화가 마치 최종 도달점인 것처럼 말하지만 위에서 보듯이 이는 중급에 지나지 않는다.

## 논증과 발견을 오가며 생각하기

구조화에서 더 나아가려면 무엇이 필요할까? 그 단서가 될 만한 일화가 있다. 언젠가 로지컬 씽킹 강좌가 끝나고 한 수강생에게서 이런 질문을 받았다. "직감을 믿으세요?"

강좌 내내 논리, 논리 하면서 줄곧 '논리로 모든 것이 정리된다'라는 식의 내용에 위화감을 느꼈던 것 같다. 나는 "네, 직감은 있습니다."라고 대답했다. 논증에 대한 발견이라는 또 하나의 두뇌 작용을

[도표 4-2] 사고의 2대 국면, 논증과 발견

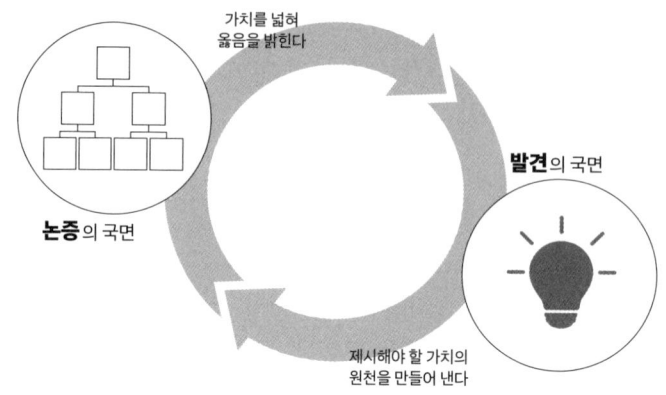

염두에 둔 대답이었다. 그리고 "단순한 로지컬 씽킹에는 한계가 있습니다."라고도 덧붙였다. 다시 한번 강조하자면 사고에는 두 가지 국면이 있다. 바로 논증과 발견이다(도표 4-2).

논증은 레시피에 따라 요리를 만드는 것과 비슷하다. 명확한 순서를 하나씩 밟으며 나아가면 마지막에는 기대한 요리를 완성할 수 있다. 순서가 정해져 있기 때문에 누가 해도 똑같이 재현할 수 있다. 하지만 이 또한 지나치면 '코모디티 사고의 함정'에 빠진다.

그에 비해 발견은 새로운 레시피 자체를 만들어 내는 일이다. 정해진 순서가 있기보다는 불현듯 어떤 순간에 혹은 요리와는 전혀 관계없는 일을 하다가 요리에 관한 새로운 아이디어가 번쩍 하고 떠오른다. **중요한 것은 이 논증과 발견이라는 두 국면을 오가며 상황에 따라 사고 모드를 선택해 집중하는 것이다.**

예전에 내가 평직원이었을 때 시장 조사 정보를 구조화하면서 정리했던 적이 있었다. 그런데 상사로부터 "정리는 하고 있지만 머리를 사용하지 않는군."이라는 말을 들었다. 정보 정리는 누구나 기계적으로 할 수 있는 일이며, 그 과정에서 독자적으로 가설을 세우는 것이 '머리를 사용하는' 일이라는 가르침이었다. 자신의 사고가 너무 한 방향으로 치우쳐 있지는 않은지 항상 의식하는 습관을 들여야 한다.

## 가치를 끌어내는 원천으로서의 '발견'

발견은 가치의 원천이다. 이 말을 이해하기 위해 아이작 뉴턴의 일화를 살펴보자. 그날 뉴턴은 과수원의 향긋한 나무들로 둘러싸여 있었다. 바람 한 점 없는 고요한 날이었고 뉴턴은 나무들 사이에 앉아 자연의 섭리에 몸을 맡기고 사색에 잠겨 있었다. 그런데 그때, 잘 익은 빨간 사과가 나뭇가지에서 툭 하고 땅에 떨어졌다.

그 순간 뉴턴의 머릿속에 번쩍 하고 발견이 찾아왔다. 사과를 끌어당기는, 인력이라고 부를 만한 힘이 있는 게 틀림없다는 깨달음이었다. 당시 인력이라는 개념은 세상에 존재하지 않았던 생각이었다. 그런데 뉴턴이 이 인력을 발견함으로써 물리학이 꽃을 피웠고 지금의 세계와 환경이 만들어진 것이다.

인류에게 인력이 그랬던 것처럼, 발견이야말로 가치의 원천이며 그 이후의 전개를 좌우하는 기점이다. 뛰어난 발견이 이뤄지느냐 여부에 따라 파생되는 스토리의 가치는 완전히 달라진다.

## 두뇌 운동으로
## 발견 감각을 키워라

발견을 할 때 두뇌가 움직이는 메커니즘은 논증과는 약간 감각이 다르다. 논증이 블록을 한 개씩 쌓아 올려 성을 만드는 것이라면, 발견은 어떤 전조도 없이 하늘에서 성이 통째로 떨어져 내리는 것이다. 이런 이야기로밖에 전할 수 없는 두뇌의 메커니즘이 우리 인간에게 있다. 그래서 발견은 말로 이해하는 게 아니라 감성으로 인지할 수밖에 없다.

이를 위해 심리학사 나고 아키라多湖輝가 저술한 《두뇌 훈련》頭の体操에서 나온 다음 문제를 생각해 보자. 머릿속에 답이 떠오르는 순간, 이때의 발견 감각을 기억하자.

> 유치원에서 학부모 참관 수업에 갔을 때, 화장실 앞에는 손 씻기 용도로 설치되어 있는 여섯 개의 수도꼭지가 있었다. 그중 두 개에 '어른용'이라는 팻말이 걸려 있었고 나머지 네 개에는 '어린이용'이라는 팻말이 걸려 있었다. 선생님에게 물어보니 학부모 참관일에만 이렇게 팻말을 구분해 걸어 놓는다고 한다. 하지만 여섯 개의 수도꼭지에는 아무런 차이가 없는데, 혼잡을 피하기 위해서도 위생적인 이유도 아니라면 왜 굳이 어른용과 어린이용을 나눠 놓은 것일까.

잠깐 책을 덮고 생각해 보자. 목적은 답을 맞히는 게 아니라 발견의 감각을 떠올려 인식하는 것이다.

답은 '어른의 힘으로 수도꼭지를 잠그면 유치원생들이 열지 못하는 경우가 있기 때문'이다. 자신의 머릿속에 무슨 일이 일어났는지 되돌아보자. 우선 머릿속이 아리송해서 질문을 몇 차례나 읽었을지도 모른다. 그러고 나서 '그것도 아냐, 이것도 아냐' 생각하다가 해답에 이르렀다면, 그 순간 머릿속에서 섬광이 번쩍이는 감각이 있었을 것이다. 행여 답을 맞히지 못했더라도 해답을 본 순간에 단박에 이해되는 감각이 조금이라도 있었으리라. 그것이 바로 하나씩 쌓아 올리는 논증과는 다른 형태의 두뇌 감각이다.

## 미지의 가설을 만들어 내는 가추법

발견의 감각을 기억하면서 발견을 만들어 내는 이론을 알아보자. 가추법abduction(가설추리법)이라는 사고법은 과학, 철학 분야에서 생겨났다. 미국의 철학자이자 과학자인 찰스 샌더스 퍼스Charles Sanders Peirce는 그때까지 추론의 기본이 된 연역법과 귀납법에 더해 제3의 추론법으로서 가추법을 제창했다. 연역법과 귀납법이 논리를 쌓으며 답을 끌어내는 데 반해 가추법은 처음부터 답(가설)을 떠올리는 것이 특징이다. 즉 가추법은 가설 사고를 뒷받침하는 근간이 되는 두뇌 사용법이다(도표 4-3).

**[도표 4-3] 미지의 가설까지도 새롭게 만들 수 있는 가추법**

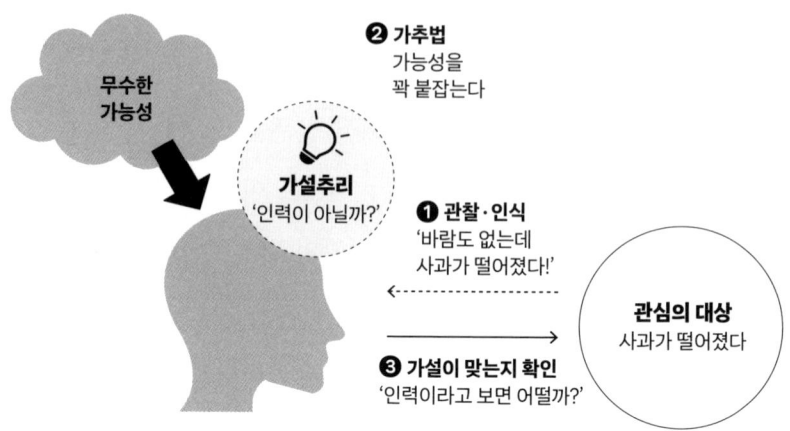

 가추법이라는 단어는 그다지 일반적이지는 않지만 'abduct'라는 영어 동사에서 나온 말이다. 사전을 찾아보면 abduct는 다음과 같은 뜻으로 설명되어 있다.

> abduct [동사] 유괴하다, 납치하다

 상당히 불온한 느낌이다. 이런 단어가 왜 발견을 의미하는가 하면, 미지의 가설을 어디선가 슬쩍 빼앗아 오는 듯한 그 움직임이 발견의 감각에 들어맞기 때문이다.
 뉴턴이 나무에서 사과가 떨어지는 것을 보고 인력의 가설을 확 잡아챘다는 사실을 떠올려 보자. 얼핏 보기에 이 인력이라는 가설은 눈앞에서 떨어지는 사과와는 아무 연관성이 없다. 사과를 쪼개든 껍질을 벗기

든 혹은 성분 분석을 하든 인력은 어디서도 나오지 않는다. 이는 마치 이 세계에서 미지의 지식을 채어 온 것 같다. 그렇기에 가설은 혁신적인 것, 의외성이 있는 것, 예외적인 것일 수 있다. 기존의 로지컬 씽킹에서 어딘가 갑갑하게 느낀 부분이 있었다면 가추법이 좋은 답이 될 수 있다.

## 가추법 사고를 움직이는 질문, What if?

가추법의 핵심은 What if?(만약 ~라면 어떨까?)라는 질문에 있다. 이 단순한 질문이 가추법의 감각을 불러일으킨다.

흔히 겪을 수 있는 예를 들어 보자. 오랜만에 만난 연인이 왠지 기분이 좋지 않아 보이는데 그 이유를 전혀 알 수 없다고 하자. 이럴 때는 What if?라고 스스로 질문해 봐야 한다. 그렇게 생각해 낸 가설을 실제 상황에 적용해 옳은지 확인해 보자.

- 가설 ① 만약 약속 시간에 늦어서 화가 난 거라면 어쩌지?
    → 약속 시간보다 5분 전에 도착했으니, 이건 아니다.
- 가설 ② 만약 한동안 만나지 못한 게 불만이면 어쩌지?
    → 어제 통화했을 때는 만남을 기대하고 있었으니 이것도 아니다.
- 가설 ③ 만약 일과 관련해 뭔가 문제가 있어 스트레스를 받는 거라면 어쩌지?

→ 오늘 중요한 프레젠테이션이 있다고 했는데 그때 문제가 생긴 걸지도 모른다.

비즈니스에서도 이와 같이 활용할 수 있다. 가령 어느 날 회사의 매출이 급격히 떨어졌고, 그 원인을 찾기 위해 What if?라고 물어보는 것이다.

- 막강한 대체품이 시장에 등장한 거라면 어떨까?
- 고객의 니즈가 바뀌었다면 어떨까?
- 자사에 대한 나쁜 평판이 시장에 퍼졌다면 어떨까?
- 유통 업체가 자사 제품을 취급하지 않기로 한 거면 어떨까?

가추법에 의한 가설 세우기는 새까만 종이에 여기저기 뽕뽕 구멍을 뚫어 빛이 들어오는 곳을 찾는 감각과 비슷하다. What if?를 몇 번이고 물어보면서 영감을 끌어내 보자.

## 초기 가설의 옵션을 확장하라

지금까지의 로지컬 씽킹은 아이디어를 틀에 맞춰 정리하고 한 방향으로 강하게 모아 갔다. 하지만 가설을 세우는 단계에서 이렇게 한 방향으로 지나치게 수렴하면 결론을 내는 데만 급급한 나머지 시

**[도표 4-4] 발견에서는 초기 가설의 선택지를 확장하라**

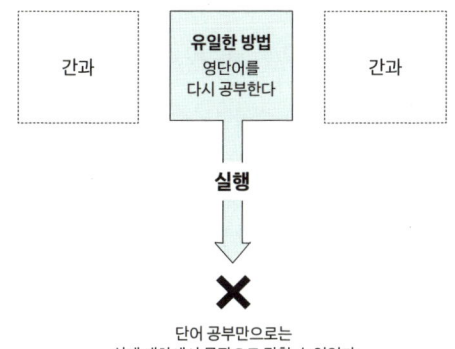

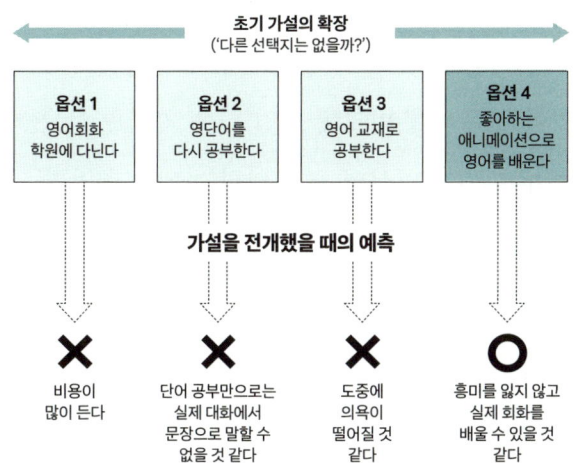

발견으로 사고를 확장하라     187

야가 좁아져 가치 있는 선택지를 간과하고 이전과 다름없는 평범한 내용에 안착하게 된다.

따라서 상황에 따라 논증과 발견의 사고 모드를 구분하는 것이 중요하다. 발견 단계에서는 갑자기 한 방향으로 모든 사고를 수렴하는 '외다리 타법'(디딤발을 꼿꼿이 세워 무게 중심을 잡은 후 타격 시 반대 발을 내딛는 야구 타격 방법―옮긴이)이 아니라 그 외에 달리 어떤 선택지가 있는지를 계속해서 질문하면서 초기 가설의 옵션, 즉 선택지를 확장해야 한다.

이를테면 영어 회화 실력을 향상시키고 싶다는 목표가 있다고 하자. 하지만 학생 때처럼 영단어 공부를 다시 하자는 생각만으로는 충분하지 않다. 영어 시험은 통과할 수 있어도 회화에 필요한 문장을 완성하는 능력을 키울 수는 없다.

이에 반해 '영단어를 공부하는 방법도 있지만 그것 말고는 뭐 없을까?' 하고, 초기 가설의 선택지를 여러 개로 늘려야 한다. 어떤 선택지가 전망이 좋은지를 비교해 보면 더욱 가치 있는 선택을 할 수 있기 때문이다. 이렇게 발상의 폭을 넓히는 데 가추법적 사고방식을 활용할 수 있다(도표 4-4).

## 가설의 우선순위를 정하는 네 가지 기준

초기 가설의 선택지를 확장했다면 다음은 실제로 깊이를 추구할 가설을 몇 가지로 좁힐 차례다. 이 가설들에 우선순위를 정하기 위한 기준으로서 찰스 샌더스 퍼스는 다음과 같은 네 가지 전제 조건을 제시했다. 이 조건들을 하나하나 따져보면 따로 상세한 조사 없이도, 분석을 진행하는 단계가 아니어도 가설의 좋고 나쁨을 판정할 수 있다.

① **타당성** plausibility : 이미 알고 있는 사실이나 상황에 꼭 들어맞는가?
  (어떤 가설이라면 이해가 되는가? 도움이 될 것 같은가?)
② **검증 가능성** verifiability : 조사를 통해 검증할 수 있는가?
  (가설의 옳음을 확실히 밝힐 수 있는가?)
③ **경제성** economy : 가설 검증에 필요한 자원이 적은가?
  (사람, 시간, 돈이 많이 들지 않을 것 같은가?)
④ **단순성** simplicity : 가설의 전제가 쓸데없이 복잡하지는 않은가?
  (간단하게 한마디로 말할 수 있는 가설인가?)

퍼스는 가추법으로 가설의 선택 폭을 확장한 후 이들 기준을 사용해 유망한 가설로 좁혀 가는 과정을 '숙려 단계'라고 불렀다. 출발점이 되는 초기 가설의 잠재력이 빈약하면 그 후의 전개가 어떻게 될지 불확실하다. 그래서 옥석이 뒤섞여 있는 여러 가지 초기 가설 중에서 그 후 전개할 가치가 있는 가설을 선택해 사고의 원천에서 지적 생산성을 높이는 것이다.

## 가설은 출처보다 유용성이 중요하다

새로운 아이디어나 가설을 제안했을 때 "그 가설은 어디서 나온 거죠?"라고 비판을 받는 경우가 있을 것이다. 이런 반응은 가설 자체가 아니라 가설을 세운 사고 과정을 비판하는 것이다. 하지만 본래의 가설 구축에서 중요한 건 사고 과정이 아니라 유용성, 즉 제안받은 가설이 **얼마나 유효한가** 하는 점이다.

어느 가구 제조 회사가 시장에서의 경쟁력을 잃어 가고 있다고 하자. 이때 어떤 젊은 직원이 "만약 우리 가구가 생활 패턴에 맞춰 음악을 제공할 수 있다면 어떨까요?"라고 가설을 제안했다. 이 가설은 종래의 비즈니스 모델이나 시장 분석에서 직접 도출해 낸 것이 아니라 직감적인 발상이다.

게다가 이 가설은 가구를 단순히 물리적인 아이템으로 인식하지 않고 사용자의 일상생활에 녹아드는 체험으로 재정의하려는 시도라고 볼 수 있다. 이 가설을 통해 기존의 가구나 음악 플레이어 혹은 또 다른 카테고리의 장벽을 넘어 사용자에게 새로운 생활 체험을 제안할 수 있을지도 모른다.

그렇기 때문에 이 의견을 "그건 너무 안일한 발상 아닌가?" 하고 딱 잘라 내치기는 아깝다. 가설 구축에서 중요한 것은 사고 과정이 아니라 제시된 가설의 유용성이며 그 활용 방법이다.

## 똑똑한 사람이 보지 못하는 합리성의 함정

우리는 평소에 익숙한 일이나 경험, 지식으로서 옳다고 생각하는 사실을 판단의 기준으로 삼는다. 반대로 그 판단 기준에서 동떨어진 발상은 "의미를 모르겠어.", "무슨 말도 안 되는 소리를!" 하며 내치거나 무시하기 쉽다.

하지만 여기서 '합리성의 함정'이라고 부를 만한 것이 있다. 합리적으로 생각되는 것은 확실히 누구나 납득할 가능성이 크다. 이를 뒤집어 말하면 하나하나의 순서를 좇아 생각하기만 하면 누구나 같은 답에 이를 수 있음을 의미한다.

일본 최고의 경쟁전략 전문가인 구스노키 겐 교수는 저서 《히스토리가 되는 스토리 경영》에서 '현명한 사람의 맹점'이라는 사고를 이렇게 표현했다.

**"한 부분만 얼핏 보면 비합리적이지만 전체 스토리의 맥락에서 보면 합리적이다."**

어떤 사람이 회사에 갈 때 평소에 다니던 최단 경로가 아닌 전혀 다른 길을 선택해 시간이 더 오래 걸리는 경로를 이용했다고 가정해 보자. 이를 보고 대부분 사람은 '왜 더 오래 걸리는 길로 갔지? 평소처럼 최단 경로로 가야 하는 거 아니야? 이 사람은 합리적인 사람이 아니구나'라고 생각하기 쉽다.

하지만 만약 그렇게 멀리 돌아가는 동안 '평소와 다른 풍경이나

**[도표 4-5] 부분적인 합리성의 빈틈을 파고드는 '현명한 자의 맹점'으로 차별화하라**

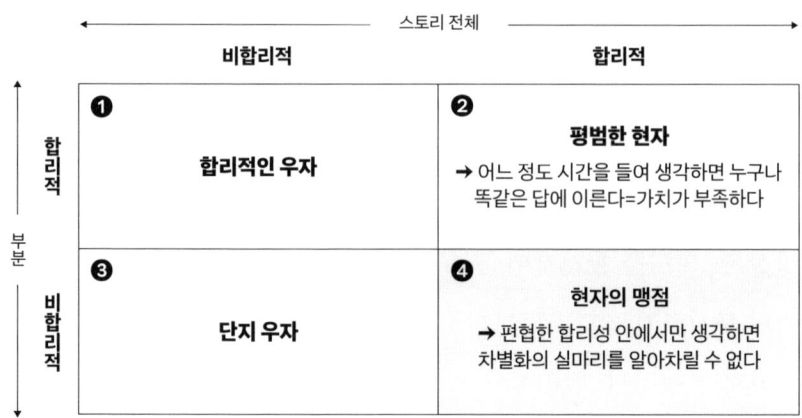

※구스노키 겐《히스토리가 되는 스토리 경영》을 근거로 작성

가게를 보면서 새로운 발견을 할 수 있으니까' 같은 의도가 있었다면 어떨까. '출퇴근길에 더 먼 길로 돌아간다'라는, 언뜻 비합리적으로 보이는 사고가 이 사람의 인생 또는 경력 전체를 볼 때는 합리적이고 중요한 경험을 만들어 낸 것이다.

여기서 알 수 있는 사실은 두 가지다. 한 가지는 합리적이고 상식적인 것만 좇으며 살 수는 없다는 것이다. 그렇게 하면 결국 주위와 똑같은 사고방식에 빠져 어떤 새로운 가치도 만들어 낼 수 없다. 다른 한 가지는 언뜻 비합리적으로 보이는 일일지라도 단편적으로 판단해서는 안 된다는 사실이다. 전체적인 관점에서 바라봤을 때 그 일은 남들과 다른 아이디어와 경험을 만들어 내는 차별화의 원천이 될 수도 있기 때문이다.

## 가추법, 실제 상황에서 이렇게 활용하라

이번에는 가추법이 어떻게 사용되고 있는지를 더욱 구체적인 예를 상상해서 그 활용 상황을 간접 체험해 보자.

### 사례 1. 시장 조사 전 작업 가설 세우기

시장 조사를 진행할 때 자주 하는 실수는 닥치는 대로 샅샅이 조사하는 것이다. 대부분 쓸모없는 정보를 불필요하게 모으거나 정보의 바다에 빠져 허우적대기 쉽다.

제한 없는 시장 조사를 효율적으로 하려면 무엇보다 먼저 '○○인 게 아닐까?'라는 작업 가설(작업을 진행하기 위해 잠정적으로 보유하고 있는 가설)을 세우고 자신이 조사하려는 범위에 한계를 설정해 검증하는 형태로 조사하는 것이 좋다. 가설 추론 사고는 작업 가설을 세울 때 유효하다.

예를 들어 건강식품의 시장 확대를 목표로 할 경우 단지 건강식품 시장을 조사하기만 해서는 방대한 정보의 바다를 헤엄치는 신세를 면치 못한다. 그보다는 '중장년층은 건강 유지를 위해 고기능, 고가격대의 건강식품에 니즈를 갖고 있지 않을까?'라는 작업 가설을 세움으로써 조사의 방향을 정할 수 있다.

조사를 진행하는 중에 작업 가설이 옳다면 그대로 진행하고, 만약 다른 결과가 나온다면 방향을 전환해 한층 깊이 파고들면 된다. 그렇게 조사를 진행하다 보면 가설을 하나의 축으로 해 의미 있는 정보가 점차 모여든다.

이 이야기는 시장 조사에만 국한되지 않는다. 무언가 작업을 할 때 무턱대고 뛰어들 게 아니라 '이런 게 아닐까?'라며 작업 가설을 세우고 나서 착수해야 작업 중에 더 정확하고 예리하게 사고할 수 있다.

### 사례 2. 예기치 못한 고객의 질문에 답하기

고객들이 예기치 못한 질문을 던질 때가 있다. 이렇게 뜻밖의 질문에 부딪혀 바로 머릿속에서 대답을 생각하는 상황에서도 가추법은 유용하다.

한 헬스케어 사업 안건을 진행하고 있을 때 고객사로부터 "이 사업은 해외라면 어디가 유망한가요?"라는 질문을 받은 적이 있다. 그 프로젝트는 국내를 대상 범위로 정하고 해외의 상황은 검토하지 않았던 터라 전혀 예기치 못한 질문이었다. 내가 무슨 말을 해야 할지 생각하고 있을 때 함께 참석했던 파트너는 "동남아시아가 유망하리라 생각합니다. 동남아시아의 의료 제도는…" 하며 동남아시아가 유망한 이유를 논리 정연하게 설명했다. 고객은 고개를 끄덕였고 우리는 이야기를 이어 나갈 수 있었다.

고객이 질문하고 나서 그가 대답할 때까지의 시간은 3초도 걸리지 않았다. 이렇게 짧은 시간에 생각을 직감적으로 떠올리는 것이 가설 추론의 감각이다.

### 사례 3. 자료 리뷰와 개선 포인트 지적하기

자료를 리뷰하면서 '○○을 하면 자료가 더 유용해지지 않을까?' 라는 생각이 떠오를 때도 가추법적 사고가 기능한다. 나도 자료를 리뷰할 때 머리에 떠오르는 개선 포인트를 다음과 같이 메모해서 직원에게 전달하고 있다.

- 하고 싶은 말이 너무 많이 담겨 있습니다. 목적에 맞는 메시지만 남겨 보세요.
- 앞뒤 맥락과 연결되지 않으니 순서를 바꾸세요.
- 팩트를 정리한 것밖에 되지 않으니 여기서 시사점을 찾아 보세요.
- 전달하고 싶은 내용을 방해하는 쓸데없는 정보가 많으니 단어 표현을 다듬어 봅시다.

여러분도 자료를 보고 '여기는 이렇게 고치는 게 좋지 않을까?' 하는 생각이 떠오른 경험이 있을 것이다. 경험을 거듭할수록 이런 생각과 발상은 점점 더 깔끔하게 다듬어진다.

### 사례 4. 구조화한 후 구체적인 방법 실행하기

예를 들어 매출 향상을 위한 대책을 검토할 때 여기에 연결되는 요소를 구조적으로 분해해서 생각하는 경우가 있다. 이때 흔히 볼 수 있는 상황이, 구조화하는 데까지만 온 힘을 다해 끝마치고는 그 이후의 How(구체적인 대책)를 제대로 파고들지 못하는 것이다. 구조

**[도표 4-6] 구조화는 시간을 들이면 누구나 할 수 있다**

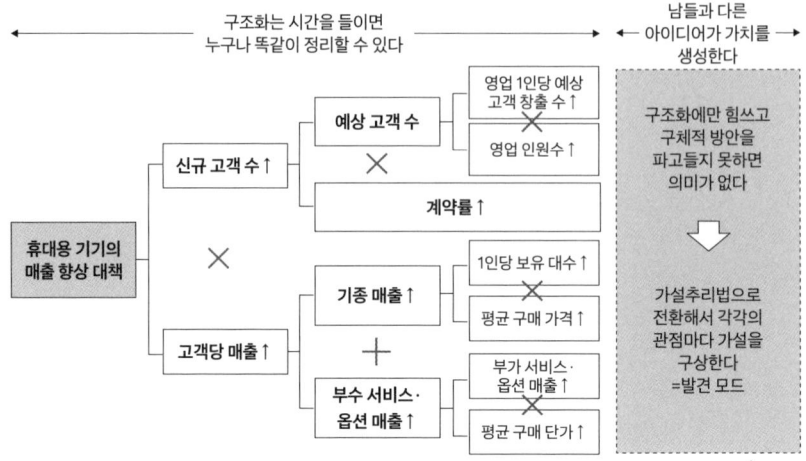

화는 시간을 들여 생각하면 누구나 거의 같은 형태로 마무리되므로 그 가치가 그다지 크지 않다.

정말로 독창적인 가치가 생성되는 단계는 그런 구조화가 이뤄진 후다. 계층적으로 요소가 분해되어 나온 관점과 관련해 구체적으로 어떤 방법을 실행하는 것이 유효할지를 생각할 때, 가추법적 발상은 무척 효과적이다.

가령 휴대용 기기의 매출 향상 방안을 생각하는데 [도표 4-6]과 같은 형태로 요소를 분해했다고 하자.

휴대용 기기의 매출을 올리기 위해 1인당 보유 대수를 늘릴 필요가 있다는 것쯤은 누구나 생각하면 알 수 있는 당연한 이야기다. 이 관점에서 더 나아가 새로운 아이디어를 발견해야 비로소 가치가 생성된다. 예를 들면 다음과 같은 발상이 가능하다.

- 높은 품질의 촬영, 음악 제작, 그림 그리기 등 특정한 취미나 업무에 특화된 기능을 지닌 디바이스가 있으면 좋지 않을까?
- 한 대를 일상적으로 사용하고 다른 한 대는 아이나 반려견이 집에 있을 때 지켜보는 용도로 사용하는 등 디바이스가 두 대 있으면 좋지 않을까?
- 한 대는 평소에 사용하는 디바이스로 하고, 다른 한 대는 비상시에 바로 대처할 수 있도록 백업용으로 갖고 있으면 좋지 않을까?

평범한 구조화에서 벗어나 이렇게 자신만의 아이디어를 발견하는 데서 가치가 생겨난다. 이때 아이디어를 떠올리고 구상하는 것도 가추법에 따른 발상이다.

## 1퍼센트의 영감은 99퍼센트의 노력으로 이뤄진다

여기까지 설명을 읽고 영감은 천재에게 주어진 재능이며 자신에게는 그런 영감이 없다고 낙담할지도 모른다. 하지만 실제로는 그렇지 않다. 영감은 빙산의 일각에 불과하다. 그 한순간의 영감이 떠오르기까지는 그때까지 축적된 방대한 사고가 있다. 에디슨은 "천재는 1퍼센트의 영감과 99퍼센트의 노력으로 이뤄진다."라고 강조했는데, 이 말은 곧 '1퍼센트의 영감을 만들어 내기 위해서는 99퍼센트의 노력이 필요하다'라고 해석할 수도 있다(도표 4-7).

**[도표 4-7] 영감은 빙산의 일각이며 그 밑에 방대한 축적이 존재한다**

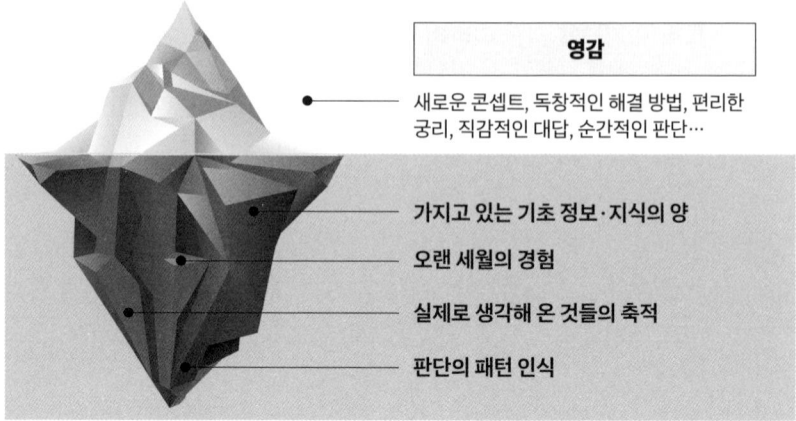

더욱 명확하게 말하자면 영감을 떠올리는 데는 다음과 같은 요소들이 필요하다.

- 발상의 자료가 되는 기초 정보·지식(요리에서 말하는 재료)
- 정보와 지식을 토대로 아이디어를 떠올린 경험(요리에서 말하는 조리 경험)
- 더불어 자신에게는 발상력이 있다고 믿고 과감히 아이디어를 떠올리는 용기(새로운 레시피를 고안하려는 의지)

피카소는 그만의 천재적인 구도를 만들어 내기까지 15만 점 가까운 작품을 그렸다고 한다. 차원이 다른 천재는 차원이 다른 축적량과 '용기'에서 탄생한다.

## 로지컬 씽킹
## 최후의 열매, 직감

언젠가 한 직원이 자료를 1분 정도로 간결하게 설명하는 동안, 내가 순식간에 수정 포인트를 열 군데 가까이 찾아 주었던 적이 있었다. 이를 본 직원은 "어떻게 딱 보기만 하고 그렇게 빨리 파악하시는 겁니까?" 하고 물었다.

절대로 재능은 아니다. 지금까지 슬라이드를 몇만 장이나 봐온 경험이 빙산과도 같이 의식의 밑바닥에 자리하고 있기 때문이다. 이렇게 직감의 배경에는 반복된 단련을 통해 발상하는 일 자체가 '기술화'되어 있다.

수많은 토너먼트를 거쳐 우승한 체스 선수이자 태극권 주짓수 세계선수권대회를 제패한 무술가인 조시 웨이츠킨Josh Waitzkin은 그의 저서 《배움의 기술》The art of Learning에서 기술을 습득하는 일에 대해 다음과 같이 이야기했다.

> 가령 내가 15년 동안 체스를 배웠다고 하자. 그 몇천 시간 동안에 내 머리는 숲이 우거진 밀림을 효율적으로 나아가기 위한 길을 개척해 왔다. … 과감하게 쳐내면서 무성한 군생식물 사이로 길을 터 가는 작업에 얼마나 시간이 걸릴지 상상해 보길 바란다. 겨우 몇 마일 앞으로 나아가는 데만도 며칠이 걸린다. 하지만 일단 작은 길이 생기면 그 길을 재빨리 빠져나갈 수 있다.

직감은 자신의 사고 경로가 경험을 통해 트이고 닦인 길에서 생겨난다. 그리고 로지컬 씽킹을 토대로 사고의 흐름을 차근차근 따라가면 사고의 신경회로가 열린다. 그렇게 해서 오랜 세월이 흘러 어느 정도의 경지에 이르면 복잡한 흐름을 따라가지 않고도 한순간에 답을 떠올릴 수 있게 된다. 오랫동안 로지컬 씽킹을 관통한 끝에 가추법의 극치가 찾아오는 것이다.

## 할 수 있는 일을 다 한 후에 하늘의 뜻을 기다려라

그런데 차근히 빙산을 쌓아 올리지 못하면 영감은 찾아오지 않을까? 영감이 '우연히' 찾아올 때까지 기다려야 하는 걸까? 반드시 그렇다고 볼 순 없다. 그 힌트는 스탠퍼드 대학교의 존 크럼볼츠John Krumboltz 교수가 제창한 '계획된 우발성 이론'Planned Happenstance Theory, PHT에서 찾을 수 있다. PHT의 요점은 이루고 싶은 일을 향해 적극적인 행동을 취하면 예기치 않은 행운이나 기회를 얻을 가능성이 커진다는 것이다. 이를테면 무지개를 발견하기 위해 비의 흔적을 추적해 가는 것과 같다.

지금 여러분이 신규 사업을 위한 아이디어를 구하고 있다고 가정하자. 이때 책상 앞에 앉아 팔짱을 끼고 있기보다는 다음과 같이 적극적으로 행동하면 사업 아이디어를 촉발하는 인연이나 기회를 만날 확률을 높일 수 있다.

- 신규 사업의 비즈니스 이벤트나 세미나에 참가할 계획을 세운다.
- 과거에 실시된 신규 사업 공모의 우수 기획을 사례 연구로서 수집한다.
- 킥스타터 kickstarter(2009년에 시작된 미국의 크라우드 펀딩 서비스로 영화, 음악, 만화, 비디오게임 등 다양한 분야의 프로젝트에 투자를 유치했다―옮긴이) 등의 크라우드 펀딩으로 인기 있는 사업이 무엇이 있는지 확인한다.
- 신규 사업과 관련된 잡지를 정기 구독한다.
- 신규 사업을 실제로 시행하고 있는 지인을 찾아가 그가 경험한 이야기를 듣는다.
- 신규 사업의 실마리 또는 아이디어를 찾으려는 마음으로 주말에 여행을 떠난다.

원하는 발상을 염두에 두고 그 해답에 실마리를 주는 무작위적인 현상 또는 사건이 다가오도록 준비해 두면 뛰어난 가설을 떠올릴 확률을 높일 수 있다. 크럼볼츠 교수는 이를 위해서는 다음과 같은 다섯 가지 태도가 중요하다고 말했다.

① **호기심** curiosity : 끊임없이 새로운 학습 기회를 모색한다.
② **지속성** persistence : 실패에 굴하지 않고 노력을 계속한다.
③ **낙관성** optimism : 새로운 기회는 반드시 실현된다는 가능성을 믿고 긍정적으로 생각한다.

④ **유연성** flexibility : 나만 옳다는 고집을 버리고 신념, 개념, 태도, 행동을 바꾼다.
⑤ **모험심** risk taking : 결과가 불확실하더라도 리스크를 무릅쓰고 행동에 나선다.

자신의 사고방식에 따라 발견의 확률을 일정하게 컨트롤하는 것도 사고 기술의 하나라고 할 수 있다.

## 발견을 촉진하는 네 가지 마음가짐

발견은 언제 어디서 찾아올지 모른다. 그렇다고 해서 완전히 우연에만 맡길 수는 없다. 따라서 발견을 하기 좋은 컨디션과 감각을 유지해 발견의 확률을 높여 보자. 이를 위한 마음가짐 네 가지를 소개하면 다음과 같다.

### 1. 지적이고 긍정적인 기분을 유지한다

심리학에서는 즐겁거나 우울한 기분을 느끼는 감정이 인간의 사고 유형에 크게 영향을 미친다고 알려져 있다.

- **긍정적일 때의 사고 유형**: 직관적·창조적, 전체를 대략적으로 판단한다.

- **부정적일 때의 사고 유형**: 비판적·이론적, 세세한 부분을 치밀하게 좇는다.

　이런 사실은 우리의 실제 감각에 잘 들어맞는다. 예를 들어 기운이 없거나 우울할 때를 생각해 보자. 이때는 "아이디어를 10개 생각해 봐!"라는 말을 들어도 도저히 머리가 돌아가지 않는다. '왜 10개야?', '왜 내가?', '뭘 위해서?', '이게 지금 필요해?' 등 부정적인 쪽으로 사고가 흘러갈 것이다.

　반대로, 기분이 좋을 때를 떠올려 보자. '이것도 좋겠는데?', '저것도 좋아!' 발상이 저절로 샘솟고 다른 사람이 아이디어를 내도 "그거 흥미로운걸!" 하고 호의적으로 받아들인다.

　따라서 창조적인 발상을 하려고 할 때는 먼저 지적이고 긍정적인 감각과 기분을 유지해야 한다. 부정적인 기분일 때 발상이 떠오르지 않는 것은 인간이라는 하드웨어의 특성이다. 얼굴을 잔뜩 찌푸리고 아무리 고민해 봐야 창조성은 생겨나지 않는다. 어디까지나 가벼운 마음으로 기분 좋게 해나가는 것이 좋다.

## 2. 발견은 확률 게임이다

　발견의 또 하나의 포인트는 '질'에 집착하지 않는 것이다. 정답을 낼 때까지 끙끙거릴 게 아니라 머리에 떠오른 생각을 모두 종이에 적으면서 밖으로 끄집어내야 한다. 질보다 '양'이다.

　이를 깨우쳐 주는 한 심리학 실험을 살펴보자. 이 실험에서는 사

[도표 4-8] 의외성 있는 가설을 세울 때는 '양'을 늘려라

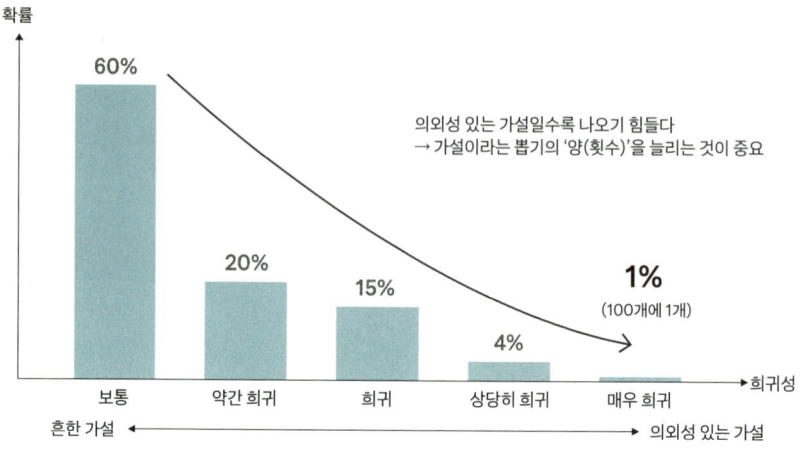

진 촬영 수업에 참여한 학생들을 두 그룹으로 나누고 한쪽 그룹에는 학기가 끝날 때까지 최대한 많은 사진을 제출하라고 요구했다. 그리고 다른 그룹에는 학기가 끝날 때까지 완벽한 사진을 한 장 제출하라고 요구했다. 학기가 끝나고 사진을 평가한 결과 완벽한 사진 한 장에 집중한 그룹보다 양을 중시한 그룹이 더 뛰어난 사진을 제출했다는 사실이 밝혀졌다.

이는 마치 '랜덤 뽑기'와도 비슷하다. 만화나 게임 캐릭터를 좋아하는 사람에게는 익숙한 이야기일 것이다. 자신이 좋아하는 캐릭터 굿즈를 손에 넣으려면 그저 계속 뽑을 수밖에 없다. 가설의 발상에서도 마찬가지다. 의외성 있는 아주 희귀한 가설은 원래 나오기 힘들다. 따라서 **가설의 양을 많이 만들어 내는 것이 중요하다. 그리고 결코 그 질에 집착하지 말아야 한다.** 그런 의미에서 발견은 확률 게임이기도

하다(도표 4-8).

## 3. 확실한 정보와 무작위성 정보를 준비한다

발견이라고 해도 아무것도 없는 상태에서 생겨나는 것은 아니다. 고체 카레나 카레 가루 또는 향신료가 없으면 아무리 실력 있는 셰프라도 카레라이스를 만들 수 없다. 그렇다면 어떤 원재료를 갖추면 좋을까? 크게 다음과 같은 두 가지 정보가 있다(도표 4-9).

- 확실히 관련 있는 정보
- 관계없어 보이는 무작위 정보

우선 '확실히 관련 있는 정보'에 관해 설명해 보자. 가령 헬스케어에 관해 생각할 때 기본적으로 관련된 업계, 기술, 제도, 사회 변화 등은 주제와 직접적으로 관련된 정보로서 필수적으로 수집해야 한다. 이런 정보는 서적이나 웹 기사를 찾아보면 확보할 수 있다. 컨설팅에서 프로젝트에 임할 경우는 다음과 같은 세 가지 정보를 1~2주간 집중해서 정리해 두면 든든하다.

- **서적에서 얻는 '기초 지식'**: 5~10권 정도 읽으면 체계적인 지식이 갖춰진다.
- **웹 기사에서 얻는 '최신 정보'**: 몇십 편 정도 읽으면 최신 동향을 파악할 수 있다.

[도표 4-9] 관련 있는 정보와 무작위 정보를 모두 지적 생산의 재료로 삼아라

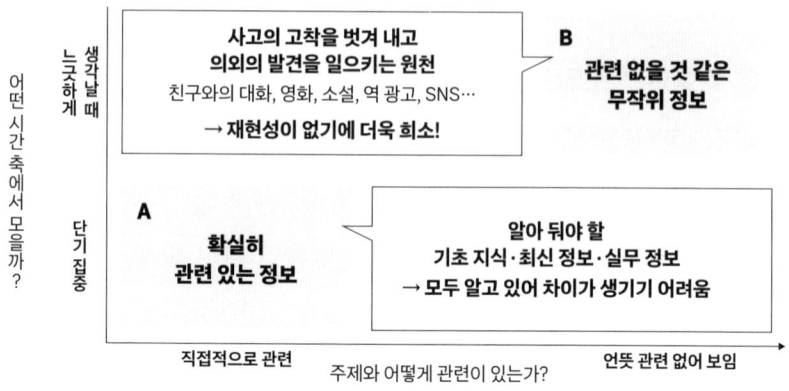

- **업계 인물의 인터뷰에서 얻는 '실무 정보'**: 3~5편 정도 숙지하면 실무 감각을 익힐 수 있다.

한편으로 참신한 발상을 하려면 다루기는 까다롭지만 더 중요한, '관련 없어 보이는 무작위 정보'를 반드시 접해야 한다. 무작위 정보란 주제와 직접적으로는 관계성이 뚜렷하지 않으며 일상의 다양한 상황 속에서 불특정 다수에게 다가오는 정보를 가리킨다. 친구와 나눈 소소한 대화, 영화, 소설, 지하철역에 붙은 광고, X(구 트위터)의 타임라인에서 불현듯 눈에 들어온 정보 등 언뜻 주제와 관계없는 정보가 새로운 발견으로 갑작스럽게 연결될 때가 있다.

우리의 사고는 기존의 사고방식이나 상식에 자신도 모르게 얽매여 있는데, 이를 '고착'이라고 한다. 무작위 정보는 이런 사고의 고착을 벗겨 내고 정보의 새로운 결합을 만들어 내는 데 유용하다. **우연**

성만큼 가치 있는 것은 없다. 우연에서 생겨난 발상은 재현할 수 없기에 희소가치가 매우 크다.

## 4. 대상에게서 가볍게 사이를 둔다

고대 그리스에서 철학이 생겨났을 때 철학자들은 '스콜레'scholē라고 불리는, 정신 활동에 필요한 여유 시간을 소중히 여겼다(이것이 'school'의 어원이다). 아무것도 하지 않는 시간은 쓸모없는 게 아니라 발견에 꼭 필요하다.

영국의 심리학자 그레이엄 월러스Graham Wallas에 따르면 발견이라는 영감은 '부화 단계' 후에 찾아온다고 한다. 부화 단계란 문제 해결을 일시적으로 단념하고 산책이나 휴식 등 문제 해결과는 관계없는

**[도표 4-10] 발견을 위해서는 문제 해결에서 벗어나 사이를 두어야 한다**

그레이엄 월러스가 제시한 창조적 사고의 4단계

| 준비 단계 | 부화 단계 | 발현 단계 | 검증 단계 |
|---|---|---|---|
| 과거의 지식을 총동원해 문제 해결에 몰두한다 하지만 노력하는데도 실패를 되풀이한다 | 해결을 일시적으로 단념하고 산책 등 '사이'(활동을 일시적으로 중단하고 휴식하기, 타임오프time off—옮긴이)를 둘 때 무의식 세계에서 아이디어가 부화된다 | 불현듯 떠오르는 순간적인 영감을 통해 새로운 발견에 이른다 | 발견된 해결법을 한발 물러나 검증해서 옳음을 보여 준다 |

발견은 '사이'를 두어 사고의 틀에서 벗어난 '부화' 후에 찾아온다
**= 인큐베이션 효과**

비활동 상태에 놓이는 것을 말한다. 이렇게 비활동 상태 이후에 문제 해결책이 찾아오는 현상을 부화 효과라고 부르는데, 요즘 말로 하면 인큐베이션incubation(창업이나 신규 사업을 지원하는 활동 전반을 가리킨다―옮긴이)이다.

발견은 골똘히 생각하고 있을 때가 아니라 그 안에서 벗어나 정신적으로 긴장이 탁 풀렸을 때 찾아온다(도표 4-10).

## 불확실한 시대를 견디는 '부정적 수용력'

19세기 시인 존 키츠John Keats는 친구에게 보낸 편지에서 부정적 수용력negative capability을 언급했다. 부정적 수용력은 불확실성이나 의문, 불안, 공포 등의 부정적 감정에 대해 그 해소나 해결을 서두르지 않고 마음을 강하게 먹고 받아들이는 능력을 뜻한다. 키츠는 이 능력이야말로 새로운 창조를 가능하게 하는 진정한 시인의 자질이라고 믿었다.

발견에 이르기까지의 여정은 그렇게 일직선으로 쭉 뻗어 나갈 수 있는 게 아니다. 해답을 알아낼 때까지는 대개 '정말로 답이 있는 걸까?', '내가 할 수 있을까?', '만약 해답을 찾아내지 못하면 어떡하지?' 하는 불안이 차오른다. 그 불안을 이기지 못해 바로 손이 닿을 수 있는 답에 안주하고 싶어지는 것이 인간의 본성이지만, 그런 안일한 답에는 가치가 없다.

이때 답이 나올지 확실히 알 수 없는 어중간한 상태를 받아들이고 답이 나오기를 기다릴 수 있는 부정적 수용 능력이 필요하다. 불확실한 시간 속에서 서서히 상황이 밝혀지기를 기다릴 수 있어야 한다. 정말로 이해가 되는 해답에 도달하기까지, 해답으로 가는 감각을 기르면서 초조해 하지 말아야 한다. 그런 능력을 키우는 것이 지적으로 성숙해지는 길이다.

## 고령자와 비즈니스 고객을 겨냥하면 어떨까?

 이번 사례를 읽고 나서 '스마트폰 시대에 갑자기 유선 전화라니, 이제 와서 어떻게 하라는 거야!' 하는 생각이 들었을지도 모른다. 그렇게 돌파구가 없을 것 같은 문제야말로 새로운 발상이 필요하다. 그러면 먼저 '누구에게 제공할까?'라는 사용자 시점에서 살펴보자. 이번에는 가추법을 활용해서 떠올리는데 애써 구조화하려 하지 말고 무작위로 생각을 떠올려 본다. 이를테면 다음과 같은 아이디어를 생각해 보자.

- 스마트폰이 익숙하지 않아 종래의 전화 기기를 선호하는 고령자에게 적합하지 않을까?
- 안정적인 통신이 필요한 리모트 워커remote worker(원격 근무자)에게 도움이 될지도 모른다.
- 호텔에서도 객실마다 유선 전화기가 놓여 있으니 편하게 사용할 수 있을 것 같다.
- 그렇다면 병원의 병실에서도 활용할 수 있을 듯하다.

- 비즈니스 쪽에선 사람들의 이동이 적은 콜센터에 유선 전화 수요가 있지 않을까?
- 백악관에 유선 전화가 있는 걸 본 적이 있다. 보안이 필요한 관공서도 적합할지 모른다.
- 금융업계의 증권 거래에서도 보안 유지가 쉬운 유선 전화를 더 유용하게 생각할 것 같다.

이렇게 아이디어를 한 차례 떠올렸다면 이번에는 생각하기 쉬운 수까지 수렴한다. 그러면 다음과 같이 세 분류의 사용자 이미지를 초기 가설로서 정리할 수 있다. 이렇게 판매처가 될 잠재 고객의 범위가 나온 것만으로도 어딘가에 돌파구가 있을 것 같은 기분이 들지 않을까.

- **속성 A**: 스마트폰 같은 최신 기술에 적응하지 못하고 사용하기 편한 유선 전화를 원하는 가정 고객(고령자 등. 리모트 워커는 PC로 대체 가능하므로 제외)
- **속성 B**: 유선 전화의 이용 및 활용이 서비스 품질로 이어지는 비즈니스 업계 고객(호텔, 병원, 콜센터 등)
- **속성 C**: 보안·신뢰성을 요구하는 특정 업계와 관공서 고객(금융, 관공서 등)

누구에게 제공할지가 구체적으로 정리되었다면 이번에는 '무엇을 제공할까?'를 떠올려 본다. 앞서 언급한 고객 속성으로 구분해서 생각하면 더욱 고객에게 잘 맞는 아이디어를 떠올릴 수 있다. 속성 A와 속성 B 고객의 예에서 기발한 아이디어도 포함해 콘셉트를 생각해 보자.

### 속성 A. 스마트폰 같은 최신 기술에 적응하지 못하고 유선 전화를 원하는 가정 고객

- 커다란 버튼과 디스플레이 + 음성 인식으로 간단 조작
- 긴급 호출 버튼을 부착해 긴급 시 가족이나 구급 서비스와 연계
- 생성형 AI에 의한 고령자와의 대화 기능 탑재
- 대화 내용이나 목소리 톤 분석으로 건강 상태 모니터링
- 전화를 넘어선 레크리에이션 허브로서 음악, 연극, 평생학습 등의 콘텐츠 제공
- 대화가 하고 싶은 고령자끼리 연결해 주는 대화 매칭 서비스 제공
- 전화로 이야기한 내용을 문자화해서 나중에 일기로 전해 주는 보이스 다이어리 서비스 제공

이들 아이디어를 종합해 보면 '고령자를 대상으로 한 일상 커뮤니케이션 & 레크리에이션 허브'라는 콘셉트로 유선 전화를 재정의할 수 있다.

# [도표 4-11] 손쓸 방법이 없어 보이는 주제도 돌파구를 열어 주는 가추법

**누구에게 제공할까?**

 가추법!

| 스마트폰 최신 기술에 적응하지 못하고 사용하기 편한 유선 전화를 원하는 가정 고객 | 유선 전화의 이용 및 활용이 서비스 품질로 이어지는 비즈니스 업계 고객 | 보안·신뢰성을 요구하는 특정 업계와 관공서 고객 |

**무엇을 제공할까?**

 가추법!

- 커다란 버튼과 디스플레이 + 음성 인식으로 간단 조작
- 긴급 호출 태그를 부착해 긴급 시 가족이나 구급 서비스와 연계
- 생성형 AI에 의한 고령자와의 대화 기능 탑재
- 대화 내용이나 목소리 톤 분석으로 건강 상태 모니터링
- 전화를 넘어선 레크리에이션 허브로서 음악, 연극, 평생학습 등의 콘텐츠 제공
- 대화가 하고 싶은 고령자끼리 연결해 주는 대화 매칭 서비스 제공
- 전화로 이야기한 내용을 문자화해서 나중에 일기로 전해 주는 보이스 다이어리 서비스 제공

가추법!

**고령자를 대상으로 한 일상의 커뮤니케이션 & 레크리에이션 허브**

발견으로 사고를 확장하라

## 속성 B. 유선 전화의 이용 및 활용이 서비스 품질로 이어지는 비즈니스 고객

- 생성형 AI로 발신자의 의도를 분석, 답변에 대한 조언·정보를 오퍼레이터에게 제공
- 발신자의 대화 내용이나 목소리 톤을 근거로 고객 만족도를 기록·분석
- 오퍼레이터 대응의 좋았던 점과 개선점을 자동 해석·지식으로서 사내 전개
- 다양한 언어에 대응한 실시간 자동 번역 기능 탑재
- 통화 내용을 자동으로 텍스트화하고, 텍스트 마이닝 text mining(텍스트 데이터에서 가치와 의미가 있는 정보를 찾아내는 기법—옮긴이)을 이용해 문의 내용의 경향을 자동 분석하고 대응해야 할 행동의 시사점 제시
- 고객의 구매 이력이나 예전의 문의로부터 잠재적인 니즈를 예측, 능동적으로 연락을 취하도록 오퍼레이터에게 통지

이런 식으로 아이디어들이 나오면 사업 확대 전망이 없다고 여겼던 유선 전화에도 가능성이 보일 것이다. 속성 B의 고객에 대해서는 '생성형 AI 탑재형·통화 오퍼레이션 개선 장치' 같은 콘셉트를 구상할 수 있다.

이때 주목해야 할 점은 이렇게 아이디어를 내기 위해 조사도 하지

않았을뿐더러 논리적인 구조화도 하지 않았다는 사실이다. 통상의 (혹은 과거의 로지컬 씽킹을 따라) 검토 과정을 거친다면 '우선은 외부 환경의 트렌드를 분석하고 나서 내부 환경도 알아보자…' 하면서 검토가 1개월 이상 계속된다. 그 과정이 오랫동안 이어진 끝에 나온 결론이 '오늘날 스마트화·다지털화의 추세로 유선 전화는 곤경에 처해 있다(어떻게 하면 좋을지 모르겠다)'라면 조사는 의미가 없다. 이런 결론은 가치의 원천이 될 가설이 없기 때문이다.

　기존의 절차가 알려 주는 조사의 유혹, 분석의 유혹, 구조화의 유혹을 때로는 끊어 내고 왠지 모르게 망설이고 꺼려지던 가설의 발상 쪽으로 용기를 내 뛰어들어 보자. 재현성? 그런 건 중요하지 않다. 중요한 것은 가설의 유용성이다. 그뿐만 아니라 **우연에서 생겨난 가설이야말로 남들이 모방하지 못하는 차별화를 만들어 낸다**. 재현성이 아닌 우연성이 가져오는 큰 혜택을 이 사례에서 배울 수 있길 바란다.

## 언어화할 수 없다면
## 모방할 수도 없다

가추법을 활용해 생각하다가 영감이 퍼뜩 떠오르는 순간, 머릿속에서 일어나고 있는 일은 말로 설명하기 어렵다. 마치 오랫동안 애타게 기다리던 연인에게 걸려 온 전화벨이 울릴 때 가슴이 두근두근 뛰는 것과 같다. 이렇게 언어로 설명하기 어려운 지식을 '암묵지'暗黙知라고 부른다. 반면 언어로 설명할 수 있는 지식은 '형식지'形式知라고 한다(도표 4-12).

암묵지는 언어화할 수 없는 만큼 두뇌로 의식해 단련하기가 어렵다. 실제로 연역법이나 귀납법은 언어화하기 쉬운 형식지로 누구나 연습하면 당장 사용할 수 있지만, 가추법은 암묵지로서 개인의 감각

[도표 4-12] 타자가 모방하기 어려워 독자적 우위성의 원천이 되는 암묵지

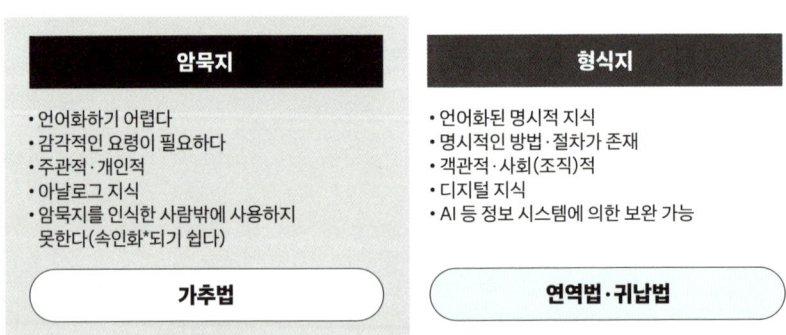

* 속인화属人化: 특정 인물이 업무에 대한 지식이나 기술을 독점해 공개되지 않은 상태로, 표준화의 반대 개념—옮긴이

에 의존하는 면이 크고 자신의 것으로 만드는 데 조금 더 시간이 걸린다. 하지만 그만큼 언어화하기 어렵고 개인의 감각에 의존하기 때문에 남들이 쉽게 모방할 수 없다는 점이 암묵지인 가추법의 큰 장점이다.

만약 어떤 셰프가 감각만으로 일품요리를 만든다면 그 조리법은 레시피로서 남아 있지 않기 때문에 다른 사람이 완전히 똑같은 요리를 만들 수 없다. 이는 타인이 모방할 수 없는 절대적인 우위성이며 암묵지이기에 가능하다.

발견도 마찬가지다. 어떻게 새로운 아이디어를 떠올릴지 그 핵심은 개인의 고유한 과정이며 독자적인 경험과 지식, 감성에 근거한다. 그러므로 타인이 따라 할 수 없고 독창적인 가치를 창출하는 원천이 된다.

## 직감을 기술로 만드는 감각 훈련하기

일본 장기인 쇼기棋士의 명인 하부 요시하루羽生善治에 따르면 장기 대국에서 한 번 말을 놓을 때 가능한 수는 약 80가지가 있다고 한다. 이 80가지의 수에서 실제로 한 수를 선택하는 것인데 머릿속에서 그 모든 수를 샅샅이 확인하는 건 아니다. 실은 이때 그의 머릿속에서는 다음과 같은 일이 일어나고 있다.

최초의 직감에 따라 두세 가지의 가능성으로 좁혀진다. 남은 77개나 78개의 가능성은 버리는 것이다. 수많은 선택지가 있는데도 90퍼센트 이상의 선택지는 이미 생각하지 않는다.

_《직감력》直感力, 하부 요시하루

'77개나 78개의 가능성'은 어떤 과정을 거쳐 버려지는 걸까? 아마 그 자신도 말로 명확히 설명하기 어려울지 모른다. 그는 처음부터 '생각하지 않는다'라고 하지 않는가. 대신 작동하는 것은 '직감'이다. 하부 요시하루에게는 복잡한 계산을 뛰어넘는 순간적인 감각이 있다.

앞서 소개한 조시 웨이츠킨 역시 책에서 '좋은 감각'에 관해 언급하고 있다. 무언가 기술을 연마하다 보면 종종 '이건 굉장히 잘했는걸!' 하고 느낄 때가 있다. 자신이 하고자 한 일이 굉장히 잘 풀리고 감각으로 완전히 녹아들어 순간적으로 기술이 극에 달한 느낌이 든다. 그것이 바로 좋은 감각이다.

중요한 것은 한 번이라도 좋으니 이 좋은 감각을 느끼고 그 감각을 몸으로 또렷이 기억해 두는 일이다. 그러면 이를 지표로 삼을 수 있으며 그다음에 자기 자신이 좋은 감각에서 얼마나 벗어나 있는지를 인식하고 차이를 조정해 나갈 수 있다. 그렇게 해서 좋은 감각을 언제든 필요할 때마다 재현할 수 있게 되면 이는 그 기술이 자신의 역량으로 몸에 배었다는 증거다.

## 발견을 촉구하는
## 안전 그리고 배려

　마지막으로 발견과 관련된 조직 문화를 이야기해 보자. 컨설팅 회사에서 흔히 볼 수 있는 일이지만 초기 가설을 제시했을 때 논리성을 중요시한 나머지 "그건 즉흥적으로 떠오른 생각일 뿐이잖아?"라면서 무시하는 경우가 있다. 뭔가 아이디어를 떠올려도 말로 잘 설명하지 못하면 "설명할 수 없다면 애초에 의견이라고 할 수 없다."라는 말로 기각하곤 한다. 하지만 이렇게 심리적 안전성이 결여된 상태에서는 인간의 직감이나 창조성이 활력 있게 작동하지 못한다.

　의외일지도 모르지만 처음에는 즉흥적으로 떠오른 생각이라도 상관없다는 걸 강조하고 싶다. 사고에는 발견과 논증이라는 2대 국면이 있다고 앞서 설명했다. 발견 단계에서는 오히려 개인의 직감과 감각적인 능력이야말로 창조성의 원천이며 가치를 창출하기 위한 실마리가 된다.

　논의가 벌어지는 자리에서 적극적으로 상대를 이해하려는 태도를 취해야 한다는 것을 **배려의 원칙** principle of charity이라고 한다. 누군가가 새로운 가설을 발견했을 때 그 가설은 갓 태어난 아기처럼 약하디약하다. 갓난아기를 다루는 섬세함으로, 우선 그 가설을 받아들이고 이해하려 애쓰면서 그럴듯한 이야기로 만들 수 있는지 한 번은 생각해야 한다. 그리고 조직의 한 사람, 한 사람이 이런 태도를 지녀야 심리적 안전성도 생겨나고 창조적인 아이디어들도 나온다. 그렇게 해서 가설이 인정받으면 비로소 진지하게 논리를 내세워 검증할 수 있다.

그러니 앞으로 누군가가 아이디어를 슬쩍 빼앗아 온 것 같을 때 그 발상을 무조건 부정하거나 거절하지 말자. 가설이 어떻게 나왔느냐가 아니라 그 가설이 지닌 유용성과 잠재력에 주목해야 한다. 뉴턴이 만유인력을 발견했을 때처럼 그 가설이 우리의 미래를 바꿀지도 모른다.

**제5장**

# 질문력을 높여
# 사고의 깊이를 만든다

가설의 '발견'이 나무에 열린 열매라면 '질문'은 그 씨앗에 해당한다. 심은 씨앗에 따라 질문은 무럭무럭 자라나 열매를 맺는 나무가 되기도 하고, 비실비실하다가 열매를 맺지 못한 채 시들어 버리기도 한다. 생성형 AI 시대에도 사고의 질문은 인간이 만드는 것이다. 이번 장에서는 '생각한다는 건 무엇인가?'를 주제로 사고의 질 자체를 근원부터 좌우하는 질문의 기법을 설명할 것이다.

**질문의 핵심을 어떻게 포착해야 할까?**

제조업체에 기계 공구를 판매하는 회사 신로직툴의 회의실에서 사토 씨, 쓰지모토 씨, 아리사카 씨, 이렇게 세 명이 모여 무언가에 대해 논의를 하고 있다. 세 사람의 의견을 들으면서 다음과 같은 사항들을 생각해 보자.

① 논의의 중심이 되는 질문(논점)은 무엇인가?
② 중심 질문에서 세 명의 의견을 근거로 개별 논점을 어떻게 분해할 수 있을까?
③ 세 사람의 의견에 포함되어 있지 않은, 달리 생각할 수 있는 논점은 무엇이 있을까?

▶ **사토 씨, 쓰지모토 씨, 아리사카 씨의 논의**

**사토** 최근 신규 고객을 확보하는 일이 생각보다 순조롭지 않네요. 시장을 조사한 바로는 수요가 있는데 말이죠. 신규 고객 확보에 박차를 가할 방법을 더 생각해 봅시다.

**쓰지모토** 네, 저도 생각하던 참입니다. 고객 대응 방식을 개선할 영업 스킬을 어떻게 향상시킬지 더 깊이 고민해 봐야 하지 않을까요? 어쩌면 영업부 직원들의 교육 프로그램을 재검토할 필요가 있을지도 모르겠고요.

**아리사카** 영업 프로세스 자체가 효율적이지 않은 것 같아요. 지금의 영업 관리 시스템으로는 팀에서 정보 공유도 충분히 이뤄지질 않거든요. 이래서는 팀 전체가 일관된 접근 방법으로 제품을 어필할 수 없지 않을까요. 그래서 현재의 IT 툴을 어떻게 개선하느냐가 핵심이라고 생각해요.

**사토** 전 영업 팀 전체의 실적을 더 끌어올리고 싶어요. 예를 들어 최우수 영업사원의 성공 사례를 공유하면 다른 팀원들한테 참고가 되지 않을까요?

**쓰지모토** 그거 좋은 아이디어네요. 하지만 한 사람, 한 사람의 스킬을 향상시키기 위한 개별 피드백도 중요하다고 생각해요. 정기적으로 상사와 직원 간 일대일 미팅을 늘려서 각 영업 담당자들이 개별 과제를 해결할 수 있는 구조를 만들어야 할 것 같습니다.

**아리사카** 데이터 분석을 좀 더 활용하는 것도 좋지 않을까요? 어떤 영업 담당이 어떤 고객층에 강한지, 어떤 접근 방식이 효과적인지를 데이터로 확실히 알아내면 영업 프로세스가 더욱 효율적으로 돌아갈 테니까요.

**쓰지모토** 그 밖에도 팀원들에게 어떻게 동기를 부여해 의욕을 끌어올릴지를 생각해 보면 좋겠군요. 인센티브 제도를 개선하는 게 좋을까요? 신규 고객 확보를 적극적으로 평가해서 성과에 따른 보수를 늘리면 영업 활동 의욕도 커지지 않을까 싶습니다.

**사토** (다들 다양한 의견을 갖고 있네…. 그럼 어떻게 정리할까?)

## 질문의 질이
## 사고의 질을 결정한다

독일 태생의 이론물리학자 아인슈타인은 질문에 관해 다음과 같은 말을 남겼다.

"만약 어떤 문제를 해결하기 위해 내게 한 시간이 주어졌는데, 그 문제가 인생이 바뀔 수 있는 큰 문제라면 55분은 내가 옳은 질문에 답하고 있는지 아닌지를 확인하는 데 쓸 것이다. 해답을 생각하는 데는 단 5분이면 충분하다."

질문은 왜 이 정도로 중요한 것일까? 질문이란 생각하는 일 자체이기 때문이다. 질문의 질이 뛰어나면 사고의 질은 저절로 올라간다. 질문의 질이 형편없다면 사고의 질도 떨어지고 여기서 나온 지적 성과도 진부하다. 질문을 설정할 수 없다는 건 제대로 생각할 수 없다는 것과 마찬가지라고 해도 좋다. 질문이 사고를 결정한다. 사고의 원점이 곧 질문인 것이다.

우리의 교육에서는 안타깝게도 질문의 중요성을 강조하지 않았다. 하지만 지금 우리는 생각하는 힘을 향상시키는 일이 매우 중요한 시점에 와 있다. 그렇기에 생각을 시작하는 원점인 질문을 철저히 파헤쳐야 한다.

## 생성형 AI를 마음껏 활용하는 열쇠로서의 '질문력'

챗GPT를 비롯한 생성형 AI는 프롬프트라고 불리는 지시문을 입력하면 그 지시문에 대해 답해준다. 가령 '알고리즘이란 뭔가요?'라는 질문을 던지면 '알고리즘이란 문제를 해결하거나 목표를 달성하기 위해 정해진 절차나 규칙에 따라 수행하는 일련의 단계적인 방법을 가리킵니다' 같은 식으로 바로 대답해 준다. 이렇게 묻고 답하는 인간의 지적 행위까지도 담당하기 시작한 생성형 AI를 보면 '이제 인간이 생각할 수 있는 일은 아예 없어지는 게 아닐까?' 하는 생각마저 든다.

하지만 실제로 AI가 생성하는 아웃풋의 질은 우리가 던진 질문의 질에 크게 좌우된다. 즉 참신하고 구체적인 가설이 담긴 질문에 대해서는 뛰어난 아웃풋을 생성하는 반면, 누구나 생각하는 표면적이고 얕은 질문에는 얕은 아웃풋밖에 답해 주지 않는다. 비유로 설명하면, '쓰레기를 넣으면 쓰레기가 나온다'Garbage in, Garbage out, 즉 '고품질의 데이터를 넣으면 고품질의 결괏값이 나온다'Quality in, Quality out는 뜻이다(도표 5-1).

생성형 AI에 좋은 지시문을 제시하기 위한 기술을 '프롬프트 엔지니어링'이라고 부르는데, 그 근간에는 단순한 기술력을 넘어 좋은 질문을 던지기 위한 인간의 사고와 창의성이 깔려 있다. 정말로 앞으로의 시대에는 생성형 AI를 조작하는 인간의 능력이 시험대에 오

[도표 5-1] 생성형 AI의 질은 사용자가 제공하는 질문의 질에 좌우된다

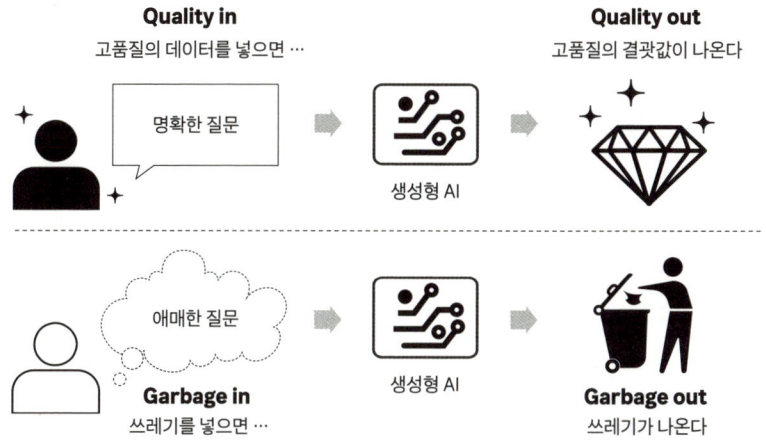

를 것이다. 그렇기 때문에 우리는 그 관건이 될 '질문을 설정하는 힘'을 길러야 한다.

## 질문을 설정하기가 불안하고 두렵다면

그런데 애초에 질문을 설정하는 일을 서툴고 어렵게 느끼는 사람도 있다. 예를 들어 수업이나 세미나 같은 자리에서 교사나 강사가 "질문 있습니까?" 하고 물었을 때 교실이나 강연장이 정적에 싸이는 경우가 많다. 어쩌면 이는 참가자들의 마음속에 다음과 같은 심리적인 불안, 두려움, 부끄러움이 있어서가 아닐까?

'이런 걸 물어보면 한심하게 여기지 않을까?'
'당연히 알고 있어야 하는 내용이라면 창피한데.'
'질문하면 내가 지식이 없다는 게 탄로 날 것 같아.'
'괜히 질문했다가 공격이나 비판을 받을지도 몰라.'

원래 우리는 질문을 설정하는 일에 익숙하지 않다. 반면에 시험 문제와 같이 주어진 질문에 답하는 데는 익숙하다. '저자의 주장은 무엇인가?', '등장인물의 심리는?', '이 방정식의 해답은?', '이 영어 문장의 의미는?' 수없이 쏟아지는 질문에 제대로 대답하지 못하면 열등생으로 간주된다. 그래서 질문은 일종의 위협으로 느껴지고 우리의 마음에 부정적인 이미지로 남았다.

질문에 대한 이런 부정적인 이미지는 우리가 사회로 나온 후에도 영향을 미친다. 일은 위에서 시키는 대로만 하면 된다, 질문하는 것은 상대에게 맞서는 일이며 조직의 규율과 조화를 깨뜨리는 행위다, 이런 식의 오해가 학교 교육의 연장선상에서 고스란히 남아 있는 것이다.

질문에 대한 부정적인 인식은 반드시 바뀌어야 한다. 질문은 결코 공격적 행위가 아니며 조화를 깨뜨리는 행위도 아니다. 질문이란 사고 자체이며 가치를 창출하기 위한 원석이다. 우리는 질문을 통해 새로운 사실을 깨닫고 깊이 이해하며 미지의 세계로 상상을 펼쳐 새로운 가치를 생성해 낼 수 있다. 질문이 없으면 이런 가능성과 미래를 모두 잃고 만다(도표 5-2).

**[도표 5-2] 질문이란 '고민의 씨앗'이 아니라 '가치의 원석'**

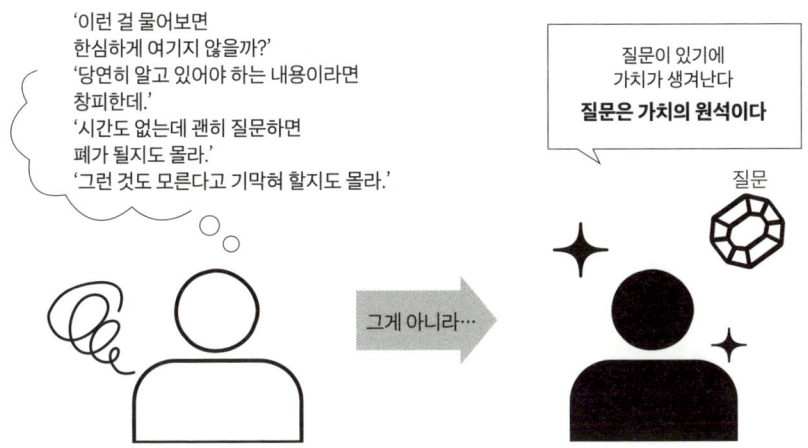

## 생각하려는 마음만으론 뇌는 아무것도 생각하지 않는다

우리는 모두 일상에서 '이건 왜 그럴까?', '그건 어떻게 된 거지?' 하는 의문을 품곤 한다. 하지만 질문을 자유자재로 사용하고자 할 때 중요한 것은 질문이 우리의 사고에 어떤 영향을 미치는지를 제대로 자각하는 일이다. 질문이 지닌 중요한 역할로는 다음 세 가지가 있다(도표 5-3).

① '사고 엔진'으로서의 질문
② '사고의 조준'으로서의 질문
③ '정보의 자석'으로서의 질문

[도표 5-3] 질문의 세 가지 기능

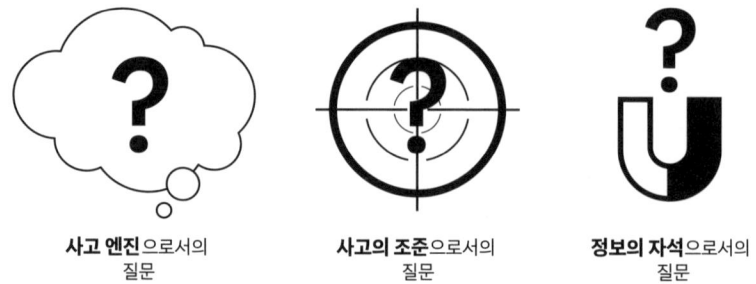

사고 엔진으로서의 질문     사고의 조준으로서의 질문     정보의 자석으로서의 질문

우선 질문을 갖는다는 것은 사고를 진전시키는 엔진을 자신의 머리에 넣는다는 것을 의미한다. 이를테면 자녀를 기를 때 '자녀 양육에 힘쓰자'라고 생각만 해서는 생각을 구체적으로 발전시키기가 어렵다. 반면에 다음과 같은 질문들을 설정하면 저절로 두뇌가 회전하기 시작한다.

- 장래에 어떤 아이로 자라길 바라는가?
- 똑똑한 아이로 키우려면 무얼 해야 할까?
- 건강하고 튼튼한 아이로 키우려면 어떻게 해야 할까?
- 유치원이나 초등학교 때부터 사립학교에 보내야 할까?
- 어떤 것들을 가르칠까? 언제부터가 좋을까?
- 장래에는 해외에 유학을 보내야 할까?
- 아이는 스스로 무엇을 원할까? 부모는 아이의 소망을 어떻게 이해해야 할까?

**질문을 받으면 그에 관해 생각하지 않을 수 없다.** 그것이 인간의 자연스러운 습성이다. 반대로 말하면, 아무리 생각해도 앞으로 나아가지 못하는 상태가 되는 건 명확한 질문이 없기 때문이다. 보다 적극적이고 활발하게 사고를 진척시키려면 원동력이 될 질문을 명확하게 설정해야 한다.

## 문제를 파고들 각도를 결정하라

질문이 지닌 두 번째 역할은 **사고의 조준**이다. 한 나라의 군대가 적의 성에 쳐들어가려면 공격할 방향을 정해야 하듯이, 질문은 문제에 대한 접근 각도를 정해 초점을 좁히는 역할을 한다. 만약 질문이 없다면 사고는 방향을 잃고 머릿속은 아득해져서 날카롭게 문제를 파고들지 못한다.

구체적인 예를 들어 보자. 어느 날 여러분이 친구와 만나기로 약속했는데 사정이 생겨서 늦었다고 하자. 이 상황에서 '어떻게 하면 약속 시간에 맞춰 도착할 수 있을까?'라는 질문을 설정하면 사고의 초점은 '시간 내에 도착하는 방법'에 맞춰진다. 그리고 사고의 방향은 교통수단의 선택, 지름길의 유무, 현재의 교통 상황과 같은 요소로 쏠린다.

반면에 '어떻게 하면 친구의 기분을 풀어 줄 수 있을까?'로 질문을 설정하면 어떨까? 교통수단에 맞춰졌던 사고의 초점은 자신이 늦었을 때 친구의 기분으로 옮겨 가 접근 방식도 달라진다. 친구에게 성심껏 메시지를 보낸다거나 늦은 데 대한 사과의 의미로 다음에 조그만 선물을 준비하기로 마음먹는 등 친구의 마음을 헤아린 아이디어가 떠오를 것이다.

하지만 아무 질문도 설정하지 않으면 그저 '늦을 것 같아. 어쩌면 좋지?' 하고 더 초조해질 뿐이다. 어떤 질문을 하느냐가 문제의 해결에 접근하는 각도와 초점을 좌우한다.

## 필요한 정보가
## 서절로 눈에 들어오는 때

질문의 세 번째 기능은 **문제 해결에 필요한 정보를 모으기 위한 자석**이라는 것이다. 질문을 설정하면 관련된 정보 쪽으로 의식을 집중하게 되면서 평소에는 알아차리지 못하던 것도 눈에 들어온다. 그러다 '아! 이건 지금 생각하고 있는 문제에 적용할 수 있을지도!' 하는 순간이 온다.

가령 여러분이 오랜 솔로 생활 끝에 바라던 연인이 생겼다고 하자. 그러면 여러분의 모든 생각과 의식은 연인에게 집중되고 '어떻게 해서 상대를 기쁘게 할까?' 하는 질문이 항상 머릿속에 따라다닐 것이다. 그런 질문이 맴돌면 지금까지 눈에 들어오지 않았던 '커플 한정 홋카이도 3박 4일 여행'이나 '크리스마스 디너 코스', '연인이 기뻐할 선물 리스트', '비 오는 날 실내 데이트 추천'과 같은 연인을 기쁘게 할 정보들이 점점 눈에 들어온다. 질문의 정보가 자석으로 작용해 주변에 있는 정보들 중 필요한 것들을 끌어당기기 때문이다.

반대로, 머릿속에 명확한 질문이 없으면 아무리 풍부한 정보에 둘러싸인 환경에 놓여 있다 해도 그 정보들을 의식하지 못하고 지나칠 뿐이다. 그렇게 되면 생각하기 위한 재료가 조달되지 못해 가설을 생각해 내기도 어려워진다. 정보와 발견은 바라고 고대하던 사람에게 찾아오는 법이다.

## 생각한다는 것은 긴장을 유지하는 것

이제 생각한다는 것을 더 깊이 이해해 보자. 생각한다는 것은 뭘까? 생각이란 질문에 대해 계속 귀를 기울이는 일이다. 뉴스를 볼 때도, 만화책을 읽을 때도, 마트에서 장을 볼 때도, 목욕할 때도 **대답해야 할 질문을 머릿속에 담아 두고 대답을 찾고 기다리며 사고의 긴장을 지속시키는 일**, 그것이 생각한다는 행위다.

이는 새로운 생각을 발견하는 일과 그대로 연결된다. 아무리 발상법을 알고 있다고 해도 질문에 대한 긴장이 결여되어 있으면 발견은 결코 찾아오지 않는다. 새로운 발견은 질문으로 향하는 의식을 얼마나 오래 강하게 지속하느냐에 달려 있다. 다음 페이지의 [도표 5-4]에서 확인해 보라.

**[도표 5-4] 생각한다는 건 질문에 대해 계속 긴장하는 것**

**생각하고 있지 않은 상태**
대답해야 할 질문이 명료하지 않고
막연하게 정보를 훑어보면서 의식이 흩어져 있다

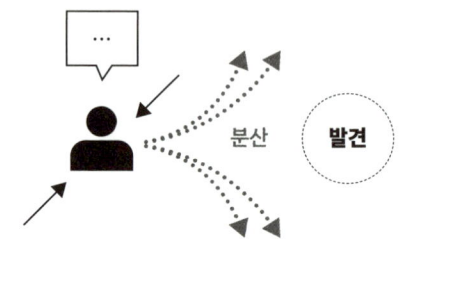

**생각하고 있는 상태**
명확한 질문을 설정하고,
밖에서 들어오는 정보를 예리하게 포착하면서
질문에 대해 계속 긴장을 유지하고 있다.

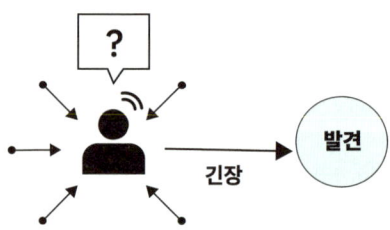

## '생각'을 떠올리지 말고 '질문'을 설정하라

여기서 우리는 한 가지 발상의 전환을 얻을 수 있다. **아이디어를 잘 생각해 내려면 답이 아니라 질문에 주목해야 한다**는 사실이다.

이런 유명한 이야기가 있다. 어떤 오피스 빌딩에서 엘리베이터를 기다리는 시간이 오래 걸려 사람들의 불만이 늘어 가고 있었다. 하지만 이를 해결하기 위해 엘리베이터 대수를 늘리거나 운행 횟수를 증가시키기에는 비용과 시설 구조상의 제약으로 어려운 상황이었다. 그래서 오피스 빌딩의 관리자는 다른 접근법을 생각했다.

그는 '더 빠르게 더 많은 사람을 태우려면 어떻게 해야 좋을까?'라는 질문에서 벗어나 '엘리베이터를 기다리는 사람들의 불만을 누그러뜨리려면 어떻게 해야 할까?'라는 질문으로 방향을 전환했다. 그리고 엘리베이터 홀에 거울을 설치해 사람들이 엘리베이터를 기다리는 동안 자신의 모습을 점검할 수 있게 하는 방안을 떠올렸다. 그 결과 사람들은 기다리는 시간에 자신의 헤어스타일이나 옷매무새를 확인하는 데 열중하게 되어 불만이 크게 줄어들었다.

이 이야기에서 주목해야 할 점은 해결 방법을 찾는 데 골머리를 썩이지 않고 '사람들이 불만을 어떻게 누그러뜨릴까?'라는 질문으로 방향을 바꿈으로써 해결책을 끌어냈다는 데 있다. 이처럼 질문은 우리의 발상을 옭아매기도 하고 새로운 가능성을 열어 주기도 한다. 그런 면에서 발상력이란 질문을 설정하는 힘이라 할 수 있다.

## 질문을 설정하는 감각, 발산과 수렴

우리가 거쳐 온 교육과정을 보면 설정된 질문에 대한 답을 생각할 기회는 많지만 질문 자체를 생각할 기회는 많지 않다. 이번에는 '질문 설정'을 신체 감각으로 느낄 수 있는 연습을 해보자. 주제는 누구나 알고 있는 과일인 사과다. 일단 책을 덮고 사과에 관한 질문을 단편적으로라도 좋으니 10가지 정도 생각해 보자. 엉뚱하다고 생각되는 것이라도 상관없다. 일단은 질문을 만드는 데 집중한다. 이를테면 다음과 같은 질문을 생각해 볼 수 있다.

'사과는 왜 빨간색이기도 하고 초록색이기도 할까?'
'사과는 몇 년 만에 다 자라는가?'
'사과는 건강에 좋은가, 부작용은 없는가?'
'사과는 아기가 먹어도 괜찮은가?'
'국내에 있는 사과 농가 수는?'
'사과의 품종은 몇 가지일까?'
'옛날과 현재의 사과 가격은 얼마나 차이가 나는가?'
'종교에서 사과의 의미는 무엇인가?'
'기독교 이외에도 사과가 특별한 의미를 갖는 문화가 있는가?'

이렇게 무작위라도 좋으니 일단 질문을 쏟아 내는 것을 **질문의 발산**이라고 하자. 지금 단계에서는 이들 질문 하나하나에 의미가 있는지 없는지는 생각하지 않아도 된다.

일단 질문을 쏟아 내고 나면 하나의 추상화된 질문으로 다시 묶어 정리해 본다. 이를 **질문의 수렴**이라고 하자. 이렇게 하면 질문 전체를 통찰할 수 있는 데다 추상화한 질문을 단서로 더 많은 질문을 다시 도출할 수 있다.

### 사과의 생태는 어떤가?
'사과는 왜 빨간색이기도 하고 초록색이기도 할까?'
'사과는 몇 년 만에 다 자라는가?'
'어떤 토지나 기후에서 잘 자랄까?'

### 사람이 먹는 식품으로서 사과의 특징은?
'사과는 건강에 좋은가, 부작용은 없는가?'
'사과는 아기가 먹어도 괜찮은가?'
'함께 먹으면 좋은 다른 식품은?'

### 사과의 생산 체제는 어떻게 되어 있는가?
'국내에 있는 사과 농가 수는?'
'사과의 품종은 몇 가지일까?'
'옛날과 현재의 사과 가격은 얼마나 차이가 나는가?'

### 사과의 문화적·종교적 의미는?
'종교에서 사과의 의미는 무엇인가?'
'기독교 이외에도 사과가 특별한 의미를 갖는 문화가 있는가?'
'사과 먹는 걸 금기시하는 국가나 문화가 있는가?'

사과와 같이 흔한 것이라도 이렇게 질문의 발산과 수렴을 반복하다 보면 점점 더 많은 질문을 생각해 낼 수 있다. 질문을 설정할 때와 해결책을 생각할 때는 사용하는 뇌의 근육이 서로 다르다. 이 감각을 꼭 기억해 두길 바란다.

## 문제와 과제 그리고 해결책의 차이

의미를 구별하기 어려워 종종 혼동해 사용하는 용어들, 예를 들면 문제, 과제, 해결책의 차이를 구체적으로 알아보려 한다. 이들 용어의 의미가 어떻게 구분되는지, 그 의미가 질문과 어떻게 관련되어 있는지 파악해 보자. 우선 문제, 과제, 해결책은 다음과 같은 뜻이 있으며 서로 연결되어 있다.

**[문제]** 좋지 않은 일이 일어나 있는 상태·사건
예: 모르는 영단어가 많아 긴 영어 문장을 읽을 수 없다.

**[과제]** 문제를 해결하기 위해 해야 할 일
예: 영어 어휘력을 기른다.

**[해결책]** 과제를 실천하기 위한 구체적인 방법이나 행동
예: 모르는 단어를 노트에 기록하고 그 목록을 매일 늘려 나간다.

**[도표 5-5] 질문으로 문제·과제·해결책을 내려다보라**

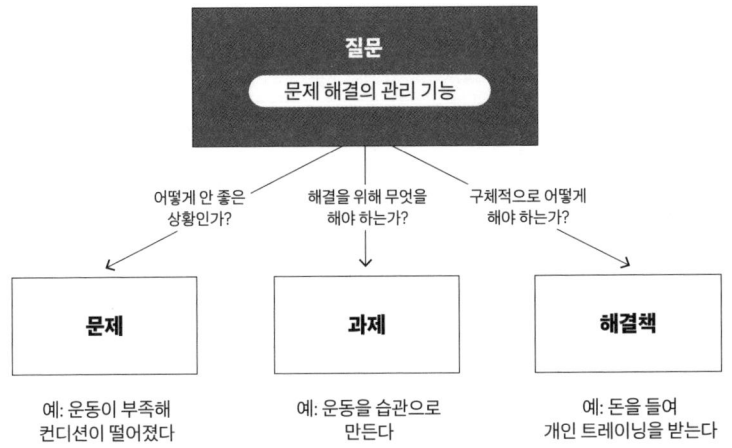

질문은 바로 이 문제, 과제, 해결책을 생각해 내기 위해 설정된다. 적용해 보면 각각 다음과 같다.

- **문제**: 어떻게 안 좋은 상황인가?
- **과제**: 해결을 위해 무엇을 해야 하는가?
- **해결책**: 구체적으로 어떻게 해야 하는가?

질문은 문제·과제·해결책을 각각 다룬다. 무엇이 왜 중요한지, 언제·누가 해야 하는지 등 한 단계 더 높은 시선으로 바라보는 것이 질문이다. 이들의 의미와 포지셔닝의 차이를 구분하면 더욱 명확한 질문을 설정할 수 있고 자신의 관점도 높일 수 있다.

## 질문의 전체상을 파악하는 퀘스천 스코프

질문을 설정하다 보면 문득 방법이 무한할 것 같아서 멈칫하는 순간이 있다. 이럴 때는 어떻게 해야 할까? 질문에는 그 질문이 어디를 향하는가에 해당하는 '방향성'이 있으며 이는 '전후'와 '내외'라는 두 가지 축에 따라 결정할 수 있다. 이 도식을 질문의 전체상을 보여 주고 사고의 조준 기능을 실행하는 도구로서 '퀘스천 스코프'question scope(질문 조준기)라고 부르자(도표 5-6).

먼저 두 가지 축의 교점에 주목하자. 이 교점은 질문을 어떤 주제를 향해 던질지를 결정하는 조준점 같은 것이다. 가령 자신의 삶을 생각하고자 할 때 심신의 건강, 교우 관계, 취미 생활, 시간 관리에 관해 계획을 세우는 등 사고의 대상이 되는 초점을 정한다. 그리고 그 초점을 출발점으로 전후·내외로 질문을 확장한다.

전후 축에서는 기원을 탐구하는 질문이 뒤에, 미래를 내다보는 질문은 앞에 위치한다. 뒤로 향하는 질문은 그 일이 일어난 배경, 원인, 과거의 상황을 추적한다. 앞으로 향한 질문은 미래에 미칠 영향, 목적·목표와 그 달성 방법, 장래의 변화를 향한다.

다음으로 내외 축에서는 질문의 초점이 안쪽을 향해 있는지, 바깥쪽으로 펼쳐지는지를 나타낸다. 안쪽을 향하는 질문은 대상을 구체적으로 파고든다. 어떤 부분으로 구성되는지, 어느 부분이 중요한지, 구체적인 예와 근거는 무엇인지 등이 질문에 포함된다. **바깥을 향하**

**[도표 5-6] 퀘스천 스코프로 질문의 전체상을 파악하라**

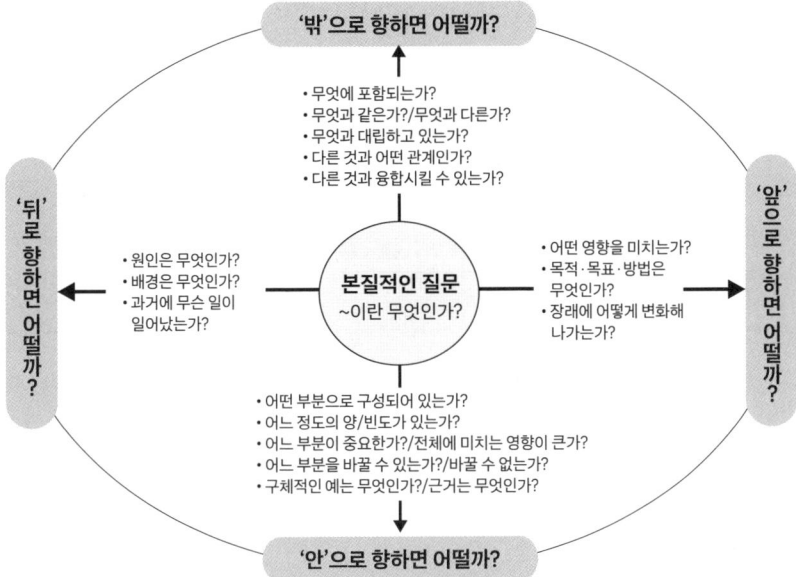

는 질문은 대상을 넘어 다른 요소와의 연결까지 살펴본다. 어디에 포함되는지, 무엇과 같고 무엇과 다른지, 무엇과 결합되는지 등 틀을 넘어선 가능성을 탐구한다.

마지막으로 다시 두 축이 교차하는 원점으로 돌아가자. 거기에는 '~이란 무엇인가'라는 질문이 있다. 이는 '자유란 무엇인가?'와 같이 대상의 본질에 다가가는 궁극적인 질문이다. 이에 답하려면 대상의 전후·내외를 다 생각한 후에 대답해야 한다. 이 원점은 첫 번째 질문이자 마지막 질문이기도 하다.

질문을 설정할 때는 이 교차하는 두 개의 화살표를 머릿속에 떠올려 보면 좋다. 마치 저격수가 십자 조준 스코프를 들여다보며 정확하게 겨냥하는 이미지다. 뒤를 향하면 기원을 따라가고 앞을 향하면 앞으로의 전개를 좇고, 위에서는 내려다보는 이미지를 얻을 수 있으며 아래로는 대상을 더욱 구체적으로 살펴볼 수 있다. 이렇게 질문의 방향감각을 익히면 사고 방향을 자유자재로 조종할 수 있다.

## 좋은 질문과 나쁜 질문의 세 가지 특징

이 장의 서두에서 질문의 질이 사고를 결정한다고 말했다. 이는 '질문을 정한다'라고 단순히 말한다 해도 거기에는 좋은 질문이 있고 나쁜 질문도 있음을 의미한다. 그렇다면 무엇이 좋은 질문이고 무엇이 나쁜 질문일까? 좋은 질문과 나쁜 질문의 사례를 비교하면서 살펴보자.

### 1. 의도가 명확한 질문 ⇔ 모호한 질문

질문의 좋고 나쁨을 결정하는 첫 번째 관점은 명확성이다. 나쁜 질문은 종종 애매해서 질문을 통해 무엇을 밝히고 싶은 건지 선명하지 않다. 반면에 좋은 질문은 명확하다. 질문을 통해 '○○를 밝혀내고 싶다'라는 의도가 명확하고 구체적이다.

어떤 마케팅팀이 새로운 캠페인의 효과를 분석했다고 하자. 이때 '이 캠페인은 어땠는가?'라고 질문을 설정했다면 어떨까? 이렇게 막연한 질문을 던지면 사람들은 '어땠냐니, 대체 뭘 알고 싶은 거지?'

하는 생각이 들면서 잘 대답할 수가 없다. 이에 비해 명확한 질문은 다음과 같이 알고 싶은 점이나 의도가 명확하고 질문의 대상도 구체적이다.

- 이 캠페인을 실천한 결과 예상 구매자는 몇 퍼센트 늘었는가?
- 고객의 구매율이 어느 정도 상승했는가?
- 신규 고객의 비율은 높아졌는가?

명확한 질문은 머릿속에 떠오른 모호한 의문에 형태를 부여하고 생각을 예리하게 만든다.

## 2. 생각하면 답이 나오는 질문 ⇔ 생각해도 답이 안 나오는 질문

두 번째 관점은 '생각해서 답을 낼 수 있는 질문인가'라는 점이다. 무슨 당연한 말을 하는 건가 싶을지도 모르겠다. 하지만 나는 답이 나오지 않는 문제로 골머리를 앓는 모습을 수없이 봐 왔다. 나의 팀원들도 답을 낼 수 있는지 없는지는 생각해 보지 않은 채 컨설팅 프로젝트를 진행한 적이 있었다. 생각해도 답이 나오지 않는 질문의 예는 다음과 같다.

- ○○ 업계의 경쟁 환경은 치열한가?
- 경쟁사의 제품이 높은 실적을 올리는 것은 어떤 기술이 있기 때문인가?

- 페이스북은 언제 사명을 메타로 바꿨는가?
- 독일 현지에서 수소의 가격은 얼마인가?

이들 질문은 모두 생각한다고 해서 답이 나오는 게 아니라 조사해야 하는 사항들이다. 이런 질문들이 머릿속에 떠오르면 '이것은 생각해도 알 수 없는 질문이다'라고 판단해 적절하게 대해야 한다. 그래야 시간과 노력을 낭비하지 않을 수 있다.

### 3. 답이 도움이 되는 질문 ⇔ 답해도 의미가 없는 질문

세 번째 관점은 '애초에 그 질문에 대답할 의미가 있는가?' 하는 점이다. 바꿔 말하면 그 질문에 답함으로써 목적 달성에 가까워지는지 아닌지를 뜻한다. 기껏 품을 들여 질문에 답했는데 가치를 창출하지 못한다면 노력은 헛수고가 되고 만다.

가령 어떤 제품을 개발하고 있는데 사용자들의 반응이 경쟁사의 제품보다 좋지 않았다고 하자. 그래서 '경쟁사와 비교해 우리 기술의 강점과 약점은 무엇인가?'라는 질문을 설정했다. 얼핏 그럴듯한 질문이지만 '자사의 기술은 ○○이 강하다', '△△ 기술은 약하다' 같은 대답을 내놓아 봐야 사용자들의 반응이 왜 좋지 않은지 그 이유를 직접적으로 밝힐 수는 없다.

반면에 '우리 기술이 사용자의 니즈를 충족시키지 못하는 점이 무엇인가?'라는 질문을 설정했다면 어떨까? 이렇게 하면 사용자가 무엇을 원하는지를 다시 한번 정리하고, 각각의 요구 사항에 대해 자사의 기술이 어떤 요구를 충족시키고 어떤 요구를 충족시키지 못하는지를 파악할 수 있다. 이렇게 하면 사용자 체험을 개선하는 방안으로 연결하는 게 가능하다.

## 힘껏 달리기 전에 '한번, 멈춰 서라'

질문에는 풀어야 할 질문과 그렇지 않은 질문이 있다. 이와 관련해 내가 입사 1년 차였을 무렵 유능한 선배 컨설턴트에게 들은 인상적인 말이 있다.

"한번, 멈춰 서라."

신입사원 시절 어떻게든 성과를 내기 위해 컨설팅 회사에서 고군분투할 때였다. 하지만 내가 만든 결과물은 아무래도 프로젝트의 니즈와 맞지 않았다. 시간을 들여 만든 슬라이드도 퇴짜를 맞고 보고서에서 삭제되었다.

그때 선배에게서 들었던 말이 "급하게 달린 티가 나면 안 돼. 한번 멈춰 서!"였다. **자신이 생각하려는 질문이 명확한지, 그 방향성이 올바른지, 달리기 전에 한번 확인해 보라는** 의미다. 질문을 자세히 고찰하지도 않고 어디를 향해 달리고 있는지도 모르는 상태에서는 제대로 된 성과가 나올 수 없다.

흔히 두뇌 회전이 빠르다는 게 머리가 좋다는 뜻으로 여겨지지만, 생각해야 할 방향성을 확인하고 적절한 질문을 설정해야 비로소 두뇌 회전 속도도 살아난다. 그렇지 않으면 전혀 엉뚱한 방향을 향해 맹렬한 속도로 질주할 뿐이다.

## 문제해결의 순위를 선정하는 질문 매트릭스

모든 문제를 다 해결하려는 것은 듣기에는 좋다. 하지만 현실적으로는 자원이 무한하지 않으므로 전부 해결하려다 보면 결국 모든 것이 어중간하게 끝날 뿐이다. 오히려 어떤 문제에 중점을 두고 이것 하나만 철저하게 해결할지, 어떤 문제는 평균 정도로 끝낼지, 어떤 문제는 나중 순위로 돌릴지를 배분하는 데 문제 해결 관리의 묘미가 있다.

사고법이란 단순히 '어떻게 해결할 것인가'가 아니다. **'애초에 어떤 점을 해결해야 하는가'라는 문제의 우선순위를 선택해야 한다. 이는 문제해결의 사고법에서 결정적으로 중요한 요소다.** 이 점을 확실히 함으로써 '이 문제는 우선 생각한다', '이 문제는 뒤로 미룬다'라는 식으로 선택해 불필요한 자원 투입을 전략적으로 피할 수 있다. 질문의 선택과 집중이란 한정된 자원의 선택과 집중 그 자체다.

좋은 질문의 정의를 다시 떠올려 보자. 정의에는 '목적에 도움이 된다'와 '해결 가능하다'라는 두 가지 특징이 있었다. 이 특징들을 두

**[도표 5-7] '어떻게 풀 것인가?'에 앞서 '어떤 점을 해결할까?'를 확인하라**

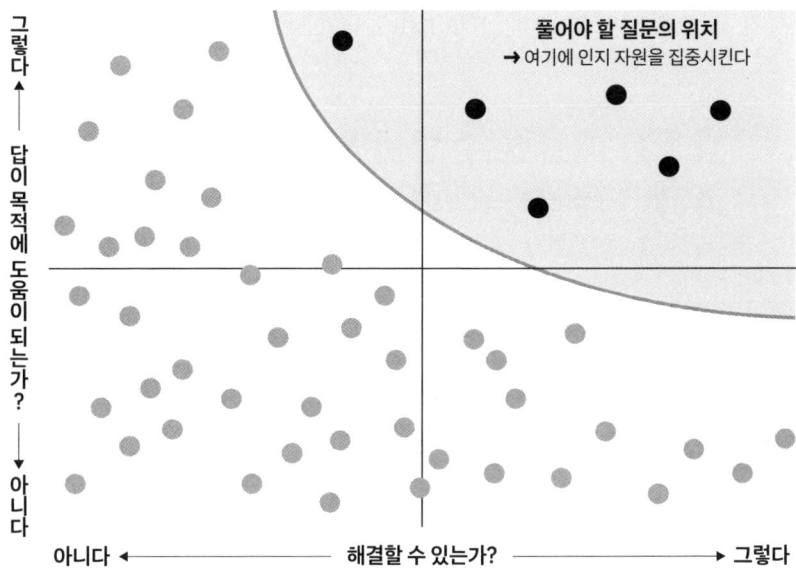

개의 축으로 교차시키면 질문의 전체상을 바라보고 풀어야 할 좋은 질문을 확인하기 위한 **질문의 매트릭스**matrix를 만들 수 있다(도표 5-7).

이때 매트릭스상에서 오른쪽 위의 영역에 속한 질문이 인지 자원을 집중시켜 우선 풀어야 할 질문이다. 그 외의 질문에 매달리다 보면 자신과 팀의 자원을 낭비할 우려가 있다. '팀원 세 명이 총 2주간에 걸쳐 이룬 성과가 실은 불필요한 것이었다' 같은 상황은 너무나도 끔찍한 일이다.

아무리 문제 해결 능력이 뛰어나도 애초에 풀 필요가 없는 문제를 풀고 있다면 아무런 의미가 없다. 나 역시 '내게 한정된 시간을 어디에 써야 가장 효과적일까?'를 항상 생각한다. 자신이 해결해야 할 문제의 위치를 파악하고 전략적으로 접근하자.

## 남들은 해결할 수 없지만 나라면 해결할 수 있는 질문

이 매트릭스를 좀 더 파고들어 더욱 전략적인 질문에 날카롭게 접근해 보자. 여기서 전략적인 질문이란 타인(타사)에 비해 자신(자사)의 경쟁 우위를 드러내 차별화를 가능하게 하는 질문을 뜻한다. 질문 매트릭스의 오른쪽 위 영역을 다시 한번 살펴보자(도표 5-8).

질문으로서 풀기 쉬운 데다 가치도 있다. 언뜻 보면 이상적이다. 하지만 전략적인 관점으로 타자와의 경쟁을 의식하면 함정이 도사리고 있다. 자신에게 풀기 쉽고 가치 있는 질문은 타자에게도 그렇기 때문이다. 그래서 이 오른쪽 위의 영역은 다음과 같은 상황일 수 있다.

- 많은 경쟁 상대에 둘러싸여 치열한 경쟁 환경(레드 오션)에 있다.
- 이미 많은 경쟁 상대가 답을 다 냈기에 자신이 답을 도출한다고 해도 가치가 없다.

그렇다면 이런 타자의 시점도 고려해 전략적으로 풀어야 할 질문은 무엇일까? 바로 '타자에게는 어렵지만 자신이라면 해결할 수 있

**[도표 5-8] 내가 해결할 수 있는 '경쟁 우위의 질문'이 차이를 만든다**

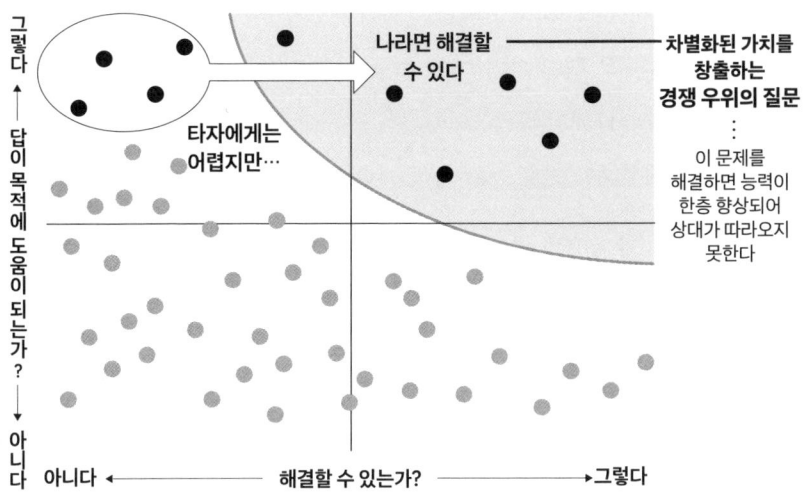

고, 그에 답함으로써 차별화된 가치를 생성하는 질문'이다. 이를 **경쟁 우위의 질문**competitive advantage question이라고 한다.

풀 수 없을 것 같은 질문이라도 자신(자사)의 독자적인 능력과 기술, 네트워크 등을 활용해 해결에 박차를 가할 수 있다면 이는 타인(타사)이 흉내 낼 수 없는 강력한 우위를 확보한다. 타자에게는 어려운 질문을 해결함으로써 자신의 능력을 더욱 향상시키고 경쟁 상대가 따라오지 못하게 하는 것이다.

예컨대 미국의 사업가이자 테슬라 CEO인 일론 머스크가 설립한 우주탐사 기업 스페이스X는 '어떻게 하면 로켓을 재이용해서 비용을 획기적으로 낮출 수 있을까?'라는 전대미문의 질문에 도전해, 경쟁 환경을 자신의 입지로 끌어들이려 하고 있다. 이 시도가 실현되어 역량이 구축되면 로켓은 한 번밖에 사용하지 못한다는 인식을 당연시하는 업계에서 크게 우위를 차지할 것이다. 기업 경영이든, 학계의 연구든 지적 경쟁이 벌어지는 곳이라면 어디든지 이와 같은 메커니즘이 작용한다.

## 질문 설정의 기본은 '의문문' 만들기

지금까지 질문이 왜 중요한지, 어떤 질문에 답을 내야 하는지 설명했다. 그러면 어떻게 질문을 설정하면 좋을까? 그 방법how을 알아보자. 질문을 설정하기 위한 기본적인 기법은 해결하고 싶은 일, 밝히고 싶은 일을 '의문문'으로 쓰는 것이다. 의문문? 너무 단순한 게 아닐까? 하지만 이는 '질문이 있으면 그 답을 생각하지 않을 수 없는' 인간의 본성과 깊이 연관된 이야기이기도 하다.

[도표 5-9] 의문문으로 사고를 저절로 작동시켜라

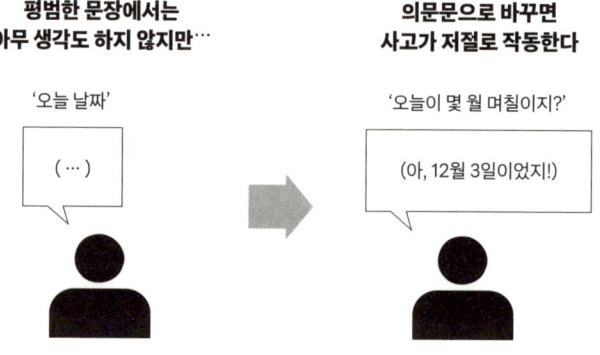

가령 책상에 '오늘 날짜'라고 밋밋하게 적혀 있으면 아무런 신경을 쓰지 않지만 '오늘은 몇 월 며칠이지?' 하고 의문문으로 바꾸면 무심코 날짜를 떠올리게 된다(도표 5-9).

질문이 사고를 움직이는 기능은 그만큼 강렬하며 인간의 본성으로서 몸에 배어 있다. 그러므로 자신의 사고 잠재력을 끌어내고 싶다면 먼저 의문문을 만드는 것이 기본이다.

## 질문으로 생각을 끌어내는 '문답법'

질문을 설정해 답하고, 다시 질문을 설정함으로써 사고를 심화하는 과정은 고대 그리스의 철학자들이 실행하던 방식이기도 하다. 기원전 5세기의 철학자 소크라테스는 이를 '문답법'이라고 불렀다. 소크라테스가 특히 뛰어났던 문답법은 대화 상대에게 질문을 던져 상대의 사고를 자극함으로써 답을 끌어내는 것으로, 이를테면 다음과 같은 대화로 나타난다.

**대화 상대** 나는 용기 있는 장군이오.

**소크라테스** 용기가 뭔가요?

**대화 상대** 아군의 군세가 약하더라도 수많은 적에게 맞서는 것이죠.

**소크라테스** 그건 단지 용기의 일례가 아닐까요?

**대화 상대** 흠…, 그러면 용기란 고난에도 굴하지 않고 맞서는 일이군.

**소크라테스** 그 고난이 굉장히 심하다면 그건 무모라고 해야 하지 않을까요?

**대화 상대** 그건….

사람은 질문을 받으면 생각하지 않을 수가 없다. 그 이치를 잘 알고 있던 소크라테스는 질문을 상대에게 던져 답을 끌어내는 문답법의 달인이었다. 소크라테스의 문답법을 응용하고 싶다면 질문을 던지는 '대화 상대'를 자기 자신으로 바꾸면 된다. 바로 스스로 질문을 설정하고 답하는 '자문'의 기술이다.

나 어떻게 생산성을 높일 수 있을까?

나 그러려면 쓸데없는 일을 하지 말아야지.

나 쓸데없는 일을 하지 않으려면 어떻게 하면 좋지?

나 그러려면 에너지를 집중해야 할 문제를 가려내면 돼.

나 에너지를 집중해야 할 문제는 어떻게 정하지?

나 그건….

자신을 향해 질문을 던지기가 쉽지 않은 까닭은 스스로 생각해 내야 한다는 압박을 받기 때문이다. 하지만 스스로 생각할 수만 있다면 사고의 결과물은 완전히 달라진다. 그 지적 자립의 첫걸음이 의문문을 만드는 데 달려 있기에 단순한 일이라고 우습게 보면 안 된다.

# 질문을 설정하는
# '질문력' 키우기

의문문을 만든다는 기본에서 출발해 더욱 많은 질문을 설정하기 위한 '질문력'에 관해 알아보자.

**1. 머릿속에서 어렴풋하고 답답한 것들을 뱉어 낸다**

어떤 일을 하려고 할 때 풀어야 할 문제의 계통도가 처음부터 머릿속에 깔끔하게 정리되어 있는 것은 아니다. 처음에는 말로 표현할 수 없는 모호한 감정이나 형체를 알 수 없는 어렴풋한 느낌이 머릿속을 맴돌기 마련이다. 한편 이 어렴풋한 느낌은 구체적인 형태를 연결하기 전 단계에 오는 '질문의 요소'이기도 하다. 이 어렴풋한 느낌을 잘 다루면 중요한 질문과 깨달음을 끄집어낼 수 있다.

예전에 있었던 일이다. 어느 날 한 동료가 새로운 프로젝트를 의뢰받았는데, 고객이 일주일이라는 단기간의 납기를 요청해 온 것이다. 여기서 동료를 '아베 씨'라고 부르자. 아베 씨의 머릿속에서는 '생각해야 할 것이 너무 많아. 일주일로는 도저히 불가능해' 하는 막연한 불안감이 차올랐다. 그래서 나는 조언을 구하러 온 그에게 다음과 같이 말해 주었다.

"이 회의실에는 화이트보드가 있어요. 우선은 아베 씨의 머릿속에 있는 모호하고 답답한 느낌을 모조리 털어 냅시다. 깔끔하게 정리하지 않아도 되니 생각나는 것부터 일단 써 보시죠."

이 말을 들은 아베 씨는 마커를 손에 들고 화이트보드 앞에 서더니 잠시 조용해졌다. 그러고 나서 자신에게 들려주듯 조곤조곤 해야 할 일을 짚어 나갔다.

"조사 항목 정리, 사례 수집을 해야겠지. 일정도 신경 써야 하고. 그리고 또…. 프로젝트의 목표도 아직 모호한 것 같아. 목표를 정하고 나서 접근 단계 그리고 프로젝트 추진에 필요한 체제. 아! 초기 가설도 넣어 둬야겠어…."

그는 이런 식으로 화이트보드에 신경 쓰이는 점들을 차근차근 적어 나갔다. 마음속에 어렴풋하게 떠오른 느낌을 하나씩 윤곽을 잡아 구체적인 질문으로 바꿔 간 것이다. 그렇게 한 차례 다 적고 나더니 "대략 이 10가지 항목으로 정리할 수 있는 내용이네요. 지금 팀원들과 분담하면 어떻게든 할 수 있을 것 같습니다."라고 말하고는 자신감을 되찾은 듯한 표정을 지었다.

마음속에 있는 막연한 느낌을 '질문의 요소'라고 긍정적으로 인식하고 일단 내뱉어 보자. 누구나 마음속에 이런 모호한 느낌이 있다. 뒤집어 말하면 사람은 누구나 질문을 설정할 수 있다는 뜻이다.

## 2. 큰 질문을 작은 질문으로 나눈다

질문력을 키우는 두 번째 방법은 큰 질문 뭉치를 작은 질문으로 나누는 것이다. 이는 하나의 질문에서 여러 개의 '부속' 질문을 끄집어내는 작업이기도 하다. 질문을 구체화하는 일이라고도 바꿔 말할 수 있다.

### [도표 5-10] 너무 광범위한 질문은 요소를 분해하라

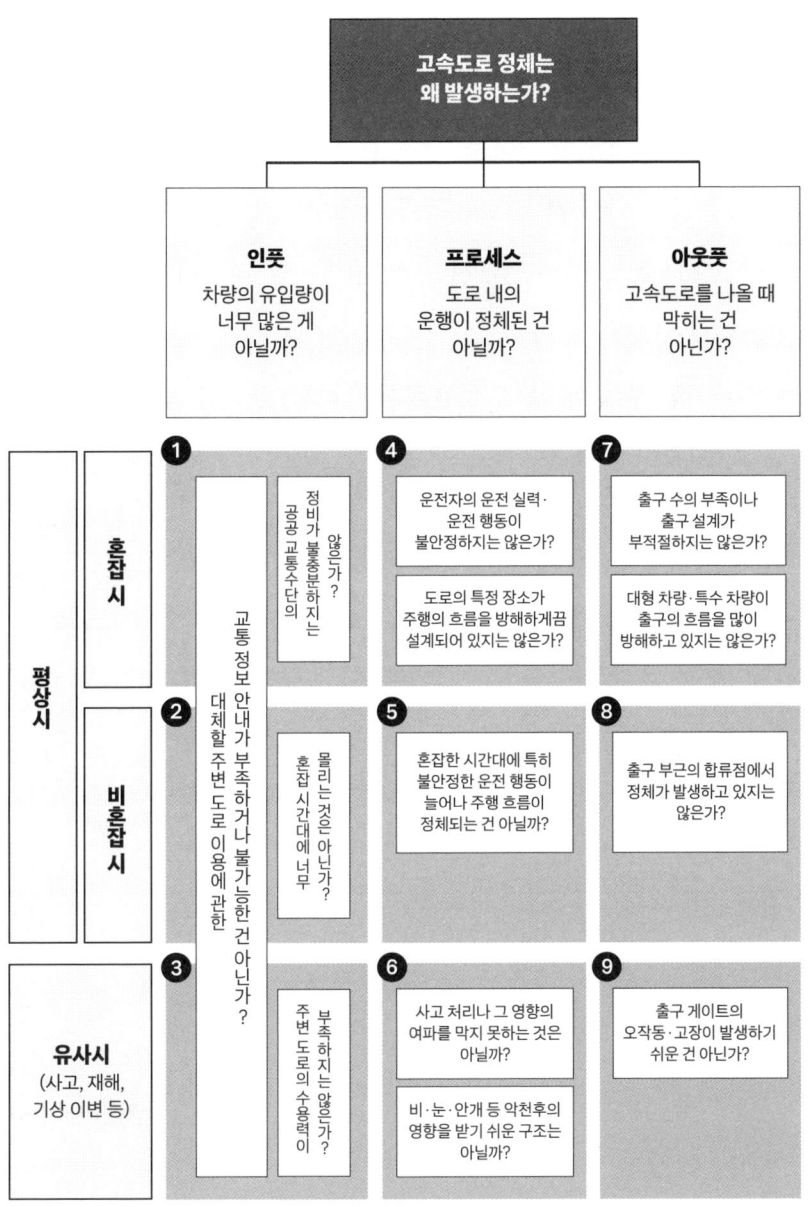

발견으로 사고를 확장하라

가령 '고속도로 정체는 왜 발생하는가?'라는 질문을 설정했다고 하자. 이대로는 문제가 너무 광범위해서 다루기 어렵다. 그래서 이 질문을 더 작은 단위로 분해해야 한다. [도표 5-10]을 살펴보자.

여기서는 가로 방향의 분해로서 인풋-프로세스-아웃풋의 관점을 사용해 고속도로에서 정체가 발생하는 부분을 세 구간으로 구분하고 있다. 또한 세로 방향의 분해도 '평상시'(혼잡 시·비혼잡 시)와 '유사시'로 나누고 세로×가로의 표 형식으로 나타냈다. 이렇게 해서 '고속도로 정체가 왜 발생하는가?'라는 한 가지 질문을 아홉 개 구역에서 파악할 수 있게 했다. 도표에서는 이 아홉 개 구역으로 13개의 질문을 새롭게 추출했다.

이런 식으로 질문을 구체화하는 작업은 해결책의 폭을 넓히는 결과로 이어진다. 이번에 제시한 질문에서는 다음과 같은 해결책을 아이디어로 떠올릴 수 있다.

- '혼잡 시간대에 너무 몰리는 것은 아닌가?'
    → 혼잡 시간대 이동 요금제 도입
- '교통 정보 안내가 부족하거나 불가능한 건 아닌가?'
    → SNS, 차량 내비게이션, 도로 표시판 등에 의한 정보 전달 방법의 개선
- '운전자의 운전 실력·운전 행동이 불안정하지는 않은가?'
    → 고속도로 내에 자동운전 차량과 연동한 센서·운전 지원 제어 시스템 도입

- '대형 차량·특수 차량이 출구의 흐름을 많이 방해하고 있는 것은 아닌가?'
  → 전용 출구의 증축·일반 차량과의 분리 운행

문제를 통째로 파악하려 들지 말고 요소를 분해해 명확히 파악해야 한다. 그렇게 하면 질문의 가능성이 더욱 선명하게 보이고 가설의 폭도 넓어진다.

## 3. 하나의 주제에 다른 각도로 접근한다

문제를 분해해도 좀처럼 해결까지 연결하지 못하는 경우가 있다. 오피스 빌딩의 엘리베이터 이야기에서 언급했듯이 '어떻게 더 많은 사람을 더 빠르게 실어 나를까?'라는 질문으로는 아무리 깊이 고민해도 해결하기가 어려웠다. 하지만 '기다리는 사람의 불만을 어떻게 감소시킬까?'라는 다른 관점으로 질문을 설정하자 문제를 해결할 수 있었다.

디테일을 보는 곤충의 눈, 높은 곳에서 멀리 내다보는 새의 눈, 물의 흐름을 읽어 내는 물고기의 눈, 사물을 거꾸로 보는 박쥐의 눈 등 같은 대상이라도 어떤 각도와 높이에서 보느냐에 따라 바라보는 방식이 완전히 달라진다.

어떤 문화인류학자가 어느 국가의 한 마을을 방문했을 때였다. 그 마을 사람들은 지도를 이해하는 지식이 없었다. 문화인류학자는 '이 마을 사람들은 지도가 없어도 사는 데 지장이 없는 걸까?'라는 의문

[도표 5-11] 시좌·관점을 전환함으로써 물음의 폭을 넓혀라

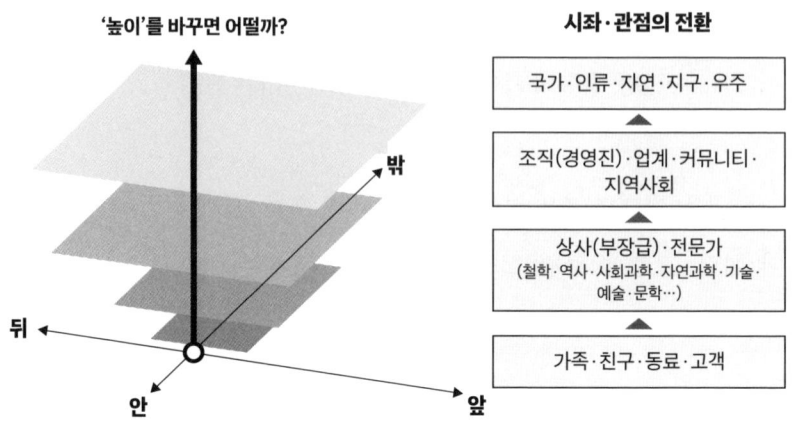

을 품었다. 그리고 이 질문에서 '이 나라의 교육 정책은 어떻게 되어 있을까?'라는 질문, '각국에 이런 교육 격차가 생겨나는 세계적인 구조는 어떻게 되어 있을까?'라는 질문으로 시야를 넓혀 갔다. 질문의 관점과 방향을 변화시킴으로써 새로운 발상의 접근 방식을 넓힌 것이다.

비즈니스에서도 일반 사원에서 대리, 과장, 부장, 사장으로 직급이 올라갈수록 바라보는 관점이 변화하면서 인식하는 문제의 폭과 종류가 달라진다. 과장급은 현장의 팀 운영에 주력하고, 사장이라면 투자자와 지역사회, 국제관계에도 관심을 둘 것이다. 이처럼 바라보는 시선의 높이에 따라 문제의식이 달라지고 설정할 수 있는 질문도 달라진다.

사물을 보는 시선의 높이를 '시좌', 사물을 바라보는 각도를 '관점'

이라고 하면 앞서 241쪽에서 소개한 '퀘스천 스코프'에 높이의 축을 하나 더 추가할 수 있다. 그리고 이를 통해 매사를 더 다각적이고 입체적으로 파악할 수 있다(도표 5-11).

## 4. 차이를 강제적으로 만들어 내는 '이상적인 모습'의 설정

네 번째 방법은 상급에 해당하는 단계다. 이를테면 밖에서 집으로 돌아와 테이블 위에 커피가 쏟아져 있는 것을 발견했다고 하자. 그러면 '왜 커피가 쏟아져 있지?'라는 질문이 저절로 생길 것이다. 이는 테이블은 깨끗한 상태여야 한다는 '이상'과 커피가 쏟아져 있다는 '현실'과의 사이에 갭gap, 즉 차이가 있기 때문이다.

이처럼 질문은 이상과 현실과의 차이에서도 생겨난다. 마차가 다니던 시대에 대중을 위한 자동차의 개발·양산화에 성공한 포드자동차의 창립자 헨리 포드Henry Ford의 사례를 통해 더 자세히 살펴보자(도표 5-12).

헨리 포드가 활약한 19세기에서 20세기 초반에 사람들의 이동 수단은 마차가 주류였다. 하지만 말은 겁이 많아서 작은 일에도 놀라기 때문에 제어하기가 힘든 데다 이동 속도와 거리가 말의 건강 상태에 좌우되는 불안정한 이동 수단이었다. 그럼에도 말이 대중적인 교통수단으로 당연시되던 시절에 포드는 현실에 얽매이지 않고 이상을 꿈꿨다. 그가 꿈꾼 것은 단순히 '더 빠른 마차'가 아니라 '누구나 더욱 편리하고 빠르게 이동할 수 있는 세상'이라는 이상적인 모습이었다.

**[도표 5-12] 이상은 현실과의 차이를 알아차리고 질문을 떠올리게 한다**

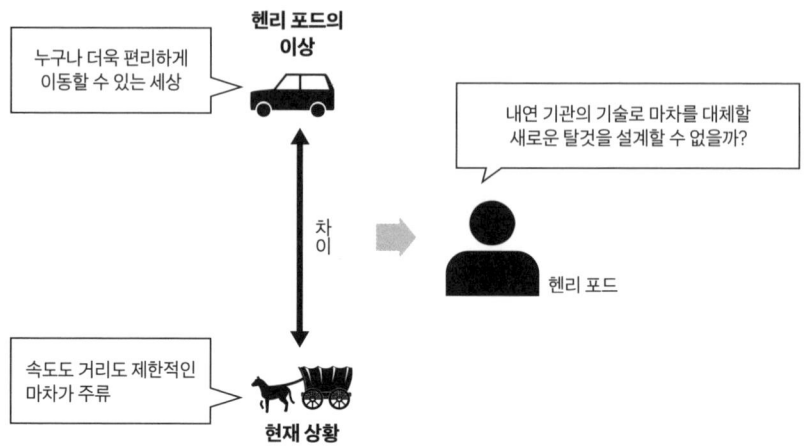

당시는 제2차 산업혁명을 거친 시대였다. 새로운 동력 기술인 내연 기관은 이미 철도로 실용화되어 있었다. 그런데도 사람들은 여전히 마차를 타고 다녔다. 그런 현상과 포드 자신이 그리는 이상적인 모습을 나란히 놓고 보면, 거기에 존재하는 차이는 또렷했다. 포드가 '내연 기관을 이용해 마차를 대체할 수 있는 새로운 탈것을 설계할 수 없을까?'라는 질문을 떠올린 것은 그에겐 어떤 의미로는 필연이었다.

좋은 질문을 설정하기 위해서는 자신의 마음속에 이상적인 모습을 그리는 것이 하나의 비결이다. 추구해야 할 바람직한 모습을 눈앞의 현실과 대치해 의도적으로 차이를 만들어 낼 수 있다면 질문은 저절로 따라온다.

## 무지에 대한 감각이 질문력을 높인다

지금까지 질문력에 관해 설명했으니 마지막으로 질문을 설정하는 행위의 근원에 관해 이야기해 보자. 질문이 생겨나는 근원적 이유는 **결손에 대한 지적 감도**에 있다. 무언가를 보거나 들었을 때 자신이 가진 정보와 경험에는 없는 결손을 느끼는 것, 다시 말해 '나는 이것을 아직 모른다'라고 자신의 무지無知를 깨닫는 감성이다. 이런 결손에 대한 감도야말로 대상에 대한 우리의 흥미와 관심을 높이고 저절로 질문을 끄집어내는 원천이 된다.

예전에 종합격투기에 빠져 있던 사내 직원과 이야기를 나눴을 때의 일이다. 나는 종합격투기를 잘 몰랐기 때문에 "누가 강해?" 같은 얕은 질문밖에 할 수 없었다. 반면에 그 직원에게서 나오는 이야기는 완전히 차원이 달랐다. A 선수와 B 선수 사이에 어떤 과거가 있었는지, 이번에 맞대결할 시합은 두 선수에게 어떤 의미가 있는지, 이 경기의 결과에 따라 C 선수의 입지는 어떻게 달라지는지 등 내가 생각도 하지 못한 다양한 질문 거리를 대화 속에 쏟아 냈다. 그는 종합격투기에 대한 지적 감도가 높고 자신의 결손 부분을 잘 알고 있기에 그 간극을 메우기 위한 질문이 자연히 넘쳐난 것이다.

**질문을 설정하는 힘을 근본부터 지탱하는 요소는 결손에 대한 지적 감도다.** 자신이 무언가를 봤을 때 거기에 감탄과 위화감을 느낄 수 있는가, 이 감도야말로 질문을 설정하기 위한 가장 좋은 방법이다.

## 문제 영역을 '유한화'하고 '임시 설정'하라

풀어야 할 문제가 끝도 없이 펼쳐져 있는 것처럼 보이면 당황해서 아무것도 할 수 없을 때가 있다. 철학자인 치바 마사야千葉雅也 교수의 표현을 빌리면 이럴 때는 해결해야 할 질문을 '유한화'하고 '임시 설정'하는 것이 무척 도움이 된다. 즉 '일단 이것만 생각하겠다'라고 범위를 정하고, 생각을 시작하기 위해 임시로(나중에 수정해도 된다는 전제로) 일련의 질문을 설정해 두는 것이다.

풀어야 할 질문, 즉 논점을 유한화하고 임시 설정하는 것을 '논점 설계'라고 하며, 이때 정리된 일련의 질문은 문제 영역problematic이라고 할 수 있다. 각각의 질문을 고립시키는 것이 아니라, 문제 영역 안에서 각 질문의 위치나 연관성을 제시함으로써 생각을 진행하기 위한 흐름과 방향성을 명확히 하는 것이다.

가령 조직 변혁을 검토할 때의 문제 영역을 생각해 보자. 어느 날 갑자기 "조직 개혁을 생각해 주십시오."라고 갑작스러운 말을 들으면 일순간에 압도될 것 같지만 침착하게 [도표 5-13]과 같이 질문의 전체상을 유한화·임시 설정하면 된다.

이 도표에서는 다섯 가지 관점에서 생각해야 할 질문을 분류했다. 그리고 위에서부터 아래로 내려가며 생각함으로써 조직 개혁을 검토할 수 있도록 문제 영역이 정리되어 있다.

**[도표 5-13] 문제 영역을 미리 설정하면 사고의 초점과 흐름이 명확해진다**

### 조직 개혁의 문제 영역

**❶ 전략**

1. 자사가 목표로 하는 모습은?
2. 어느 업계·지역·고객을 타깃으로 하는가?
3. 업계 전체에서 자사는 어떤 역할을 하는가? (전문 분야는 무엇인가?)
4. 발휘해야 할 강점·우위성은 무엇인가?

⬇

**❷ 실행에 필요한 능력**

1. 전략을 실행하기 위해 구비해야 할 조직/업무 기능·능력은 무엇인가?
2. 자사가 확보해야 할 기술은 무엇인가?
3. 타사와 연계해서 구축·보완해야 할 능력은 무엇인가?

⬇         ⬇

**❸ 조직의 콘셉트와 구조**

1. 조직의 콘셉트는 무엇인가?
   (변화에 맞춰 빠르고 유연하게 움직일 수 있는 애자일형 조직 등)
2. 조직 구조의 기본형은 무엇인가?
   (시장 축, 기능 축, 매트릭스 조직 등)
3. 어떻게 각 기능을 부문별로 배치하는가?

**❹ 필요한 인재**

1. 조직이 바라보는 인재의 역할은 무엇인가?
2. 각 역할이 요구하는, 인재의 이상적인 모습·요건·인원수는?
3. 필요한 인재를 어떻게 확보하는가?

⬇         ⬇

**❺ 실행을 주축으로 하는 구조와 문화**

1. 경영진과 현장에 어떻게 책임과 권한을 부여하는가?
2. 실행을 촉구하는 경영 관리 제도·평가 제도는 어떤 것이 있는가?
3. 어떤 조직 문화를 양성해야 하는가?

① 조직으로서 무엇을 하고 싶은지를 확실하게 하기 위한 '전략'
② 전략의 실행에 필요한 '능력'
③ 이를 토대로 한 '조직의 콘셉트와 구조'
④ 조직에 배치해 활약하게 하고 싶은, '필요한 인재'
⑤ 조직 활동을 촉진·안정시키기 위한 '실행을 주축으로 하는 구조와 문화'

검토를 진행하면서 새롭게 생각해야 할 점들이 보이겠지만 우선은 이렇게 시작할 수 있다.

무엇을 생각해야 할지 잘 모르는 상태에서 무작정 시작했다가 막다른 골목에 이르러서야 '애초에 뭘 생각해야 했던 거지?'라며 갈팡질팡하는 상태가 가장 비효율적이다. 그러니 문제 영역을 미리 설정해두자. 그러면 '무엇을 생각하면 좋을까?'에서 벗어나 답을 찾는 데 집중하는 상태로 두뇌를 재빨리 전환할 수 있다. 이로써 사고가 흐트러지지 않고 맑은 머리로 문제에 대처할 수 있다.

## 프레임워크로 생각하는 힘을 끌어내는 6W2H

하지만 스스로 처음부터 논점 설계의 모든 것을 해내는 데는 어려움을 느낄 수 있다. 그럴 때는 세상에 나와 있는 프레임워크를 질문의 기본형으로서 참고할 수 있다.

제3장에서도 소개했듯이 SWOT, PEST, 5Forces, 3C, STP, 4P, QCD, 4M 등 다양한 프레임워크가 있으며, 이들의 바탕에는 **프레임워크가 사고를 촉구하는 질문을 내재화한 것**이라는 사실이 공통으로 깔려 있다. 프레임워크를 머리에 떠올려 제시된 관점을 스스로 자문해 보면 자기 안의 생각하는 힘을 끌어낼 수 있다.

내가 오랜 세월 함께 해온 프레임워크 6W2H를 소개하겠다. 이는 5W1H를 확장한 것으로, 다음 여덟 가지 질문으로 구성된다.

- Why? (뭘 위해서?)
- Where? (어디서?)
- Who? (누가?)
- Whom? (누구에게?)
- What? (무엇을?)
- When? (언제?)
- How? (어떻게?)
- How much? (어느 정도?)

이들 질문을 기본 관점으로 개별 주제에 맞춰 질문으로 설정해 나가면 어떤 주제에도 응용할 수 있다. 실제로 이 6W2H를 자유자재로 사용할 수 있으면 프로젝트 설계, 전략 책정, 업무 개선, 조직 개혁, M&A 등 그 어떤 분야에도 응용할 수 있다.

그중 전략 책정을 검토할 때는 6W2H의 관점에 따라 [도표 5-14]

### [도표 5-14] 6W2H의 기본형을 활용해 포괄적인 전략 마련하기

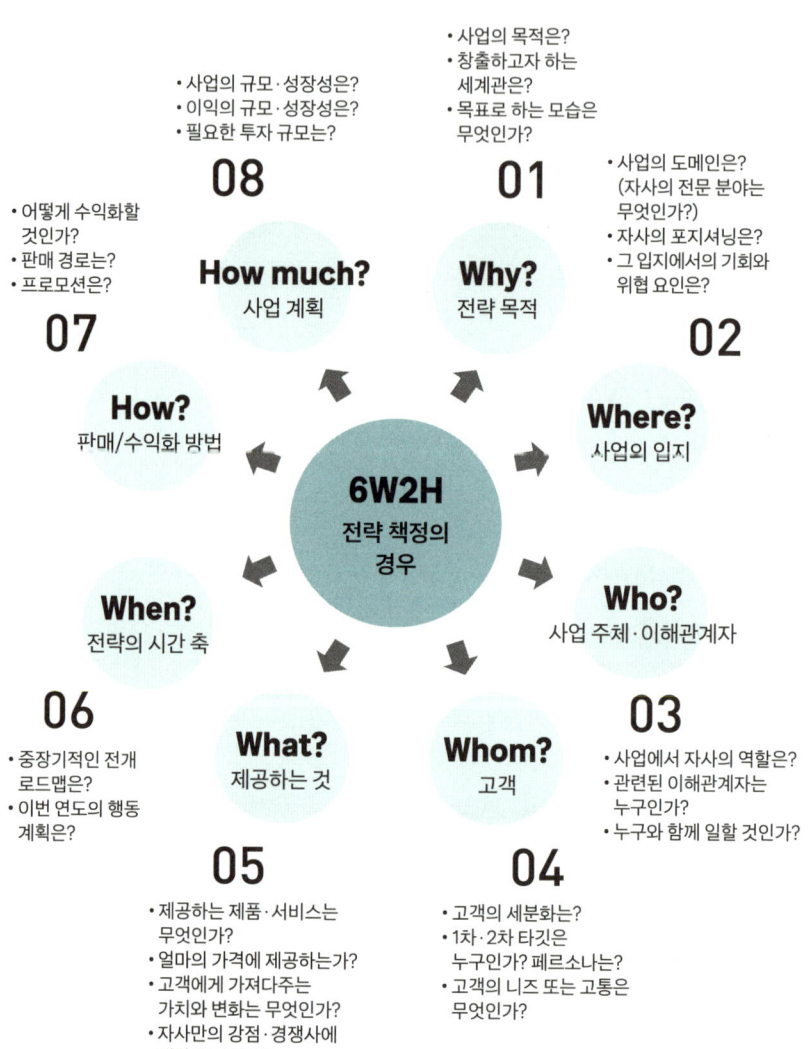

와 같은 질문 구성(문제 영역)을 설정할 수 있다. 6W2H가 효율적인 까닭은 지금까지 잘 알려진 4P(상품, 가격, 유통, 촉진 전략)나 STP(세분화, 타기팅, 포지셔닝) 같은 프레임워크가 정리되어 여기에 포함되어 있기 때문이다.

질문이 떠오르지 않을 때는 우선 이런 프레임워크가 주는 실마리를 발판 삼아 주제에 생각을 들여 넣는다. 그리고 거기서부터 주제 고유의 질문을 파고들면 점차 깊이 있게 사고해 나갈 수 있다.

## 프레임워크의 마지막 단계, 스스로 질문 만들기

프레임워크를 알고 있는 단계에서 도구로 사용하는 단계로 접어든다면 이는 큰 진전이다. 하지만 그 앞에 또 하나의 발전이 있다. 바로 '프레임워크를 스스로 만들 수 있는' 상태다.

프레임워크를 사용할 수 있게 되었다고 해서 이걸 적용하면 모두 잘 되고 만사형통인 것은 아니다. **기존의 프레임워크는 어디까지나 범용품이므로 거기서 고유한 질문과 시사점을 도출하기 위해서는 두뇌를 제대로 작동시켜야 한다.** PEST나 5Forces, SWOT에 양식대로 내용을 채웠지만 그다음은 어떻게 해야 하지?' 같은 상황을 경험해 본 적이 있을 것이다.

그뿐만 아니라 기존의 프레임워크에 따라 틀에 박힌 형식대로 따라가다 보면 "그건 그저 당연한 말이네요."라는 말을 듣게 된다. 이때 필요한 것은 **고유한 상황에 맞춰 프레임워크를 스스로 만드는 일이다.**

컨설팅에서도 프로젝트 전체와 관련된 논점 설계는 매니저급 이상의 숙련된 사람이 맡아 진행한다. 이런 매니저급 컨설턴트들은 고객의 고유한 상황과 그 회사만이 가지고 있는 과제를 반영하면서도 그 프로젝트만을 위한 질문으로 프레임워크를 만들 수 있다. 이들처럼 자신이 지금 직면한 상황에 대응해 고유한 질문의 틀을 만드는 것을 목표로 해야 한다.

## 돌파구를 뚫는 열쇠가 핵심 질문이다

컨설팅 현장에서 일하고 있을 때 '이 안건의 핵심 질문은 무엇인가?'라는 말이 나올 때가 있다. 핵심 질문key question이란 문제의 핵심을 파고들어 그 질문에 답함으로써 검토의 보틀넥bottle neck(병목 현상—옮긴이)을 제거하거나 큰 가치의 창출을 기대할 수 있는 열쇠가 되는 질문이다. 이 점에서 문제의 표층을 훑어보는 단순한 질문과 다르다. 흥미 본위로 그냥 알고 싶어서 하는 질문이 아니라 '대답이 절실히 필요한 질문'이며, 반드시 해결하겠다는 '자신의 의지로 설정한 질문'이다.

가령 어떤 스타트업이 새로운 앱의 사용자 수가 기대만큼 늘지 않는다는 문제에 직면했다고 하자. 팀원들이 모여 '왜 사용자 수가 늘지 않는 걸까?'라는 질문을 설정했다. 아주 평범한 질문이다. 이 질문에 따라 시장 조사를 실시하고 광고 효과를 분석했으며 경쟁사와 비교도 해봤다. 하지만 그런 방식으로는 문제를 근본적으로 해결할 수 없다. 바로 이럴 때 핵심 질문이 무엇인지를 생각해 봐야 한다. 가령 다음과 같은 질문을 던지면 어떨까?

- 사용자는 새로운 앱에서 무엇을 원하는가?
- 우리의 앱은 그 기대에 어떻게 부응하지 못하고 있는가?

팀이 추구하는 초점은 근본적인 사용자 체험을 재검토하는 데 맞춰질 것이며, 그 결과 자신들이 만든 앱을 정말로 필요한 앱으로 개선하기 위해 신중히 검토해 나갈 것이다.

이렇듯 핵심 질문은 문제의 본질을 향해 사고와 행동의 방향을 정하고 돌파구를 만든다. 컨설턴트는 막연한 호기심 수준의 질문에 시간을 할애해서는 안 된다. 해결해야 할 질문을 철저히 확인하고 의지를 갖고서 질문을 설정해야 한다.

## 한눈에 보이는 '질문 구조도'를 그린다

회의에서 논의가 활발하게 오가는 가운데 '원래 뭘 의논하고 있던 거지?'라고 갑작스럽게 의문이 들어 당황하는 경우가 종종 있다. 이때 '① 논의의 중심이 되는 질문, 즉 논점은 무엇일까?'라고 자문하는 일은 논의의 방향을 파악하는 첫 실마리다. 이 ①의 문제에 대해서는 논의가 시작될 때 사토 씨가 말해 주었기에 이해하기 쉽다. '신규 고객 확보에 박차를 가할 방법은 무엇인가?' 이것이 논의 전체의 중심이 되는 질문이다.

이런 질문은 회의장 앞에 서 있는, 토론 주제가 쓰인 입간판과도 같다. 개별적인 세부 논의로 들어가기 전에 이 입간판을 찾는 것이 논의를 파악하기 위한 첫걸음이다.

여기서 더 나아가 '② 그 중심이 되는 질문에서 세 명의 의견을 근거로 개별 논점을 어떻게 분해할 수 있을까?'를 생각해 보자.

먼저 쓰지모토 씨가 '인재의 스킬을 향상시킬 수 있을까?'에 대한 문제를 제기하고 있다. 그 관점에서 논의를 따라가 보면 다음의 논점이 더욱 구체적인 하위 논점으로 위치한다.

- 어떻게 영업 팀 전체의 스킬을 끌어올릴 수 있을까? (사토 씨)
- 어떻게 개인의 스킬을 향상시킬 수 있을까? (쓰지모토 씨)

다음으로 인재의 스킬과는 다른 관점에서 아리사카 씨는 '영업 프로세스를 어떻게 효율화할까?'라는 문제의식이 있음을 알 수 있다. 아리사카 씨는 IT 부분에 소속되어 있는 것인지, 영업 프로세스의 효율화와 관련해 다음과 같은 개별 논점도 제기하고 있다.

- 현재의 IT 툴을 어떻게 개선해야 할까?
- 어떻게 데이터 활용을 촉진할까?

그리고 세 번째가 쓰지모토 씨의 마지막 발언이다. 인재 스킬도 영업 프로세스도 아닌 '팀원들에게 어떻게 동기를 부여해 의욕을 높일까?'라는 다른 관점에서 문제의식을 피력했다. 그 과제를 실현하기 위한 개별 논점으로서 '어떤 인센티브 제도를 설계해야 할까?'라는 질문으로 파고들었다.

이렇게 해서 활발하게 오가던 논의를 다음 페이지의 [도표 5-15]와 같은 '질문의 구조'로서 파악할 수 있다. 이는 머릿속에서 논의에 관한 지도를 얻은 것이나 다름없다. 이 표만 있으면 사고의 초점을 지도상에서 자유롭게 전환해 논의를 쫓아갈 수 있어 '③ 세 사람의 의견에 포함되어 있지 않은, 달리 생각할 수 있는 논점이 무엇이 있을까?'라는 질문에 대해서도 한발 물러선 시선으로 생각해 볼 수 있다.

[도표 5-15] 명확한 질문으로 사고의 초점을 맞춰라

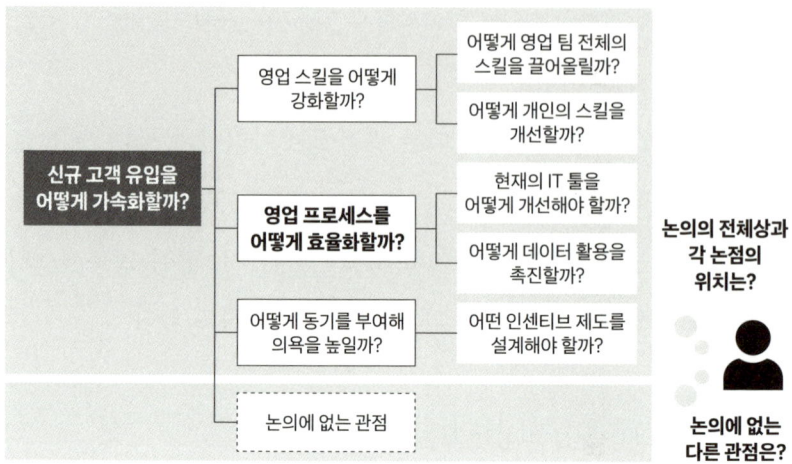

위 도표를 보면 지금 이 논의는 '영업팀'이 주제라는 것을 알 수 있다. '그렇다면 영업팀의 입장 이외에 다른 관점도 있지 않을까?'라고 생각해 볼 수 있다. 이를테면 다음과 같은 질문이다.

- **전략의 관점**: 신규 고객의 세분화와 타깃 고객상은 정해져 있는가?
- **상품의 관점**: 지금까지의 상품 스펙과 가격은 신규 고객의 니즈에 부합되는가?
- **판로의 관점**: 신규 고객을 끌어들이기 위한 판매 경로가 준비되어 있는가?

우왕좌왕하지 않으려면 논의에서 질문을 추출해 한눈에 보이도록 구조화하는 것이 중요하다. 구조화를 하면 '지금은 논의의 초점이

어디에 맞춰져 있는가?', '어떤 질문을 중점적으로 생각해야 하는가?', '어떤 질문은 아직 검토가 부족하지는 않은가?'라는 전체적인 관점으로 논의를 관리할 수 있다. 질문 설정은 사고 기술일 뿐만 아니라 관리 기술이기도 하다.

## 질문을 던져야
## 지적으로 자립한다

상사에게 생산성을 개선하라는 지시를 받고 시킨 대로 일을 하는 것은 스스로 생각하는 상태와는 거리가 멀다. 이렇게 수동적인 업무 태도가 아니라 아래와 같은 질문을 미리 설정했다면 어떨까?

'이 생산성 개선 활동을 통해 어떤 모습을 목표로 할 것인가?'
'현재의 업무 중에서 어느 부분이 생산성을 떨어뜨리는 보틀넥인가?'
'그렇게 된 원인은 무엇인가?'
'개선 방법에는 무엇이 있을까?'
'그 방법을 지속하려면 어떤 구조를 만들어야 하는가?'

스스로 이런 문제의식을 갖게 되었을 때 상사의 지시는 주어진 일이 아닌, 해결해야 할 절실한 질문으로서 형태를 갖추게 된다. 이런 질문을 스스로 받아들이고 그 질문에 긴장감을 유지하는 것이 스스로 생각하기 위한 최대 조건이다.

여러분은 과연 타인이 던진 질문에 따라 휩쓸리면서 사는 삶을 좋다고 할 것인가? 그렇지 않을 것이다. 우리는 스스로 질문을 던지며 살기를 원한다. 그러기 위해서도 스스로 질문을 생각하고 설정하고 받아들여야 하며 그로써 지적 독립을 이뤄야 한다. 이렇게 하는 일의 중요성은 아무리 강조해도 지나치지 않다.

## 어떤 질문을 하느냐에 따라 인격도 달라진다

질문을 파헤쳐 들어간 그 끝에는 생각을 잘하는 것 이상의 의미가 있다. 이는 자신이 어떤 질문을 안고 있느냐에 따라 자신이라는 인격마저도 형성된다는 사실을 의미한다.

새로운 일에 도전할지를 고민하는 상황에서 도전할 수 없는 이유를 줄줄 대는 사람이 간혹 있다. 그 사람의 머릿속에는 '왜 굳이 이렇게 힘든 일을 하려는 거지?', '과거에도 도전했다가 실패했는데 지금 다시 해도 불가능하지 않을까?' 같은 질문이 도사리고 있다. 이런 질문이 머릿속에 줄곧 자리 잡고 있으면 언제나 사물을 부정적인 측면에서만 보게 되고, 결국은 어떤 결과나 성과도 내지 못하고 실패만 반복하게 된다.

반면에 **'가능하게 하려면 뭐가 필요할까?', '만약 할 수 있다고 가정하면 어떻게 해야 실현할 수 있을까?'** 같은 질문이 늘 머릿속에 담겨 있는 사람은 어떨까? 그런 사람은 어려운 상황이나 힘든 과제에 직면해도 항상 그 난관을 돌파하기 위한 가능성을 찾으려 할 것이다. 그런 사고와 행동의 축적이 어느 사이엔가 밝고 유연한 정신을 지닌 인격을 형성한다.

우리는 좋은 질문을 품고 있는가? 자신을 깎아내리는 나쁜 질문이 마음속을 채우고 있지는 않은가? 질문이 불러일으키는 영향력은 우리가 살아가는 모습에까지 미친다.

**제3부**

합

신 로지컬 씽킹으로
사고를 완성하라

논증은 사실과 논리적 절차를 통해 주장의 옳음을 증명한다. 하지만 논증만 추구하다가는 코모디티 사고의 함정에 빠지기 쉽다. 이에 반해서 발견은 기존의 틀을 넘어 새로운 통찰을 가져온다. 하지만 그것만으로는 완전한 결론을 내릴 수 없다. 논증과 발견, 이 두 가지가 통합·지양되어야 할 필연성이 여기에 있다.

서로의 강점을 살리고 약점을 보완함으로써 신 로지컬 씽킹으로 승화하는 것, 이 통합된 '사고의 틀'을 설명하고 이를 한껏 높이고 단련하기 위한 길을 이번 파트에서 알려 주고자 한다.

제6장

# 새로운 논리적 사고의 틀, QADI 사이클

드디어 이 책의 클라이맥스까지 왔다. 지금까지 설명한 많은 기술은 각각 단독으로 사용하기만 해도 큰 위력을 발휘한다. 그러면서도 각각의 기술이 서로 연결되어 공명하듯이 더욱 큰 힘을 가져다준다면 어떨까? 신 로지컬 씽킹은 여러 개의 사고법을 조합한 통합의 논리syn-logical이기도 하다. 지금부터 이 통합된 사고에 대해 알아보자.

##  침체된 동물원 경영을 어떻게 되살릴까?

　신로지 애니멀 파크는 중간 규모의 동물원을 운영하는 기업이다. 그런데 요 몇 해 사이 지속된 경기 침체로 여행이나 레저 부문의 지출이 줄었다. 더불어 동물원에 대한 관심도 줄어들어 매년 동물원을 찾는 사람이 감소하고 매출이 크게 떨어졌다. 이대로 가다가는 경영을 지속할 수 없다고 위기감을 느낀 신로지 애니멀 파크의 CEO 사토 사장은 매출 회복과 장래의 성장을 도모하기 위해 경영 컨설턴트인 가와카미 씨에게 조언을 구했다.

　가와카미 씨는 동물원 방문객의 증가와 새로운 수익원의 확보를 위해 신로지 애니멀 파크의 침체 상황을 전환하기 위한 전략을 세워야 한다. 더불어 새로운 콘셉트와 구체적인 계획 그리고 성장을 위한 스토리를 그려 나가는 것이 핵심이다.

- 동물원 방문객 증가와 새로운 수익원 확보를 위한 전략 구상
- 동물원의 새 콘셉트와 계획, 성장을 위한 스토리 전개

이 사례에서는 지금까지 설명한 모든 사고법을 자유자재로 활용하고 전력을 다해 사고해 나가야 할 것이다. 여러분이라면 어떻게 생각하고 구상하겠는가?

## 무엇을 위한 '사고의 틀'인가

이번 장에서는 지금까지 설명한 사고법을 통합해 하나의 사고 틀로서 승화시키고자 한다. 이를 위해 기본 틀을 익히는 일의 의의를 다시 한번 생각해 보자.

틀이란 숙련자가 오랜 세월 단련한 끝에 도달한 이상적인 동작을 응축해 누구나 익힐 수 있는 하나의 형식으로 다듬은 것이다. 어떤 무술에서든 상대와 대결하는 '대련'보다 먼저 동작의 품새, 즉 '기본 틀'을 가르친다. 자기만의 방식으로는 아무리 애쓴다 해도 자신의 한계를 넘어설 수 없다. 하지만 기본 틀은 이상적인 동작을 보여 주는 모델이며 초심자가 지닌 가능성을 넓혀 준다.

미지의 문제가 나타났을 때 움직이는 방식의 기본 틀이 없으면 '어쩌지? 어떡하면 좋아?'라며 선뜻 나아가지 못하고 망설이게 된다. 하지만 틀이 몸에 배어 있으면 '우선은 평소처럼 손부터 공격해 보자' 하고 침착하게 문제를 마주할 수 있다. 흔들리지 않는 틀만 하나 가지고 있으면 다양하게 변화하는 문제에도 대응할 수 있는 '변화대응력'을 얻을 수 있다.

기본 틀을 구축하지 못한 채 무턱대고 움직인다면 그저 자신의 좁은 영역 속에서 버둥거릴 뿐이다. 기본 틀은 오히려 사고와 행동의 틀을 이상적인 영역으로 확대해 준다. 그리고 틀이라는 토대가 있기에 여기서 벗어나 '창의성'을 더욱 적극적으로 발휘할 수 있다.

[도표 6-1] 사고의 기본 틀이 있으면 변화 대응력과 창의성이 향상된다

틀이 없으면 자신의
좁은 영역 안에서 버둥거릴 뿐이다

틀은
나의 가능성을 넓혀 준다

- 틀이 가르쳐 주는 '이상적인 움직임의 체득'
- 틀의 움직임을 실마리로 하는 '변화 대응력'
- 틀을 깨뜨리는 데서 싹트는 '창조성'

**변화 대응력과 창의성은 앞으로의 시대가 필요로 하는 능력이다.** 사고의 틀을 익히는 것은 이 시대를 살아가기 위한 기술을 몸에 익히는 것을 의미한다(도표 6-1).

# 연역, 귀납, 가설추리의 강점과 약점

이 책에서 소개하는 사고의 틀은 연역적 사고, 귀납적 사고, 가설추리적 사고를 통합한 것이다. 각각의 방법에는 각각의 강점과 약점이 있어, 이들을 통합하면 서로 약점을 보완하고 강점을 더욱 강하게 만드는 시너지 효과가 생긴다. 이들 사고법을 통합해야 하는 이유가 바로 여기에 있다.

사고의 통합을 위해 다시 한번 이들 사고법의 강점과 약점을 정리해서 되짚어 보자. 우선, 연역적 사고가 지닌 최대의 강점은 다음과 같다.

- 획득한 정보가 지닌 잠재력을 끌어내 최대한 효율적으로 활용할 수 있다.

탐정이 용의자의 소매에 묻은 작은 얼룩을 보고 범행의 단서를 찾아내는 것이 바로 여기에 해당한다. 반면에 연역적 사고의 약점은 다음과 같다.

- 논의의 출발점이 되는 전제를 형성할 수 없다.
- 전제 자체가 옳은지 아닌지를 판단할 수 없다.

이를테면 '나가노현에 사는 사람은 아이스크림을 먹는다'라는 전제에서 '나가노현에 사는 그녀도 매일 아이스크림을 먹는다'라는 결론을 연역적으로 도출할 수 있다. 하지만 '나가노현에 사는 사람은 아이스크림을 먹는다'라는 전제가 어디서 나온 건지, 그 전제가 정말 옳은지에 관해서는 연역법은 아무것도 알려 주지 않는다. 이때 귀납적 사고가 이 연역법의 약점을 보완해 준다. 귀납법의 강점은 다음과 같다.

- 개별의 샘플을 관찰·수집함으로써 객관성 높은 결론을 끌어낼 수 있다.
- 샘플을 모으는 중에 오류를 깨닫게 해준다.

귀납법의 강점과 연역적 사고의 약점은 분명 대조적이다. '나가노현에 사는 사람은 아이스크림을 먹는다'라는 전제가 타당한지 아닌지는 나가노현 사람들이 매일 아이스크림을 먹는지, 각각의 사례를 모아 귀납적으로 조사하면 알 수 있다. 한편 귀납법과 연역법의 공통적인 특성으로는 다음과 같다.

- 순서에 따라 논리적으로 생각하면 누구나 같은 결론에 도달한다.

이는 논리의 '재현성'을 뜻하며 수학이나 과학 등의 학문에서는 없어서는 안 될 특성이다. 하지만 가치는 차이에서 생겨난다. 그렇다면 누구나 같은 일을 할 수 있게 되는 이 재현성은 비즈니스에서는 코모디티화로 이어지는 약점이기도 하다. 연역법과 귀납법으로 애써 증명해도 "많은 얘길 해주셨지만 그건 생각해 보면 다 알 수 있는 당연한 것들이죠."라는 말을 듣게 될 것이다.

그래서 가설추리법, 즉 가추법이 필요하다. 뉴턴이 사과가 나무에서 떨어지는 것을 보고 만유인력의 존재를 알아냈듯이 가추법의 강점은 다음과 같다.

- 완전히 새로운 가설을 획득하게 해준다.

이 발상의 근간은 사람이 그때까지 축적해 온 고유한 지식·경험·가치관에 있기 때문에 독자성 있는 가설을 창출할 수 있다. 그러나 가추법에도 약점은 있다.

- 가추법에 따라 고안된 가설의 정밀도·정당성은 상대적으로 낮다.

가추법은 논리를 비약하거나 본래와는 다른 역발상으로 창조적 발견을 가능하게 한다. 하지만 그 반동으로 논증의 확실성이 떨어질 수 있다.

연역법, 귀납법, 가추법, 이 각각의 사고법은 저마다 강점이 있는 반면에 약점도 갖고 있다. 이런 사실은 어느 한 가지 방법으로 문제가 전부 해결되지 않으며 단독으로 완벽한 사고법은 존재하지 않는

[도표 6-2] 모든 사고법에는 강점과 약점이 있다

| | 연역법 | 귀납법 | 가추법 |
|---|---|---|---|
| 강점 | • 획득한 정보가 지닌 잠재력을 끌어내 최대한 효율적으로 활용할 수 있다<br>▼<br>가추법의 강점을 더욱 끌어올린다 | • 개별의 샘플을 관찰·수집함으로써 일반성 높은 결론을 끌어낼 수 있다<br>• 샘플을 모으는 중에 오류를 깨닫게 해준다<br>▼<br>가추법의 약점<br>(낮은 정밀도)을 보완한다 | • 완전히 새로운 가설을 획득할 수 있게 해준다<br>▼<br>연역법·귀납법의 약점<br>(누구나 같은 결론에 도달한다)을 보완한다 |
| 약점 | • 논의의 출발점이 되는 전제를 형성할 수 없다<br>• 전제 자체가 옳은지 아닌지 판단할 수 없다<br>• 순서를 따라 생각하면 누구나 같은 결론에 도달한다 | • 순서에 따라 생각하면 누구나 같은 결론에 도달한다<br>• 블랙스완으로 결론이 뒤집힐 수 있다 | • 가설의 정밀도·정당성이 상대적으로 낮다 |

다는 사실을 시사한다(도표 6-2).

## 사고의 삼위일체화로 강점을 살리고 약점을 보완하라

연역, 귀납, 가추, 이 세 가지 사고법은 각각 서로의 약점을 보완하고 강점을 끌어올리는 관계다. 이들을 융합했을 때 사고는 다음과 같은 흐름을 이룬다.

- 가추법으로 논리를 전개하는 출발점인 가설을 창출하고
- 연역법으로 그 가설이 지닌 잠재력을 시사점으로 끌어내어

[도표 6-3] 각각의 사고법을 조합해 강점을 살리고 약점을 보완하라

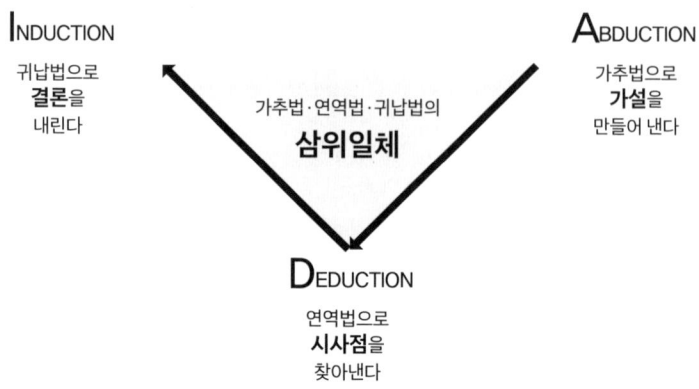

- 귀납적 사고로 가설에 오류가 없는지 사실을 기반으로 검증해 결론을 내린다.

이 프로세스가 **가설추리법·연역법·귀납법의 삼위일체 사고**다. 이 세 가지 사고법은 각각 단독으로도 강력한 방법이지만, 이들을 통합하면 서로의 약점을 보완하고 강점을 더 높이 끌어올리는 시너지 효과가 생겨 한층 진가를 발휘하게 된다.

즉 가추법·연역법·귀납법은 각각 단독으로 존재할 때보다 세 가지를 융합해 종합적 사고법으로 사용할 때 진가를 발휘한다. 세 가지 사고법을 묶으면 서로의 강점으로 각각의 약점이 보완되어 완전한 추론 방법이 모습을 드러낸다. 이렇게 통합적인 사고법을 통해 비로소 올바르게 생각하기 위한 사고의 이상적인 균형을 이룰 수 있다(도표 6-3).

## 신 로지컬 씽킹의 '사고 틀' QADI 사이클

사고법의 통합은 여기서 끝이 아니다. 삼위일체가 된 사고법은 아직 가장 중요한 끝마무리가 되지 않았다. 먼저 사고의 원점이 무엇이었는지 떠올려 보자. 바로 '질문'이다. 질문을 통해 사고는 힘 있고 명료해지며 좋은 질문은 좋은 가설을 낳는다. 그 질문을 삼위일체 위에 두어야 발견과 논증을 통합한 신 로지컬 씽킹의 사고 틀이 완성된다. 다음 페이지의 도표는 이렇게 사고가 전개되는 틀인 **QADI 사이클**의 각 단계다(도표 6-4).

- **QUESTION(질문)**: 발견과 논증의 출발점이 되는 질문을 설정한다.
- **ABDUCTION(가설)**: 설정된 질문에 대해 의외성 있는 가설을 만들어 낸다.
- **DEDUCTION(시사)**: 가설이 지닌 잠재력을 끌어내어 시사점을 추출한다.
- **INDUCTION(결론)**: 가설·시사의 옳음을 검증하고 결론으로 도출한다.

이런 발견과 논증의 2대 국면이 통합되어 하나의 사고 틀로서 형태를 이뤘다. 논점 설계와 가설추리로 정보의 비대칭성·차별화를 낳는 의외성 있는 가설을 형성하고, 연역적 사고·귀납적 사고로 그

[도표 6-4] 신 로지컬 씽킹의 사고 틀, QADI 사이클

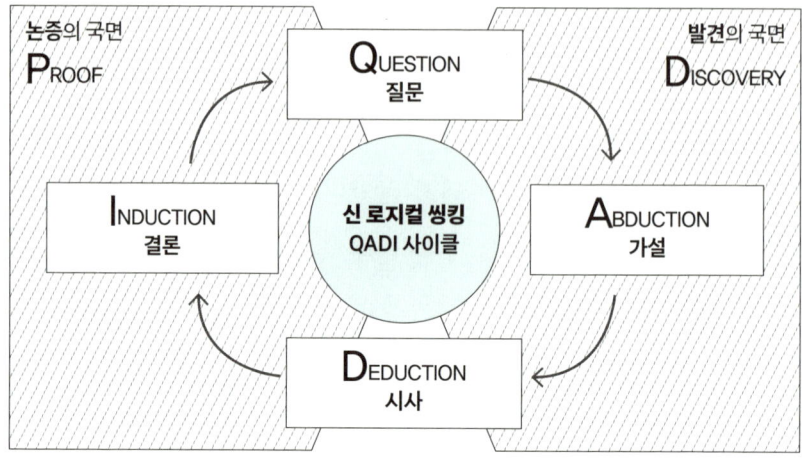

정당성을 뒷받침한다. 이렇게 사고의 흐름을 형태화함으로써 재현성 또한 보장한다.

제1장에서 재현성과 차별화는 서로 모순되는 딜레마라고 설명했다. 하지만 지금 이들의 대립은 승화(아우프헤벤)되어 새로운 사고의 틀이 되었다.

## 메일 한 통에서 면접까지
## QADI 사이클로 실행하라

QADI 사이클로 나타낼 수 있는 사고의 틀은 단지 큰 문제를 생각하기 위한 것만은 아니다. 이메일 작성과 같은 작은 일부터 프로젝트 설계와 같은 큰일까지, 이 사고 틀 하나로 대응할 수 있다. 이 사

고의 틀에는 크고 작게 확장과 축소를 자유롭게 할 수 있는 스케일 프리scale-free의 특성이 있다. 예를 들어 누군가에게 의뢰 메일을 쓸 때는 다음과 같은 순환 과정에 따라 쓸 수 있다.

- **Q(질문)**: '어떤 방법으로 메일을 써야 흔쾌히 대응해 줄까?'라고 질문을 설정한다.
- **A(가설)**: 거기서부터 '상대에게 이득이 있어야 해. 그 이득은 ○○'라고 가설을 제시한다.
- **D(시사)**: 그 가설을 토대로 삼아 연역적으로 의미를 끌어내면서 메일 내용을 써 나간다.
- **I(결론)**: 자신의 경험을 통해 메일 내용이 타당한지를 귀납적으로 검증한다.
- **QADI 사이클**: 거기서 개선의 여지가 있으면 다시 한번 이 과정을 반복한다.

스케일을 조금만 더 크게 해서, 면접에서의 케이스워크 상황에서도 다음과 같이 사용할 수 있다.

- **Q(질문)**: 케이스워크의 전제와 대답해야 할 논점을 확인한다.
- **A(가설)**: 문제에 대한 접근법이나 가설을 여러 개 세우고 그중에서 유망한 것을 추린다.
- **D(시사)**: 가설을 토대로 질문에 답하기 위한 스토리를 전개한다.

[도표 6-5] QADI 사이클을 확장 및 축소해 사용하기

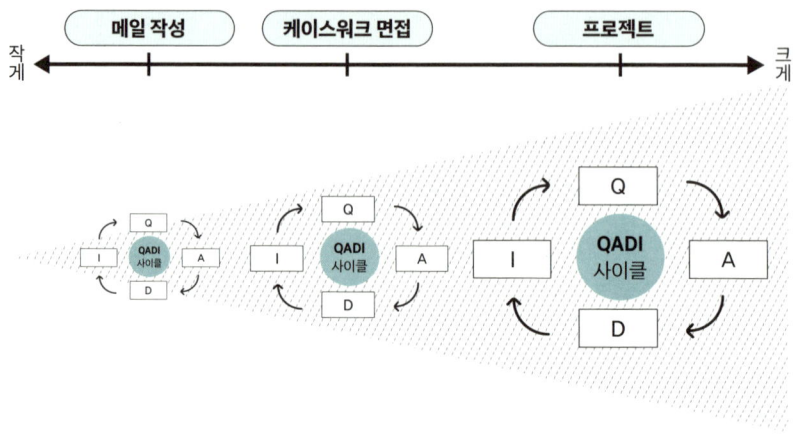

- **I(결론)**: 답변의 근거·타당성을 확인하고 결론으로서 정리한다.
- **QADI 사이클**: 면접관에게 피드백을 받아 답을 더욱 다듬는다.

또한 이 사고의 틀을 프로젝트에 적용해 스케일을 더욱 확대할 수도 있다. 예를 들어 3개월의 전략 책정 안건에 적용하면 아래와 같은 형태로 프로젝트 설계에 적용해 실행할 수 있다.

- **Q(질문)**: 프로젝트에서 대답해야 할 논점(핵심 질문)을 설계한다. (첫 1주일)
- **A(가설)**: 조사와 병행하면서 여러 개의 초기 가설을 고안하고 유망한 가설로 좁혀 들어간다. (다음 3주간)
- **D(시사)**: 가설을 토대로 전략 스토리를 전개한다. (다음 2주간)

- **I(결론)**: 가설과 전략 스토리의 타당성을 검증하고 일단 결론으로 정리한다. (다음 2주간)
- **QADI 사이클**: 추려 낸 가설을 다듬어 실행 계획을 정리한다. (마지막 4주간)

이런 식으로, 직면한 상황이 작은 일이든 큰일이든 QADI 사이클에 따라 침착하게 대응할 수 있다(도표 6-5). 모든 상황에서 사용 가능한 보편적인 형태이므로 마음껏 활용하길 바란다.

## 발견과 논증의 평형감각 되찾기

신 로지컬 씽킹은 발견과 논증을 함께 작동시키려는 사고법이다. 이를 자유자재로 활용하려면 발견과 논증 모드를 유연하게 오가는 사고의 평형감각을 깨닫는 것이 중요하다.

앞서 '한계를 넘으면 선도 악으로 바뀐다'는 말로 설명했듯이 물도 너무 많이 마시면 신체에 나쁜 영향을 미친다. 기존의 로지컬 씽킹도 마찬가지다. 적절히 사용하기만 하면 논리적이고 이해하기 쉽게 설명할 수 있다. 하지만 그 적정선을 넘어 과도하게 사용하면 형식에 얽매인 평범한 발상에 치우쳐 의외성 있는 발상이 결여된다. 즉 코모디티 사고의 함정에 빠진다.

그렇기에 사고의 원점으로 되돌아가는 질문을 스스로 만들고, 의

### [도표 6-6] 발견과 논증의 평형감각을 유지하라

**논증에 치우친 불균형한 사고**
의외성, 새로움이 없고 재미가 없다
= 코모디티 사고의 함정에 빠진다

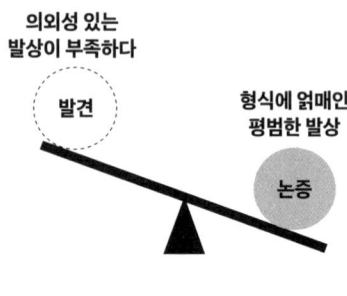

---

**발견과 논증의 평형감각을 되찾은 사고**
발견과 논증의 균형을 잡아 의외성이 있으며
논리적인 사고를 할 수 있다

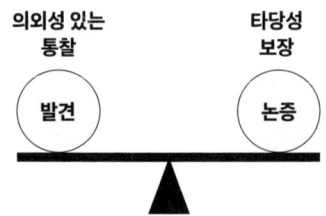

외성 있는 가설을 창출하는 평형감각을 되찾아야만 한다. 그렇게 해서 발견과 논증의 평형감각을 회복하면 생각하는 힘을 끌어낼 수 있다(도표 6-6). 이것이 우리가 목표로 하는 신 로지컬 씽킹의 새로운 지평이다.

## 설명하는 순서와 생각하는 순서는 다르다

이 사고의 틀은 무언가를 생각할 때, 우선 질문을 설정하고 가설을 세워야 한다고 설명한다. 하지만 "충분한 분석도 하지 않은 채 갑자기 가설을 세우다니, 그런 즉흥적인 생각은 아무도 이해하지 못할 것 아닌가?"라고 의문을 제기하는 사람이 있을지도 모른다.

이런 상황은 설명하는 순서와 생각하는 순서가 뒤섞여 있는 데서 비롯된다. 대부분의 경우 설명하는 순서는 전제가 되는 배경을 먼저 전달하고, 거기서부터 차근차근 결론에 이르는 구조적 흐름을 따라간다. 하지만 생각하는 순서에서는 '혹시 ○○이 가능할까?'라는 가설이 먼저 떠오르는 등의 반전이 종종 일어난다. 이어서 '내 직감이 정말 옳은 걸까?'라고 검증 작업을 진행한다. 이렇게 반전된 프로세스는 효율적인 문제 해결을 위해 아주 중요한 역할을 한다.

신규 사업 개발의 예를 생각해 보자. 처음에 '이 사업 모델 구상이 성공하지 않을까?'라는 초기 가설을 세웠을 때 이 직감은 아직 데이터나 분석에 근거해서 나온 게 아니다. 하지만 처음에 이 가설을 세움으로써 이후 그 가설의 검증을 겨냥해 시장이나 경쟁사 조사를 실행할 수 있다. 그러면 조사와 분석을 진행할수록 '이 비즈니스 모델은 실제로 성공할 것 같다'라는 확신이 생긴다.

반대로 '설명하는 순서'로 생각하기 시작하면 어떻게 될까? 조사의 방향감각이 없는 상태에서 정보의 바다에 빠져, 도움이 될지 안 될지도 모르는 정보를 정리하고 분석하는 데 많은 시간을 허비하게 된다. 그렇게 해서 '시장의 트렌드는 ㅁㅁ이다', '경쟁사의 동향은 △△이다'라는 이야기를 한바탕할 수는 있겠지만 '그렇다면 자사는 무엇을 해야 하는가?'라는 질문에는 답하지 못한다.

　생각할 때는 결론부터 자유롭게 생각해도 좋다. 그 결론을 어떻게 검증하고, 얼마나 설득력 있는 스토리로 만드느냐는 그 이후의 이야기다.

사례
해결

# 동물원을 혁신 플랫폼으로 바꿔 매출을 회복한다

 그러면 이 사고의 틀은 실제로 두뇌를 어떻게 사용해서 실천하면 좋을까? 이를 사례 해결 과정을 통해 설명해 보려고 한다. 구체적인 문제를 생각하는 흐름 속에서 사고 방법을 파악해 자신의 것으로 만들어 보자.

### 1. 질문으로 논점을 설계한다

 첫 단계에서는 사고의 초점을 정하기 위해 질문을 설정한다. 이번 사례의 목적은 침체된 동물원의 매출을 회복하는 데 있으며 '어떻게 매출을 올릴까?'라는 질문에서 출발한다. 하지만 이대로는 질문의 범위가 너무 넓어 다루기 어려우니 더 작은 범위로 질문을 분해해 보자.

 그렇게 하면 매출 향상을 위한 방향성에 따라 다음 세 가지 질문으로 구분할 수 있다. 다음 페이지의 [도표 6-7]과 함께 살펴보자.

**[도표 6-7] 구체적인 해결책으로 들어가기 전에 먼저 풀어야 할 질문을 설정하라**

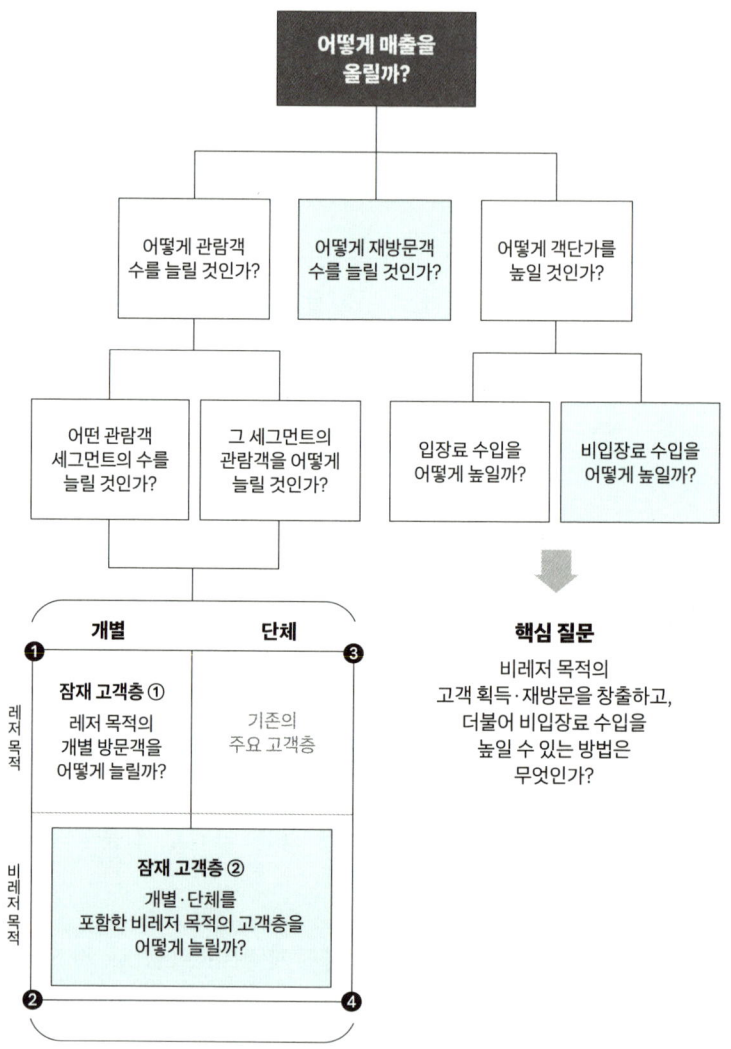

298　　　　　　　　　　　　　　　　　　　　　제3부　합습

① 어떻게 관람객 수를 늘릴 것인가?
② 어떻게 재방문객 수를 늘릴 것인가?
③ 어떻게 객단가(일정 기간의 판매 금액을 그 기간의 고객 수로 나눈 값. 고객 1인당 평균 매입액—옮긴이)를 높일 것인가?

이제 답해야 하는 질문을 좀 더 파고들어 보자. ①의 '어떻게 관람객 수를 늘릴 것인가?'라는 질문은 다음과 같이 더 구체적으로 나눌 수 있다.

①-1 어떤 관람객 세그먼트의 수를 늘릴 것인가?
②-2 그 세그먼트의 관람객을 어떻게 늘릴 것인가?

①-1과 관련해 동물원 관람객의 세그먼트를 정리해 보자. 세그먼트를 구분하기 위한 첫 번째 축으로 '개별 관람객-단체 관람객'이라는 분류 관점을 생각해 보는 것이다. 일반적으로 동물원을 찾는 관람객은 주로 가족이나 학생들 등 단체 관람객이 많다고 볼 수 있다. 하지만 지금까지 동물원을 한 번도 방문하지 않은 잠재 고객들인 '개별 관람객'도 있다.

또 하나의 축은 동물원을 이용하는 목적에 따라 '레저 목적-비레저 목적'으로 구분해 살펴보자. 동물원은 주로 레저 목적으로 방문하지만 비레저 목적의 고객층을 끌어들일 수는 없을지 생각해 보는 것이다.

이 두 축으로 고객 세그먼트의 매트릭스를 나누면 지금까지 고려하지 못한 고객층과 관련해 다음과 같은 질문을 추출할 수 있다.

- 레저 목적의 개별 방문객을 어떻게 늘릴 것인가?
- 개인 및 단체를 포함해서 비레저 목적의 고객층을 어떻게 늘릴 것인가?

이 중에서도 특히 비레저 목적의 고객층은 지금까지 생각해 보지 못한 의외의 질문일 수 있으므로 이 질문에 초점을 맞춰서 생각해 보기로 하자. 또한 ③의 객난가와 관련해서도 다음과 같이 질문을 나눠서 수입원에 대한 시야를 넓힐 수 있다.

③-1 입장료 수입을 어떻게 높일까?
③-2 비입장료 수입을 어떻게 높일까?

특히 비입장료 수입을 높이는 일은 객단가를 몇 배로 늘릴 수 있는 여지가 있어 동물원 경영 측면에서는 상당히 매력적이다. 이렇게 분해한 질문을 정리하면 풀어야 할 핵심 질문은 다음과 같이 압축할 수 있다.

'비레저 목적의 고객 획득·재방문을 창출하고 더불어 비입장료 수입을 높일 수 있는 방법은 무엇인가?'

이렇게 생각의 핵심이 될 만한 질문을 설정했다면 다음 단계로 넘어가자.

## 2. 가설추리법으로 초기 가설을 세운다

해결해야 할 질문이 명확해지면 이번에는 가설을 만들어 내는 단계다. 발견의 국면에서는 논증은 제쳐 두고 아이디어를 많이 내는 데 주력한다. 일반적으로 동물원을 위한 정통적인 방법을 생각해 보면 다음과 같은 발상이 떠오른다.

- 관람객의 시선을 잡아끄는 신기한 동물을 늘린다.
- 각종 이벤트를 적극적으로 마련한다.
- 동물과의 교감 등 바라보기만 하지 않고 직접 체험할 수 있는 기회를 제공한다.
- 무한 관람이 가능한 구독 형태의 입장료를 도입한다.

하지만 이런 발상은 누구나 다 떠올릴 만한 뻔한 제안으로, 가치가 거의 없다. 그러므로 가설추론적 사고를 활용해 기존과는 다른 각도에서 아이디어를 내보자(도표 6-8).

우선 레저 목적으로 비즈니스 업계에서 동물원을 활용하는 것도 가능하지 않을까? 기차나 버스의 디자인을 물총새의 모양을 참고하거나, 구명 로봇이 곤충의 형태를 모방하는 등 동물에서 창조의 힌트를 얻는 바이오미메틱스biomimetics, 즉 생체 모방 기술은 비즈니스

[도표 6-8] 가추법으로 의외성 있는 발상을 떠올려라

핵심 질문: 비레저 고객 확보·재방문을 끌어내고
더불어 비입장료 수입을 높일 수 있는 방법은 무엇인가?

**비즈니스 환경**

- 스타트업의 이노베이션 허브
- 방문객에게 테스트 마케팅의 장소를 제공
- 동물원을 비즈니스와 고객이 만나는 플랫폼으로
- 동물원 내의 자연환경을 활용한 공유 업무 공간

- 동물 행동 연구에서 시사점을 얻은 리더십 교육
- 동물의 사회 구조와 행동을 참고로 한 팀 관리 연수
- 동물원 내 활동을 통한 팀 빌딩 프로그램
- 동물의 행동과 생태를 토대로 한 비즈니스 아이디어 워크숍

**생활 환경**

- 장기 체재가 가능한 노마드형 생활 거주지 제공
- 체재자 대상으로 동물원 내 나이트 투어 기획
- 체재자 대상으로 식사·카페 제공
- 반려동물 사육 환경 제공
- 동물원 내 피트니스 시설

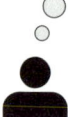
가추법

콘셉트: 이노베이션 플랫폼으로서의 동물원

에서도 효율적이라고 인식되고 있다. 여기서 다음과 같은 아이디어를 떠올릴 수 있다.

- 동물원을 스타트업의 이노베이션·허브 장소로 구상하면 어떨까?
- 나아가 관람객에게 테스트 마케팅의 장소를 제공하면 동물원도 비

즈니스와 고객이 만나는 플랫폼이 될 수 있지 않을까?

　이런 장소의 제공은 단순한 입장료와는 다른, 새로운 지속적 수입원으로서 기회를 가져다줄 것이다. 또한 '비즈니스를 목적으로 하는 고객에게 맞춰 동물원만의 업무 환경과 다양한 비즈니스 프로그램을 마련하는 것은 어떨까?'라는 가설에서는 다음과 같은 일들을 연상할 수 있다.

- 동물원 내의 자연환경을 활용한 공유 업무 공간
- 동물원 내에서의 활동을 통한 팀 빌딩team building(팀원들 개개인의 능력을 최대한으로 발휘하고 목표를 달성할 수 있는 팀을 만들기 위한 경영 기법—옮긴이) 프로그램
- 동물 행동 연구로부터 시사점을 얻은 리더십 교육
- 동물의 사회 구조와 행동을 참고한 팀 관리 연수
- 동물의 행동과 생태를 바탕으로 새로운 비즈니스 아이디어를 창출하는 워크숍

　이런 방안은 지금까지 해온 정통적인 비즈니스용 서비스에 비해 독창성이 있어 보이는 데다 동물원이라는 장소에서 제공한다는 점은 타사가 모방하기도 어렵다. 더욱 발상을 확장하면 요즘은 정해진 장소에 구애받지 않는 노마드nomad 방식이 새로운 업무 방식이자 생활방식으로 주목받고 있다. 이렇듯 '일하는 사람들의 생활'이라는

선상에서 다음과 같은 아이디어를 떠올릴 수 있다.

- 장기 체재가 가능한 노마드형 생활자를 위한 숙소 제공
- 숙박객을 위한 동물원 내 나이트 투어 기획
- 숙박객을 위한 식사·카페 제공
- 동물원 내 피트니스 시설
- 반려동물과 함께할 수 있는 환경 제공

이렇게 새로운 수입원을 창출할 수 있다면 비입장료 수입을 더 많이, 지속적으로 거둘 수 있을 것이다.

지금까지 생각한 아이디어를 묶어 초기 가설로서의 콘셉트를 정리해 보면 '이노베이션 플랫폼으로서의 동물원'이라는 방향성이 보인다. 지금까지 동물원에 없던 의외성 있는 아이디어라 앞으로 다양한 비즈니스 전략으로도 활용할 수 있을 듯하다. 그러면 이제 다음 단계로 넘어가 보자.

### 3. 연역적 사고로 시사점을 찾아낸다

'점'으로서의 초기 가설을 구상했으니 이번에는 가설을 '면'으로 넓혀 의미 있는 전략 스토리로 그려야 한다. 이것이 시사를 끌어내는 3단계다. '이노베이션 플랫폼으로서의 동물원'을 기점으로 했을 때 그 기점에서 다음의 네 가지 축으로 스토리라인을 끌어낼 수 있다. 여기서 주목해 볼 부분은 각각의 스토리가 하나의 줄거리로 구

성될 때까지 So what?을 연이어 질문함으로써 연역적 사고를 활용한다는 점이다.

① **스타트업 기업 유치를 통한 정기적인 비레저 수입 확보**
- 업무 공간 및 각종 프로그램 제공, 노마드형 주거 서비스 등 혁신적인 플랫폼으로서의 환경을 구축함으로써 (So what?)
- 선진적인 스타트업을 유치하고 (So what?)
- 정기적인 비레저 수입을 새롭게 확보할 수 있다.

② **테스트 마케팅을 통한 스타트업·일반 고객의 상호 강화 구조 형성**
- 스타트업을 통해 혁신이 활발해짐으로써 (So what?)
- 콘텐츠 업데이트가 어려운 동물원에서 선진적인 제품과 콘텐츠를 테스트 마케팅으로서 홍보·업데이트할 수 있게 되고 (So what?)
- 그 결과 일반 방문객의 관심을 끌어 레저 수입을 증가시키면서 (So what?)
- 일반 방문객이 증가함에 따라 테스트 마케팅 장소로서의 매력도도 높아지고 (So what?)
- 테스트 마케팅을 통해 '스타트업 증가 ⇌ 일반 방문객 증가'의 선순환 구조가 형성된다.

③ **대기업으로부터의 비레저 수입 확보**
- 각종 프로그램의 내실화·실적 소구가 가능해지고 (So what?)

[도표 6-9] 초기 가설의 잠재력을 끌어내 전략 스토리를 구축하라

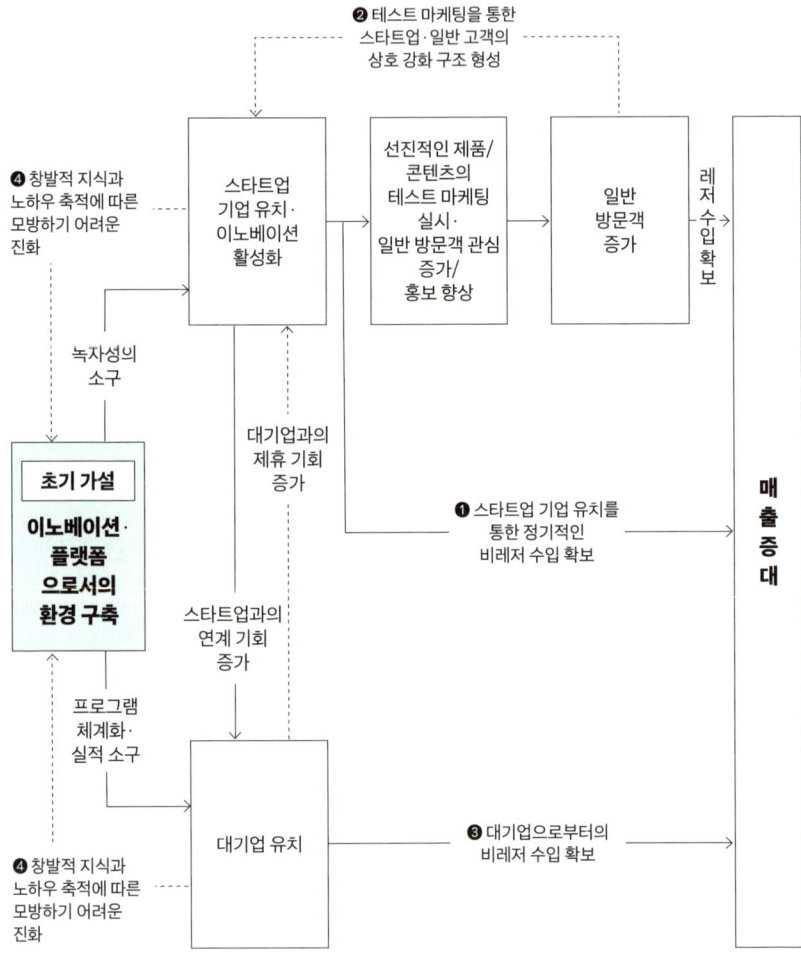

- 동시에 참여하는 스타트업 수가 늘어날수록 파트너와의 제휴 기회도 늘어나 (So what?)
- 대기업도 혁신 플랫폼의 이용 가치가 높아져 참여가 활발해질 것이다. (So what?)
- 따라서 대기업과의 협업을 기대하는 스타트업의 참여 또한 더욱 늘어나 (So what?)
- '스타트업 증가 ⇌ 대기업 참여 증가'라는 선순환 구조가 형성된다.

④ **창발적 지식과 노하우 축적에 따른 모방하기 어려운 진화**
- 스타트업 및 대기업과의 협업을 통해 이노베이션 플랫폼으로서 지식과 노하우가 축적되어 (So what?)
- 매력을 더욱 키우기 위한 진화를 이룬다. (So what?)
- 어떤 진화의 모습으로 나아갈지는 '참여 기업과의 창발 創發'(남이 모르거나 하지 않은 것을 처음으로 또는 새롭게 밝혀내거나 이루는 일―옮긴이)이라는 우연성에 맡길 수 있기 때문에 (So what?)
- 이렇게 달성된 진화는 남들이 모방하기가 무척 어렵다.

이 네 가지 스토리라인을 통합하면 [도표 6-9]와 같은 전략 스토리를 면으로 전개할 수 있다. 이렇게 스토리를 전개하는 데는 초기 가설의 콘셉트가 지닌 잠재력을 정교하게 끌어낼 수 있는 연역적 사고가 유용하게 쓰인다.

### 4. 귀납적 사고로 결론을 끌어낸다

마지막 단계는 지금까지 검토한 것을 결론으로 끌어올리는 일이다. 지금까지의 검토를 귀납적으로 총괄하면 '어떻게 매출을 올릴까?'라는 질문에 다음과 같이 답할 수 있다.

> 비즈니스 고객을 새로운 타깃으로 삼아 이노베이션 플랫폼으로서의 동물원 비레저 수입을 확보하는 동시에 일반 관람객 유입으로 재방문객 수와 비입장료 수입을 높인다.

초기 가설을 전개한 이 스토리가 실제로 확실한지를 검증하는 것이 4단계의 역할이기도 하다. 이를 수행하려면 축이 되는 스토리라인의 인과 관계(도표 6-9에서 화살표로 이어지는 부분)에 주목해 필요한 검증 작업을 추가해 나가면 된다. 다시 말해서 귀납적 사고를 활용해 그 인과관계가 성립한다는 논증을 뒷받침할 자료를 모아 검증하는 것이다.

이를테면 스토리라인 ①의 경우는 '스타트업을 정말로 유치하는가?'가 검증의 핵심이다. 그러면 다음과 같은 검증 방법이 보인다.

- **니즈 검증:** 스타트업이 동물원이라는 환경을 비즈니스에 활용하는 일에 관해 어느 정도 관심이 있는지 스타트업들을 대상으로 인터뷰 조사를 실시한다.
- **시범 도입:** 소규모의 비즈니스 프로그램을 시범적으로 도입해 참가

자들의 반응을 관찰한다.
- **피드백 수집과 개선**: 프로그램 참가자나 기업으로부터 피드백을 수집해 개선할 점을 파악한다. 이를 통해 가설의 확실성과 개선의 여지를 명확히 한다.

이런 검증을 거듭하면 이 가설의 옳음을 증명하고 마침내 결론으로서 확정할 수 있다.

이 사례에 대한 검증을 통해 앞서 설명한 QADI 사이클에서의 두뇌 사용법과 사고의 흐름을 이해했을 것이다. 다시 한번 핵심을 되짚어 보자.

- **Q(질문)**: 풀어야 할 질문을 처음에 확실히 설정해서 사고를 조준할 초점을 정한다. (논점 설계)
- **A(가설)**: 설정한 질문이 옳은지 아닌지는 일단 차치하고 의외성 있는 가설을 세운다. (가설추리)
- **D(시사)**: So what?이라고 몇 차례 자문함으로써 초기 가설이 지닌 잠재력을 끌어내 하나의 전략 스토리를 전개한다. (연역적 사고)
- **I(결론)**: 결론을 정리하고 옳음을 검증하기 위한 보완 자료를 갖춘다. (귀납적 사고)

이와 같이 하면 의외성이 있으면서도 논리적인 스토리가 그려지고 기존 로지컬 씽킹의 약점이었던 코모디티 사고의 함정을 극복할 수 있다. 이런 사고의 틀을 자유자재로 구사하게 되면 생각하는 일의 가능성이 무한대로 커질 것이다.

# 불확실성의 뷰카 시대에서 살아남는 법

'뷰카'VUCA의 시대로 불리는 오늘날의 환경은 변동적이고Volatile 불확실하며Uncertain 복잡하고Complex 모호하다Ambiguous. 세상이 너무나 빠르게 변화하다 보니 1년이라는 시간을 들여 완성한 계획이 갑작스러운 환경 변화로 한순간에 엎어지기도 한다. 시대의 불확실성이 가설의 유통기한을 앞당기는 것이다.

생물의 경우 환경의 변화에 대응해 자신의 모습과 행동 패턴을 생존에 유리한 형태로 바꿔 가며 생존을 꾀해 왔다. 이것이 바로 '적응'이며, 그 결과는 '진화'의 형태로 나타난다. 생물은 이렇게 적응과 진화의 생존 전략을 환경 변화와 함께 되풀이하면서 오랜 세월을 살아남았다.

여기서 가설을 하나의 생물에 비유해 보자. 환경 변화를 따라잡지 못한 생물은 결국엔 멸종하듯이 가설의 좋고 나쁨을 판단하는 데 너무 많은 시간을 들이다 보면 변화를 따라잡지 못해 가설이 진부해지고 만다. 그리고 그 가설은 폐기된다.

따라서 가설에 대해 어느 정도 과감하게 판단을 내려야 한다. 그러고 나서 그 판단이 좋은 결과를 낼 수 있도록 가설을 다듬는 데 시간을 투자해야 한다. 이것이 불확실한 뷰카의 시대를 살아가기 위한 '사고의 생존 전략'이다.

# 가설 진화론 혹은 '강하고 새로운 게임'

생물과 가설이 다른 점은 진화의 속도에 있다. 생물이 진화하는 데는 수천, 수만 년 이상의 시간이 걸리지만 지식은 그렇지 않다. 오늘 새로 알게 된 지식은 바로 가설의 진화에 적용할 수 있다. 게다가 가설에 부여하는 피드백의 수만큼 가설의 진화 속도 또한 빨라진다. 이것이 가설 진화론의 강점으로, 생명의 진화는 그렇게 진행되지 않는다(도표 6-10).

가설은 한번 만들었다고 끝이 아니다. 가설은 끊임없이 개선할 점을 찾아 수정하면서 진화해 나간다. 나는 이를 발견과 논증에 이은 '탐구'라고 부르고자 한다. 사고의 틀을 한 바퀴 돌면 거기서 하나의

[도표 6-10] 피드백을 부여할수록 가설의 진화 속도는 빨라진다

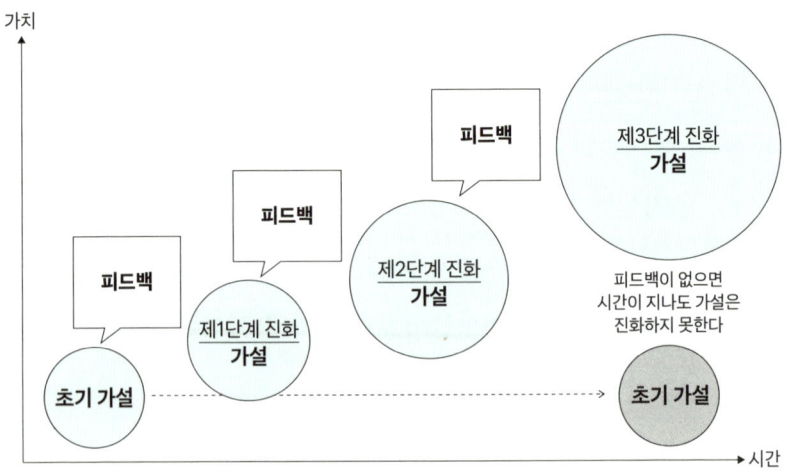

아웃풋이 생성된다. 탐구는 한번 창출된 아웃풋을 다시 검토의 인풋으로서 받아들이고, 그 이해를 바탕으로 처음의 질문을 다시 한번 파악해 새로운 생각의 사이클을 따라 순환한다.

그러므로 아무것도 없는 데서 새로운 게임을 시작하는 게 아니다. 첫 번째 시도로 획득한 지식과 견문을 소유한 상태에서 다시 시작하는 '강하고 새로운 게임'인 것이다. 강하고 새로운 게임으로 다시 시작하기에 더더욱 첫 번째 시도에서 통과하지 못했던 던전에 쳐들어가, 이기지 못하던 최종 보스를 마침내 쓰러뜨리고 미지의 보물을 손에 넣을 수 있다. 그리고 첫 경험이 있기에 다시 한번 시도했을 때는 더 뛰어난 지식과 견문에 다다를 수 있다.

## '사고의 순환'으로
## 전체와 부분을 왕복하기

내가 좋아하는 개념 중 하나로 '해석학적 순환'이 있다. 이는 '사고의 사이클을 돈다'는 본질에 접근하기 때문에 꼭 소개하고 싶다. 해석학적 순환은 다양한 문헌을 해석하기 위한 이론인 해석학에서 파생된 개념이다. 부분과 전체가 서로 영향을 미치는데, 부분을 통해 전체를 파악할 수 있고 전체를 통해 부분의 의미 또한 결정된다는 사고방식을 뜻한다.

비즈니스를 예로 들어 보자. 하나의 사업은 기획, 제조, 판매 등의 개별 기능·조직이라는 부분과, 개별 기능·조직의 활동을 지향하는 전략이라는 전체로 나눠 생각할 수 있다. 이때 부분과 전체는 다음과 같이 순환하면서 서로를 심화시키는 관계다.

- 개별 기능·조직이라는 부분이 무엇을 의도하고 활동하고 있는지는 전체로서의 전략을 이해함으로써 명확해지며
- 전략이라는 전체는 개별 기능·조직이라는 부분의 활동을 파악함으로써 보다 명확해진다.

미국의 기업 전략 전문가 앨프리드 챈들러Alfred Chandler는 "조직은 전략에 따른다."라고 했지만 해석학적 순환의 입장에서는 '조직과 전략은 순환한다'라고 말할 수 있다. 이 책이 전하는 사고의 틀이 QADI 사이클인 것도 이 해석학적 순환에 바탕을 두었기 때문이다. QADI 사이클을 한 바퀴 따라 돌면 전체를 이해할 수 있다. 그 전체에 대한 전이해前理解(이미 알고 있는 것, 해석학의 개념)가 있으면 부분에 대한 이해가 더해지고 그것이 다시 전체에 대한 이해를 높이는 식으로, 높은 곳을 향해 나선형을 그리며 전체와 부분의 순환이 계속된다. 이것이 생각할 때의 올바른 '왕복'의 움직임이다(도표 6-11).

반면에 다음 두 가지의 사고 패턴은 우리가 목표로 하는 것이 아니다.

- 방향감각 없이 같은 자리에서 빙글빙글 돌며 에너지만 소모할 뿐인 사고의 방황

[도표 6-11] 초기 가설의 잠재력을 끌어내 전략 스토리를 구축하라

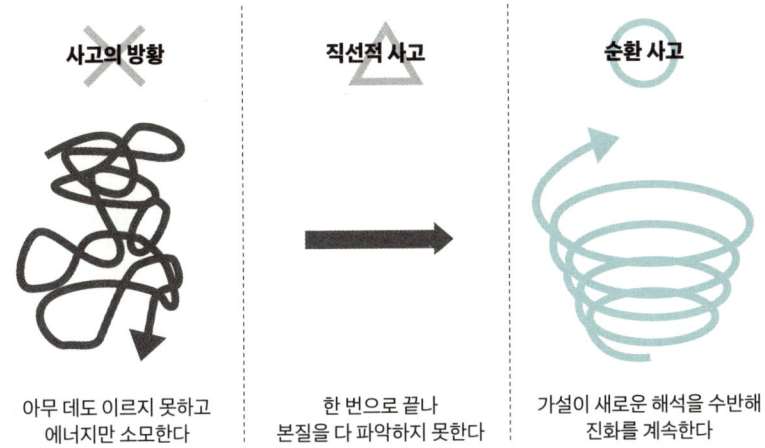

- 1에서 10까지 달려 거기서 끝인 직선적 사고

해석학적 순환에 따른 올바른 순환 아래서의 탐구를 통해서만 우리의 가설은 진화하고 정교해진다.

## 사고의 '불법 침입'을 환영하라

이미 형성된 생각은 마치 나 자신의 인격이 옮겨 온 것 같은 느낌이 든다. 그래서 바꾸고 싶지 않을뿐더러 지키고 싶어진다. 하물며 다른 사람의 손에 들어가는 것은 더욱 원치 않는다. 그런 중에 자

신의 아웃풋을 타인이 간섭하면 이미 완성된 자신의 사고 세계를 짓밟히는 것 같은 충격적인 기분에 휩싸인다. 프랑스의 철학자 질 들뢰즈Gilles Deleuze는 이를 '불법 침입'이라고 불렀다.

자신만만하게 만든 자료를 상사에게 가지고 갔는데 지적만 잔뜩 받아 울적했던 경험이 누구나 한 번쯤은 있을 것이다. 이런 불쾌한 불법 침입이야말로 생각을 새롭게 하는 계기가 된다. 물론 지금껏 열심히 생각한 내용을 불법 침입당하면 '더 어떻게 해야 좋단 말인가?'라는 생각마저 든다. 하지만 그 충격을 어떻게든 견뎌 내고 다시 질문을 마주하고 성실하게 답을 탐구하는 자세야말로 강인한 안티프래질리티 사고다. 실제로 타인의 의견을 듣고 썩 유쾌하지는 않지만 막상 자료를 수정하고 보니 전보다 훨씬 나아진 경험이 있을 것이다.

누군가의 의견을 듣고 불쾌한 생각이 든다면 오히려 사고를 진화시킬 수 있는 계기로 인식하자. 사고를 외부에 노출시키고 사고의 불법 침입을 허용하는 것, 그것이야말로 사고의 진화를 가속하는 방법이다.

## 오픈 마인드가 펼치는 미래의 조직과 사회

가설의 진화를 촉진하기 위해서는 무엇보다 가설과 그 가설을 둘러싼 환경 사이에 필수적으로 '교류'가 이뤄져야 한다. 따라서 외부

와의 교류를 가로막는 벽을 만들지 말고 일단 받아들이려는 자세가 필요하다.

영국의 철학자 칼 포퍼 Karl Popper는 사람들이 자유롭게 의견을 내고 자유롭게 반증할 수 있는(근거에 기초해 'No'라고 말할 수 있는) 사회를 '열린 사회' Open Society라고 불렀다. 열린 사회를 실현하려면 먼저 한 사람, 한 사람이 개인으로서 오픈 마인드를 지녀야 한다. 구체적으로는 다음과 같은 마음가짐을 지니는 것이다.

- 새로운 가설은 '배려의 원칙'에 근거해 이해하려고 노력한다(새로운 가설이라고 느껴져도 무조건 부정하지 않는다).
- 가설의 유용성에 주목한다(발상의 과정과 방식을 문제 삼지 않는다).
- 가설을 사람들의 의견이나 외부 환경과 교류하게 한다(특정 영역에 갇혀 인식하지 않는다).
- 반례反例(어떤 명제가 참이 아님을 증명하기 위한 예—옮긴이)를 기꺼이 받아들이고, 가설을 다듬는 데 노력을 기울인다(잘못된 가설을 지키는 데는 노력을 할애하지 않는다).

한 사람, 한 사람이 열린 마음을 가지면 새로운 가설을 만들어 내고 받아들이는 사회의 분위기도 좋아진다. 그리고 다시 한 사람, 한 사람의 발견이 용기를 북돋는 선순환을 만들어 낸다. 이 또한 하나의 해석학적 순환이다.

테레사 수녀는 사고가 바뀌면 그 사람의 운명이 바뀐다고 했다.

여기에 덧붙이자면 한 사람, 한 사람의 생각이 바뀌고 그들의 운명이 바뀌면 조직과 사회의 운명도 바뀐다. 이는 나의 개인적인 소망이기도 하며, 사고의 기술을 이 책에 담게 된 이유다.

제7장

# 사고의 틀을
# 나만의 기술로 만드는 법

생각하는 힘을 기르는 것은 운동선수가 체력을 단련하고 예술가가 표현력을 키우는 것과 같다. 이는 목표로 한 일의 경지에 다다르는 여정이다. 마지막으로 이 여정을 시작하기 위한 지도를 제시해 여러분이 앞으로 나아갈 수 있도록 지지하고자 한다. 그 길의 끝은 무한한 가능성으로 이어져 있다.

**사고력을 높이고 싶다는 고민에 뭐라고 대답할까?**

　영업부에 근무하는 입사 3년 차 노구치 씨는 최근 들어 일에 관한 고민이 생겼다. 확실히 업무에는 익숙해졌다. 자사 상품에 대한 지식도 깊어졌고, 상품을 고객에게 판매하기 위한 캐치프레이즈나 영업 매뉴얼도 모두 외웠다. 하지만 고객이 매뉴얼에서 벗어난 질문을 던지면 스스로 생각을 정리하거나 빠르게 판단해서 대답을 내놓기가 어려웠다. 지금까지 업무와 관련된 지식은 공부로 채워 왔지만 이렇게 스스로 생각하는 힘을 기르는 일에 대해서는 그다지 의식하지 않았던 것이다.

　그런 노구치 씨가 "앞으로는 사고력을 더 기르고 싶습니다. 그러려면 어떻게 해야 할까요?" 하고 상담을 청해 왔다. 여러분은 노구치 씨에게 뭐라고 조언을 해줄 것인가?

## '머리가 좋다'는 말의 의미

'저 사람은 어쩜 저렇게 머리가 좋을까? 나와는 메울 수 없을 정도로 큰 차이가 나는군. 나는 저렇게 될 수 없을 것 같아.'

혹시 이런 생각을 해본 적이 있는가? 만약 해본 적이 있다면 지금부터는 그런 생각을 그만두자. 그런 생각은 스스로 한계선을 긋고 자신을 상자 안에 가둬 놓는 '자기 제한'에 불과하다. 이제 우리는 신 로지컬 씽킹이라는 새로운 사고 틀을 얻었다. 그렇기에 '머리가 좋다는 것이 무엇인지'에 대해서도 훨씬 명확하게 이해할 수 있다. 명확하게 이해하면 그 내용을 자신의 것으로 만들 수도 있다.

그러면 머리가 좋다는 건 어떤 의미일까? QADI 사이클의 사고 유형에 따라 생각해 보면 다음 다섯 가지 힘으로 구성된다는 것을 알 수 있다.

① **Q(질문)**: 질문을 설정하는 힘
② **A(가설)**: 가설을 창출하는 힘
③ **D(시사)**: 시사점을 끌어내는 힘
④ **I(결론)**: 결론을 도출하는 힘
⑤ **QADI 사이클**: 새로운 지식을 탐구하는 힘

'머리가 좋다'라고 대충 한마디로 이해하는 상태에서는 사고력을

기르기 위해 구체적으로 어떻게 해야 하는지를 알 수 없다. 하지만 위와 같이 다섯 가지 힘으로 분해하면 자신의 어떤 부분에 약점이 있고 어떻게 대응해야 하는지를 파악할 수 있다.

## 사고의 다섯 가지 힘과 사고력의 성숙도 모델

나아가 이 다섯 가지 힘을 기반으로 한 사고력의 성숙도maturity 모델을 구축해 보자. 성숙도 모델이란 어떤 기술의 숙련도를 여러 단계로 나눠 정의한 것이다. 한마디로, 자신의 현재 위치를 파악하고 미래 전망을 보기 위한 스킬을 나타낸 지도다.

[도표 7-1]을 살펴보자. 세로축에는 다섯 가지 힘을 정렬하고 가로축에는 네 단계의 숙련도 레벨을 배치했다. 이를 통해 다섯 가지 사고 역량에 대해 '각 레벨에서 어떤 상태에 도달해야 하는지'를 알 수 있다.

이 성숙도 모델의 의의는 크게 두 가지다.

- 현재 자신의 사고력 수준을 정확하게 진단할 수 있다.
- 자신을 뛰어넘은 이상적인 모습을 이해하고, 그 이상과 현재 사이의 간극을 깨달아 앞으로 해결해야 할 과제를 파악할 수 있다.

여기서 다섯 가지 힘이 어떤 방향감각을 지니고 성숙해질지를 각

**[도표 7-1] 다섯 가지 힘을 기반으로 한 '사고의 성숙도 모델'**

| | | 레벨 0<br>(의식 0) | 레벨 1<br>(초급) | 레벨 2<br>(중급) | 레벨 3<br>(상급) |
|---|---|---|---|---|---|
| 다섯 가지 생각하는 힘 | **질문**<br>Question<br>질문을<br>설정하는 힘 | **불문증**<br>스스로 문제의식을 품지 못하고 지시에 따라 기계적으로 움직이고만 있지는 않은가? | **질문의 인식**<br>상황에 대해 자기 나름의 질문이 있는가? | **다각적 질문**<br>여러 각도와 요인에 따라 질문을 설정하고 구조적으로 문제에 접근하는가? | **이상적인 모습에서의 질문**<br>이상적인 목표를 세우고 현실과의 차이를 밝혀낼 수 있는가? |
| | **가설**<br>Abduction<br>가설을<br>창출하는 힘 | **가설 고갈증**<br>누군가가 대신 생각해 주는 것을 당연히 여기고, 자신은 평론가처럼 비평만 하고 있지는 않은가? | **단순 가설**<br>주어진 정보와 눈앞의 상황에 대해 자기 나름의 해석을 내릴 수 있는가? | **비연속 가설**<br>몇 단계 앞에 있는 결론에 관해 직감적으로 발상을 발전시킬 수 있는가? | **논리적 의외성 가설**<br>기존하지 않고 타인이 생각지도 못한 가설을 독자적으로 창출할 수 있는가? |
| | **시사**<br>Deduction<br>시사를<br>끌어내는 힘 | **정보 무비판 수용증**<br>정보를 단순히 획득하고 정리하는 것만으로 만족하고 있지는 않은가? | **시사점 도출**<br>주어진 정보를 실마리로 주어지지 않은 시사점을 읽어 낼 수 있는가? | **직선적 스토리 형성**<br>주어진 정보를 기점으로 하나의 연결된 스토리를 전개할 수 있는가? | **전략 스토리 구성**<br>독자적인 시각과 개성을 기초로 다각적인 요소를 전략적으로 접목할 수 있는가? |
| | **결론**<br>Induction<br>결론을<br>도출하는 힘 | **무책임 발언증**<br>근거도 없이 하고 싶은 말만 쏟아 내는 버릇은 없는가? | **단순 증거 제시**<br>내가 전달하고 싶은 내용에 대해 간단하게라도 이유를 함께 제시하는 습관이 있는가? | **구조적인 증거 제시**<br>상대의 고민과 기대를 살피면서 구조적인 이유를 내세울 수 있는가? | **가설 반증과 진화**<br>자신의 생각에 반하는 일도 적극적으로 수용해 가설 진화의 자료로 활용할 수 있는가? |
| | **QADI 사이클**<br>새로운 지식을<br>탐구하는 힘 | **단거리 정체증**<br>답변의 질과 관계없이 그저 한번 달리는 것만으로 만족하지는 않는가? | **타사에 의한 개선**<br>자발적으로 타인의 의견을 구하고 거부감 없이 개선의 자료로 받아들일 수 있는가? | **자율적 개선**<br>자신의 생각에 대해 과제를 설정하고 재점검할 수 있는가? | **자기 파괴와 창조**<br>필요하다면 자신의 생각에 대한 애착을 버릴 수 있는가? |

각 나타내 보자. 자신이 어느 레벨에 있는지 확인하면서 자기 진단을 해보자. 앞으로 나아가려면 우선 자신의 현재 위치를 정확하게 알아야 한다.

## 성숙도 진단 1.
## 질문을 설정하는 힘

### 레벨 0(의식 0) → 불문증

☑ 스스로 문제의식을 지니지 못하고 지시에 따라 기계적으로 움직이는가?

애초에 질문을 설정하는 일에 대한 의식이 없으면 숙제나 업무를 그저 지시받은 대로만 하는 수동적인 태도를 지니게 된다. 담당하는 프로젝트가 지연되어도 '프로젝트가 늦어지네' 하고 생각만 할 뿐 "지연되지 않도록 이러이러한 대응을 해주십시오."라는 말을 들을 때까지 사고가 작동하지 않는다. 여기에 지적 주체성은 존재하지 않는다.

### 레벨 1(초급) → 질문의 인식

☑ 상황에 대해 자기 나름의 질문이 있는가?

그다음 한 단계 나아가면 질문을 설정하려는 의식이 생기기 시작하고 초보 단계라도 스스로 질문을 설정할 수 있게 된다. '프로젝트가 늦어지는 이유는 무엇일까?'라는 질문을 던지고 자신의 사고를 문제와 연관시키려고 한다. 그 질문이 설령 표면적일지라도 사고 활동이 시작되었다는 증거다.

### 레벨 2(중급) → 다각적 질문

☑ 여러 각도와 요인에 따라 질문을 설정하고 구조적으로 문제에 접근하는가?

이런 의식이 발전하면 문제의 표면뿐만 아니라 그 이면에 있는 요인을 여러 관점에서 파고들어 가설을 세우고 질문을 심화할 수 있다. 가령 '○○ 작업이 인력 부족으로 지연되고 그 일이 보틀넥이 되어 전체가 밀리는 건 아닐까?' 하고 더 깊이 묻게 된다. 여기까지 오면 스스로 생각을 상당히 통제할 수 있는 상태이며 지적 자립을 이뤘다고 할 수 있다.

### 레벨 3(상급) → 이상적인 모습에서의 질문

☑ 이상적인 목표를 세우고 현실과의 차이를 밝혀낼 수 있는가?

최상급 단계에 이르면 자신의 이상적인 모습을 추구하게 되고, 이를 현실과 비교해 그 차이를 파헤치는 질문을 설정할 수 있다. '이상적인 모습과 현재 모습의 차이는 무엇인가?', '현재 상황은 왜 이상적인 모습에서 벗어나 있는가?', '왜 지금까지 그 차이를 메우지 못했는가?', '이상적인 모습에 다가가려면 어떻게 해야 하는가?' 같은 이상을 지향하는 질문을 던진다. 이렇게 되면 질문으로서도 전략적인 모습을 갖추게 된다.

질문을 설정하는 힘이란 한마디로 '더욱 주체적인 가설을 세워 질문을 설정할 수 있게 해주는 힘'이다. 이는 지적 자립의 단계라고도 바꿔 말할 수 있다.

## 성숙도 진단 2.
## 가설을 창출하는 힘

### 레벨 0(의식 0) → 가설 고갈증

☑ 누군가가 대신 생각해 주는 것을 당연시하고 자신은 평가만 하고 있지는 않은가?

가설을 구상하려는 의식이 결여된 상태에서는 애당초 자신의 의견을 갖기가 어렵다. 이런 경우에는 스스로 생각하지 못하고 누군가의 가설을 품평하는 일밖에 하지 못한다. 심한 경우는 상대방 의견의 나쁜 점만 찾아내 비판하는 데만 적극적이다. 이는 창의적인 두뇌 사용 방식과는 거리가 멀다.

### 레벨 1(초급) → 단순 가설

☑ 주어진 정보와 눈앞의 상황에 대해 자기 나름의 해석을 내릴 수 있는가?

가설을 세우려고 의식하기 시작하면 눈앞에 있는 상황과 정보에서 단순하기는 해도 그 원인과 해결책 등 해석을 내놓을 수 있게 된다. 이를테면 신제품에 대한 시장의 반응이 미미하다는 것을 알았을 때 '소비자가 충분히 인지하지 못하고 있는 게 아닐까?'라는 가설을 세우는 식이다. 아이디어로서 의외성은 없더라도 사고는 가설추리의 방향으로 향해 있다.

### 레벨 2(중급) → 비연속 가설

☑ 몇 단계 앞에 있는 결론에 관해 직감적으로 발상을 비약시킬 수 있는가?

가설추리 사고법을 더욱 연마하면 보통은 꾸준히 생각을 거듭해야만 도달할 수 있는 결론도 직관을 이용해 순식간에 도출할 수 있다. 이는 마치 장기 기사가 장기판을 보고 '이 상황에서 유효한 수는 두세 개 정도밖에 없다'라고 단번에 간파해 내는 것과 같다. 기사가 이렇게 순식간에 알아낼 수 있는 까닭은 수많은 경기를 통해 직관을 훈련했기 때문이다. 이 능력은 지식과 경험을 쌓고 수없이 반복해서 가설을 세움으로써 갈고닦을 수 있다.

### 레벨 3(상급) → 논리적 의외성 가설

☑ 기존하지 않고 타인이 생각지도 못한 가설을 독자적으로 창출할 수 있는가?

최상급 단계에서는 기존의 틀을 넘어 놀라움과 의외성을 안겨 주는 가설을 생각할 수 있다. 뉴턴이 사과가 떨어지는 것을 보고 만유인력을 생각해 낸 것이나 스타벅스 창업자가 현대 사회의 폐쇄성을 인식하고 '제3의 장소'라는 콘셉트를 구상한 것과 같다. 이 레벨의 가설은 개인의 독창적인 발상에서 생겨나 세상을 바꿀 수 있는 대담하고 참신한 비전까지 제시한다.

가설을 만들어 내는 사고 역량의 성장 방향은 '더 직관적이고 새로우며 개인의 독창성이 드러나는' 것이라고 할 수 있다. 이는 다른 사람이 쉽게 모방하지 못하는 차별화된 가치를 창출할 수 있음을 의미한다.

## 성숙도 진단 3.
## 시사점을 끌어내는 힘

### 레벨 0(의식 0) → 정보 무비판 수용증

☑ 정보를 단순히 획득하고 정리하는 것만으로 만족하고 있지는 않은가?

처음부터 '시사점을 끌어낸다'는 의식이 없으면 어떤 정보가 주어져도 스스로 해석하지 못하고 그대로 받아들이게 된다. 경쟁사를 조사할 때도 가령 '경쟁사가 ○○ 서비스 진출을 추진하고 있다'라는 정보를 얻고도 그저 정보를 획득했다는 데 만족한다. 그 사실이 자사에 어떤 의미가 있느냐까지는 생각이 미치지 못하는 것이다. 하지만 이렇게 정보를 그대로 수용하면 그 정보가 지닌 잠재력을 충분히 끌어내지 못하기 때문에 자신의 보고를 받은 상대로부터 "그래서?"라는 반응을 얻을 뿐이다.

### 레벨 1(초급) → 시사점 도출

☑ 주어진 정보를 실마리로 주어지지 않은 시사점을 읽어 낼 수 있는가?

레벨 0에서 조금 더 발전하면 획득한 정보에서 어떤 의미나 시사점을 도출하는 데 주의를 기울이게 된다. 가령 '경쟁사가 ○○ 서비스 진출을 추진하고 있다'라는 정보를 획득했다면 '경쟁사가 시장 트렌드에 따라 재빨리 움직이고 있으니 우리 회사도 대응책을 마련해야 한다'라고 한 걸음 더 앞선 시사점을 고민하게 된다. 이 단계에서는 단순히 정보를 받아들이는 것만으로 만족하지 않고 그 정보를 활용해 뭔가 시사점을 끌어낼 수 있다.

### 레벨 2(중급) → 직선적 스토리 형성

☑ 주어진 정보를 기점으로 하나의 연결된 스토리를 전개할 수 있는가?

역량이 더욱 깊어지면 단순한 정보에서 시사점을 끌어낼 뿐만 아니라 이 정보들을 연결해 하나의 일관된 스토리를 전개할 수 있게 된다. '경쟁사가 ○○ 서비스를 추진해 우리의 사업 영역을 잠식하고 있으므로 대응책이 필요하다. 경쟁사의 ○○ 서비스를 가져와 당사의 독자적인 □□을 결합해 차별화를 꾀한다' 하는 식이다. 이 단계에서는 단순히 정보를 해석하는 데 그치지 않고 그 정보를 바탕으로 행동을 이끄는 스토리텔링이 필요하다.

### 레벨 3(상급) → 전략 스토리 구성

☑ 독자적인 시각과 개성을 기초로 다각적인 요소를 전략적으로 접목할 수 있는가?

상급자가 되면 단일 스토리라인에 머물지 않고 여러 정보와 요소를 조합해 더욱 비정형적이고 전략적인 스토리를 구성할 수 있다. 제2장에서 소개한 마부치 모터의 전략 스토리를 떠올리면 이해하기 쉽다. 여기까지 도달하면 설령 어떤 문제에 부딪히더라도 수중에 획득한 자료를 활용해 전략적으로 문제에 접근할 수 있는 독자적인 시나리오를 그릴 수 있다.

시사점을 도출하는 역량의 성장 방향성은 주어진 정보에서 주어지지 않은 정보를 얼마나 효율적으로 찾아내느냐에 있다. 아무 데나 있는 흔한 스토리를 그대로 적용하지 않고, 머리를 써서 눈앞에 마주한 문제에 적합한 독자적인 스토리를 구성할 수 있다면 문제 해결에 대한 자신감도 훨씬 더 올라갈 것이다.

## 성숙도 진단 4.
## 결론을 도출하는 힘

### 레벨 0(의식 0) → 무책임 발언증

☑ 근거도 없이 하고 싶은 말만 쏟아 내는 버릇은 없는가?

결론을 설득력 있게 정리하려는 의식이 옅으면 근거도 잘 모르면서 자신이 하고 싶은 말만 마구 내뱉고, 결국 "잘 모르겠지만…"이라고 덧붙이는 무책임한 상태가 된다. 이래서는 듣는 사람을 혼란스럽게만 하고 "왜 그렇게 말하는 건가요?"라는 질문에 아무 대답도 하지 못한다. 말만 많을 뿐 명확한 결론이 없을 때는 이 상태에 빠져 있을 가능성이 크다.

### 레벨 1(초급) → 단순 증거 제시

☑ 내가 전달하고 싶은 내용에 대해 간단하게라도 이유를 함께 제시하는 습관이 있는가?

의식이 한 단계 올라가면 자신이 한 말에 대한 근거를 의식하게 된다. 나아가 근거가 없는 상태에서 무언가를 말한다면 발판 없이 허공에 붕 떠오른 상태처럼 느껴져 불안하다. 이 단계에서는 "유망한 상품 콘셉트는 ○○입니다. 왜냐하면 아직 충족되지 않은 고객의 잠재적 니즈에 호소할 수 있으니까요." 하고 근거를 덧붙여 의견을 제시할 수 있으며 "왜?" 하고 상대의 질문이 가볍게 날아들 때도 어느 정도 받아칠 수 있다.

### 레벨 2(중급) → 구조적인 증거 제시

☑ 상대의 고민과 기대를 살피면서 구조적인 이유를 내세울 수 있는가?

숙련도가 더욱 올라가면 주장에 대한 근거를 좀 더 구조적으로 제시할 수도 있다. "유망한 상품 콘셉트는 ○○입니다. 왜냐하면 아직 충족하지 못한 고객의 잠재적 니즈에 호소할 수 있을뿐더러 경쟁사는 아직 이를 실현하지 못하고 있거든요. 하지만 우리 회사의 기존 기술을 응용하면 이 콘셉트를 재빠르게 실현할 수 있습니다."라는 식으로 여러 개의 관점에서 트리 구조tree structure를 만들어 주장을 뒷받침하는 근거들을 보강할 수 있다. 이렇게까지 근거를 갖춰 놓으면 상대방이 "왜 그렇게 말할 수 있느냐?"라고 캐물어도 자신 있게 대응할 수 있다.

### 레벨 3(상급) → 가설 반증과 진화

☑ 자신의 생각에 반하는 일도 적극적으로 수용해 가설 진화의 자료로 활용할 수 있는가?

사람은 한쪽으로 치우친 시각으로 사물을 보는 경향이 있다. 자신이 세운 가설을 지지하는 정보만 골라 수집하거나 반대의 증거가 있어도 이를 무시하거나 받아들이지 않는 성향 말이다. 반증이란 그런 심리적 경향을 거스르고 자신의 가설이 잘못되었음을 보여 주는 증거를 굳이 찾아내 오히려 자신의 가설을 다듬는 자료로 삼는 것을 말한다.

칼은 망치로 두드릴수록 강해지듯이 가설도 그에 반하는 근거에 두들겨 맞을수록 더욱 탄탄해진다. 이 반증까지 다 해내면 "왜 그렇게 말할 수 있지? 정말 그래? 다른 가능성은 없는 건가?"라는 철저한 추궁에도 문제없이 대응할 수 있게 된다.

## 성숙도 진단 5.
## 새로운 지식을 탐구하는 힘

### 레벨 0 (의식 0) → 단거리 정체증
☑ 답변의 질과 관계없이 그저 한번 달리는 것만으로 만족하지는 않는가?

탐구 의식을 갖지 않았다면 우리의 사고는 A→B라는 단거리 구간을 그저 한번 달리고 끝내는 식이 될 것이다. 주어진 과제를 "완료했습니다."라는 보고로 끝내고 다음 업무를 기다리는 태도는 인간으로서의 사고라기보다는 정보 처리 기계에 가깝다. 그런 자세로는 가설이 진화하지 못한 채 정체되고 말 것이다.

### 레벨 1 (초급) → 타사에 의한 개선
☑ 자발적으로 타인의 의견을 구하고 거부감 없이 개선의 자료로 받아들일 수 있는가?

초급이 되면 사고에 순환의 움직임이 생긴다. 자신이 한번 내놓은 답을 그것으로 끝내지 않고 다른 사람의 의견을 받아들여 다듬어 가는 자양분으로 삼을 수 있다. 타인에게 피드백을 받는 건 너무나 당연한 일인데도 누군가에게 지적받는 두려움 때문에 혼자서 고민하는 경우가 많다. 누가 시켜서 할 게 아니라 자진해서, 적극적이고 능동적으로 추구할 수 있느냐가 관건이다.

### 레벨 2(중급) → 자율적 개선

☑ 자신의 생각에 대해 과제를 설정하고 재점검할 수 있는가?

거기서 더 탐구심이 커지면 자신을 비판적인 시선으로 보면서 가설의 결점을 스스로 지적하고 이를 토대로 더 많은 개선점을 찾아낼 수 있다. 여기까지 이르렀다면 지적 자립의 수준이 이미 상당히 높다고 할 수 있다.

### 레벨 3(상급) → 자기 파괴와 창조

☑ 필요하다면 자신의 생각에 대한 애착을 버릴 수 있는가?

탐구 작업이 극치에 달하면 거기에는 자기 파괴라는 경지가 있다. 정말로 중요한 발견은 일찍이 자신이 쌓아 올린 것들을 파괴하고 넘어서야만 이뤄지는 경우가 많다. 애정을 갖고 만든 자료와 작품은 자신의 분신처럼 느껴져 지키고 싶어지는 게 당연하다. 하지만 그 애착을 극복하고, 필요하다고 판단될 때 자신의 생각을 밑바닥부터 뒤집어 새로운 가능성을 구성할 수 있는 마음가짐을 가질 수 있다면 최상의 경지에 이른 것이다. 이렇게 자기 자신을 몇 번이고 뛰어넘는 과정을 통해 우리의 사고는 한없이 강인하고 유연해진다.

## 성숙도 모델로 사고 수준의 현재와 미래 설정하기

성숙도 모델을 기반으로 한 자기 진단을 통해 자신이 어느 레벨에 있는지 파악했는가? 성숙도 모델은 다음 4단계를 거쳐 자신의 현재 상황과 앞으로의 성장 방향을 설정하기 위한 도구로 사용할 수 있다. 절차 1, 2는 지금까지 해온 일이니 나머지 단계도 포함해 정리해 보자. 다음 페이지의 [도표 7-2]에 나타낸 성장 사례를 참고로 현재 상황을 파악하고 과제를 추출해 보길 바란다.

- **1단계(이미지 만들기)**: 성숙도 모델을 읽고 각각의 레벨이 어느 정도인지 이미지로 그려 본다.
- **2단계(자기 진단)**: 자신의 현재 상황을 파악해 해당하는 레벨에 각각 점을 찍어 선으로 연결한다. 그렇게 해서 자신이 잘하는 항목, 부족한 항목을 진단한다.
- **3단계(목표 설정)**: 자신이 향상시키고 싶은 목표치에 점을 찍어 선으로 연결한다.
- **4단계(과제 추출)**: 현재 상황과 목표 사이에 있는 차이를 살펴보고 자신이 실천해야 할 과제를 설정한다.

이때 모든 역량을 한꺼번에 향상시키려고 하지 않는 것이 좋다. 전력을 분산하는 건 대개 악수이며, 어중간하게 대응하게 되어 오히려 좋은 성과를 내지 못하는 경우가 많다. 대처 방법으로는 다음 두 가지 방향성이 있다. 자신의 상황이나 대처하려는 동기에 맞춰 결정하면 된다.

## [도표 7-2] 성숙도 모델로 자신의 현재 위치와 장래 성장의 방향 설정하기

| | | 레벨 0<br>(의식 0) | 레벨 1<br>(초급) | 레벨 2<br>(중급) | 레벨 3<br>(상급) |
|---|---|---|---|---|---|
| 다섯 가지 생각하는 힘 | **질문**<br>Question<br>질문을 설정하는 힘 | 불문증<br>현재 상황<br>못하고 있지에 따라 기계적으로 움직이고만 있지는 않은가? | 질문의 인식<br>1년 후<br>있는가? | 복안적 질문<br>여러 각도와 요이에 따라 | 이상적인 모습에서의 질문<br>목표를 결과의 낼 수 |
| | **가설**<br>Abduction<br>가설을 창출하는 힘 | 가설 고갈증<br>누군가가 대신 생각해 주는 것을 당연히 여기고, 자신은 평론가처럼 비평만 하고 있지는 않은가? | 단선적 가설<br>주어진 정보와 눈앞의 상황에 대해 자기 나름의 해석을 내릴 수 있는가? | 비연속 가설 | 논리적 이외성<br>창출할 수 있는가? |
| | **시사**<br>Deduction<br>시사를 끌어내는 힘 | 정보 무비판 수용증<br>정보를 단순히 획득하고 정리하는 것만으로 만족하고 있지는 않은가? | 시사점 도출<br>주어진 정보를 실마리로 주어지지 않은 시사점을 읽어 낼 수 있는가? | 직선적 스토리 형성<br>주어진 정보를 기점으로 하나로 연결된 스토리를 전개할 수 있는가? | 다각적인 요소를 전략적으로 접목할 수 있는가? |
| | **결론**<br>Induction<br>결론을 도출하는 힘 | 무책임 발언증<br>근거도 없이 하고 싶은 말만 쏟아 내는 버릇은 없는가? | 단순 증거 제시<br>내가 전달하고 싶은 내용에 대해 간단하게라도 이유를 함께 제시하는 습관이 있는가? | 구조적인 증거 제시<br>상대의 고민, 기대를 살핀 구조적인 이유를 내놓을 수 있는가? | 가설 반증과 진화<br>있는가? |
| | **QADI 사이클**<br>새로운 지식을 탐구하는 힘 | 단거리 정체증<br>답변의 질과 관계없이 그저 한번 달리는 것만으로 만족하는 않은가? | 타사에 의한 개선<br>자발적으로 타인의 의견을 구하고 거부감 없이 자기의 자료로 받아들일 수 있는가? | 자율적 개선<br>있는가? | 자기 파괴와 |

질문에 관해 지금까지 생각한 일이 거의 없었기 때문에 기초 강화가 필요하다

직감을 몸에 익히려면 아직 시간이 걸리지만 적극적으로 나름의 시사점 도출에 힘쓴다

자신의 강점으로서 스토리 구축력을 기른다

정리(情理)는 아직 깊이 이해하지 못하지만 프레임워크를 사용한 구조화는 가능하게 한다

혼자 고민에 빠지기 쉬우니 타인의 의견을 적극적으로 수용한다

- 비교적 잘하는 부분에 집중해서 강점을 키운다(그 강점을 다른 힘을 키우는 견인력으로 삼는다).
- 별로 의식하지 못했거나 잘하지 못하는 부분을 공략한다(사고의 보틀넥을 제거한다).

예술이나 스포츠와 마찬가지로, 생각하는 힘을 단련하려면 매일매일 훈련을 쌓아야 한다. 오늘날 사람들은 대부분 손쉬운 일에 뛰어드는 경향이 있다. 하지만 진정한 사고력을 키우려면 효율적인 개선책을 궁리하는 것만큼 편리한 수단은 없으며, 남들과 똑같이 뛰어들어서는 차별화할 수 없다. 그러니 섣불리 뛰어들지 말고 시간을 들여서 신중하게 생각해야 한다. 사흘 만에 앞서가는 방법은 결국 사흘 만에 따라잡혀서 금방 쓸모없어진다. 하지만 시간을 들여 천천히 쌓아 가면 평생 자산이 된다.

## 지력을 높이려면 심리적 맹점을 극복하라

지적 능력을 높이기 위한 기본 마인드셋으로 자신의 심리적 맹점을 알아차리고 적극적으로 극복해 나가는 방법이 있다. 심리적 맹점scotoma이란 사고나 행동에서 미처 자각하지 못하는 인지의 한계나 편향을 말한다. 이런 맹점은 다음과 같은 태도를 취할 때 생겨난다. 혹시 마음에 짚이는 사항은 없는지 살펴보자.

'나는 이미 완벽하게 알고 있어서 더 배울 게 없어.' (자기 과대평가)
'이건 나와는 관계없으니까 생각하지 않아도 돼.' (무관심)
'내 전문 분야가 아닌데 어떻게 알아!' (안일한 포기)
'규칙으로 정해져 있으니 당연히 옳을 거야.' (맹신)
'남들이 생각한 대로 따라가면 되잖아.' (집단에 대한 동조)

이런 자세가 마음속에 있으면 유익한 정보가 머릿속에 들어오지 않을뿐더러 모처럼 찾아온 성장의 기회를 놓치고 만다. 그러니 언제나 자신이 의식하지 못하고 간과하는 일이나 편견이 있을 수 있다고 생각해야 한다. '내가 보지 못하고 있는 건 뭘까?', '내 시각이 한쪽으로 쏠려 있지는 않은가?' 하고 항상 자문할 필요가 있다. 사람은 아무리 지식과 경험이 많더라도 늘 겸허해야 한다.

## 일부러 나 자신을 비판적으로 바라보라

연수에서 어떤 수강생에게 이런 질문을 받은 적이 있다.
"어떻게 하면 사고력을 향상시킬 수 있을까요? 혼자서도 할 수 있나요?"
이 질문에 나는 오히려 혼자서 하지 않으면 단련할 수 없다고 답하고 싶다. 초기 단계에는 누군가의 가르침을 통해 어느 정도 사고력을 키울 수 있다. 하지만 일단 그 단계가 지나면 스스로 자신의 사고에 대한 과제와 세세한 습관을 깨닫고 자기 개선을 반복해야 한다. 생각한다는 것은 매우 섬세한 행위다. 어떻게 하고 있는지 밖에서는 보이지 않으며 스스로 그 감각을 포착할 수밖에 없다.

자신이 해야 할 과제와 습관을 깨닫기 위해서는 자신과 비교할 잣대가 있어야 한다. 그러려면 다음과 같은 요소를 비교 기준으로 삼아 현재의 자신과 어떤 부분에서 얼마나 차이가 있는지를 알아 가는 것이 중요하다.

- 이 책에 쓰여 있는 사고의 틀
- 주위의 사고력이 뛰어난 사람들의 행동 또는 그들의 조언
- 자신의 직무에 요구되는 능력
- 자신이 동경하는 모습

이런 차이를 살펴볼 때는 의도적으로 자신에게 비판적인 자세가 중요하다. 여기서 '의도적으로'가 핵심인데, 그렇다고 해서 '이것도 안 돼, 저것도 안 돼' 하고 자신을 지나치게 비난하면 의기소침해지기 쉽다. 그보다는 '개선을 위해 의도적으로 자신을 비판의 눈으로 바라보면 어떨까?' 하고 생각하면 개운한 기분으로 자신을 돌아볼 수 있다.

진정한 성장은 타인에 의해 이뤄지지 않는다. 스스로 자신을 성장시킬 때야말로 비로소 진정한 성장이 시작된다.

## 좋은 점만 골라 따르는 '사숙'의 태도

실제로 기술을 익히는 과정에서는 이론은 알지만 구체적으로 어떻게 실천해야 하는지 모르는 경우가 많다. 이에 대처하는 방법으로 좋은 점만 취하는 '사숙'私淑에 관해 소개하고자 한다.

사숙이란 직접 가르침을 받지 않고 자신의 마음속에서 상대를 스승으로 모시고 은밀하게 배움을 얻는 것을 뜻한다. 특히 업무가 바쁜 현장에서는 모든 사람이 일일이 세심하게 가르쳐 줄 수 없다. 이때 자신에게 본보기가 되는 사람을 찾아 그 사람을 스승으로 삼고 그 행동을 보고 배우면 된다. 이론만으로는 얻을 수 없는, 현장에서의 실제 행동을 보면 이해의 깊이가 크게 달라질 것이다.

한편 모든 능력을 100퍼센트 갖춘 완벽한 초인은 거의 없다. 그래서 '좋은 점만 취하는' 사고방식이 중요하다. 가령 A 씨가 논리적인 설명은 서툴지만 발상력이 뛰어나다면 A 씨의 '뛰어난 발상력'이라는 점만 취해 사숙하는 것이다. 또한 B 씨는 논리적인 스토리텔링에 능숙하다면 그 부분만 취해서 사숙한다. 이런 식으로 **본보기가 되는 여러 인물의 좋은 점만 골라 사숙하고, 자신의 내면에서 그 장점들을 융합해 가상의 롤모델을 만들면 이상적인 모습에 가까이 다가갈 수 있다.**

나 또한 선배와 후배를 포함해 회사 사람들, 프로젝트를 함께한 수많은 고객을 사숙했다. 대상은 '하나'보다는 '많을수록' 좋다. 내 안에 많은 장점을 기르면 유연하고 강한 힘이 생긴다.

# 방법적 믿음이
# 배움을 더 깊고 넓게 한다

　연역법에서 소개한 프랑스의 철학자 르네 데카르트는 진리를 탐구하기 위한 수단으로서 모든 것을 의식적으로 의심해 보는 방법적 회의懷疑라는 사고 개념을 강조했다. 하지만 무언가를 배우려 할 때 처음부터 모든 것을 의심하면 아직 내용을 제대로 이해하지 못한 상태에서 거부하는 셈이 되므로 결국 내용을 흡수하지 못하는 일이 생긴다. 실제로도 이야기를 끝까지 들어야 비로소 의미를 알게 되는 경우가 많다.

　**무언가를 배우려고 할 때는 설령 의심스럽더라도 우선은 비판하지 말고 그대로 받아들이는 것이 중요하다.** 이를 데카르트의 방법적 회의와 구분해 '방법적 믿음'이라고 부르자. 이는 마음속 깊이 믿기보다는 배움을 심화하기 위한 방법으로서 세세하게 이론을 따지지 않고 그냥 믿어 보는 것이다. 일단 내용을 그대로 받아들인 후 그 방법이 정말 효과적인지 시험해 보고 나서 좋고 나쁨을 판단하자. 배움이 더 깊어질 것이다.

　책을 읽을 때도, 누군가에게 배울 때도 이 방법적 믿음을 취해 보면 좋다. 처음부터 벽을 만들어 세우면 깊은 본질을 결코 이해할 수 없다. 우선은 열린 마음으로 받아들이자. 관대한 마음과 깊은 도량은 필수적이다.

## '틀'을 배우고
## 깨뜨리고 벗어나라

수파리守破離라는 말이 있다. 일본의 전통 예술이나 무도에서 계승되어 온 기술의 숙달에 관한 가르침이다. 첫 번째 글자 수守는 기본이 되는 틀을 충실하게 배우고 모범이 되는 이상적인 동작을 몸에 익히는 단계다. 그렇게 기본 틀이 몸에 익으면 다음으로는 상황에 맞춰 틀을 깰 수 있게 된다. 이것이 두 번째 글자 파破다.

컨설턴트라면 수 단계에서는 MECE로 정보를 구조화해서 정리하거나 프레임워크에 따른 분석을 행한다. 그리고 거기서부터 숙련도를 높여 파 단계가 되면 일부러 구조를 깨뜨려 "가장 중요한 것은 이 세 가지입니다."라고 전달하기도 하고, 주위에서 흔하게 들었던 단순한 사실만 나열하는 게 아니라 의외성 있는 가설을 통찰해서 보여주기도 한다.

틀을 깬다는 것은 틀을 전혀 갖지 않은 것과는 완전히 다르다. 틀이 없는 것은 무모하게 몸부림치는 것일 뿐 거기에는 결과에 대한 의도가 없다. 그런 모습을 우리는 '무형식'이라고 부른다. 반면에 틀을 깬다는 개념에는 '지금은 틀을 깨는 것이 더 효과적'이라는 경험 많은 의도가 담겨 있다. 그 의도가 있기에 상황에 맞게 대응해 틀을 깨는 것이 큰 효과를 발휘한다.

그리고 세 번째 글자 리離의 단계는 수많은 파가 쌓이고 쌓여 자신만의 고유한 스타일로 자리 잡았을 때 찾아온다. 고유한 스타일은

'이것을 나만의 독자적인 스타일로 삼자'라고 마음먹는다고 만들어지는 게 아니다. '수파리'의 나선 구조를 꾸준히 달리는 중에 자연히 배어 나오는 것, 그것이 바로 진짜 고유한 스타일이다.

## 양이 질의 변화를 낳는다, 양질전화

머리로 아는 것과 실제로 할 수 있는 것 사이에는 깊은 골이 가로놓여 있다. 그 골을 뛰어넘는 사고관이 가라테의 대가이자 무도과학의 창시자인 난고 쓰구마사南鄕継正가 주장한 '양질전화'量質轉化의 법칙이다(도표 7-3).

양질전화란 노력한 양이 일정 규모까지 쌓이면 질적인 변화를 일으킨다는 개념이다. 무술에서 어떤 기술의 진수를 획득하려면 수만 번이라는 단위로 반복해야 한다고 한다. 이렇게 만 단위의 '양'이 쌓이다 보면 기술이나 스킬을 진정으로 체득하는 '질'로의 전환이 일어난다.

예를 들어 피아노 연주에서 초심자는 음 하나하나를 확인하며 연주하는 반면에 숙련된 연주자는 악보를 보지 않고도 음이 흐르는 듯이 연주할 수 있다. 연습을 수만 번 반복하는 동안 곡의 구조와 기술이 몸에 배어들었기 때문이다. 그 방대한 연습의 양이 질로 바뀌는 것이다.

내가 가깝게 지내는 퍼스널 트레이너에게 어떤 운동을 배울 때

[도표 7-3] 사고방식을 자신의 기술로 만드는 양질전화

# 양 질 전 화
**(난고 쓰구마사, 가라테의 대가)**

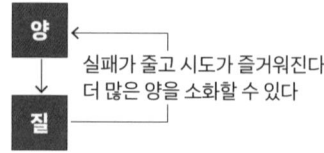
실패가 줄고 시도가 즐거워진다
더 많은 양을 소화할 수 있다

- 양이 일정한 정도에 이르면 질적 변화를 일으킨다
- 무도에서는 2만 번이라는 '만 단위'의 횟수로 변화가 일어난다고 한다
- 만 단위의 양을 거듭함으로써 진정한 의미에서 '기술'을 습득할 수 있다
  ➡ 실력 향상의 핵심은 시도의 양, 즉 횟수를 늘리는 데 있으며 이를 얼마나 가속화하느냐가 관건이다
  ➡ 몇십, 몇백 번 시도했다고 해서 포기하지 않는다

"이 운동을 인제, 얼마나 하면 좋을까요?"라고 물어본 적이 있다. 그러자 트레이너가 이렇게 답했다. "언제, 얼마나가 아니라 평상시 생활에 이 동작을 적용해야 합니다. 그러다 보면 자연스럽게 많은 횟수를 할 수 있게 되어서 동작이 몸에 익숙해지는 거죠."

실력을 향상하는 데는 철저하게 자신의 기술을 시험해 볼 기회를 얼마나 늘리느냐가 중요하다. 사고법만 해도 비즈니스나 연구 같은 특정 상황에만 한정한다면 기회를 늘릴 수 없다. 사고법을 일상생활 속에서 자연스럽게 활용하는 것이 좋다. 이를테면 주말에 외출을 결정할 때도 평가 기준을 설정해서 판단한다든지, 일상 대화를 나눌 때도 대화 내용을 머릿속에서 구조적인 그림으로 떠올려 본다든지 해보자. 그런 사소한 순간에도 사고법을 사용해 자꾸 기회를 만들어야 한다.

반대로 말하면 수십 번이나 수백 번 정도 시도하고 잘되지 않았다

고 해서 실망할 필요 없다. 애초에 그 횟수는 우리가 무언가를 몸에 익히는 데 필요한 규모에 도달하지 못하기 때문이다. 자신이 얼마나 단련해야 하는지, 그 규모 감각을 중요하게 여기자. 그런 식으로 시간을 들여 몸에 익힌 기술은 절대로 자신을 배신하지 않는다.

## 논리의 형식보다 논리의 감각을 중요하게 여겨라

　사고법에서 질의 변화는 논리의 '형식'이 점차 몸에 배어 자연스럽게 '감각'으로 느껴진다는 데 있다. 이를 낚시의 기술에 비유해 보자. 처음에는 미끼 꿰는 법, 낚싯대 잡는 법, 미끼 던지는 법, 물고기의 종류별 낚시 방법 등 형식적인 지식을 배우게 된다. 하지만 실제로 낚시터에서 중요한 것은 낚싯대가 휘어지는 것을 느끼고, 미끼를 던질 때 힘의 강약을 조절하며 찌가 수면으로 올라올 때의 독특한 움직임을 포착하는 감각이다. 이렇게 형식에서 한 걸음 나아가 감각에 빠져드는 일이 바로 기술을 자신의 것으로 만드는 일이다.

　사고법도 이와 다르지 않다. 처음에는 절차를 확인하면서 생각하는 단계에서 출발한다. 연역법이라면 전제 조건에 개별 사례를 적용하고 거기서 시사점을 도출하는 과정을 하나하나 머릿속으로 확인하면서 진행한다. 이를 여러 번 반복하다 보면 머리의 신경 회로가 생기고 어느새 의식적으로 확인하던 것이 점차 감각으로 느껴진다. 그렇게 되면 머리로 생각하기보다는 감각에서 자연스럽게 스토리가 엮여 나오는 듯한 상태가 된다.

　이런 사고 감각을 얻으려면 반드시 생생한 실무 현장에서 수없이 시도해 보면서 자신만의 경험으로 축적해 나가야 한다. 처음에는 사고 틀의 절차를 하나하나 밟는 게 익숙하지 않겠지만 단계를 따라 스스로 생각하면서 잘 되는지 아닌지의 감각을 쌓아 가면 된다. 이론과 실천의 교류가 있어야 비로소 지식이 활성화되고 기술로서 몸에 익힐 수 있다.

## 전인격을 걸고 생각한다는 것

　생각하는 일의 끝에는 궁극적인 질의 변화가 기다리고 있다. 이는 인격이 다듬어진다는 뜻이다. 고대 그리스의 철학자 아리스토텔레스는 사람이 무언가를 호소할 때 거기에는 로고스Logos(논리), 파토스Pathos(열의), 에토스Ethos(신뢰)라는 세 가지 요소가 작용한다고 생각했다(도표 7-4).

　로고스는 '논리'를 뜻한다. 논리적인 설명 절차를 밟고 근거를 제시해 상대를 납득시키는 것을 말한다. 이는 상대의 이성에 호소하는 일이며 듣는 사람은 논리적으로 일관성 있는 설명을 들음으로써 내용을 이해한다.

　한편 누군가에게 무언가를 이해시키려 할 때 논리만으로는 잘되지 않는 경우가 반드시 생긴다. 그때 필요한 것이 바로 파토스와 에

**[도표 7-4] 로고스, 파토스, 에토스로 상대를 완전히 이해시켜라**

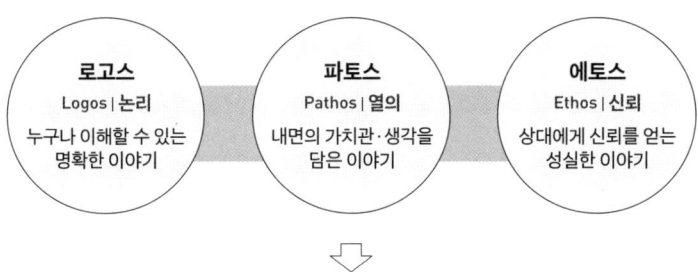

이 요소들을 담은 서사는 자신의 인격을 표현한다
사고법을 갈고닦는 일의 궁극적인 도달점은 인격을 갈고닦는 것이다

토스다. 파토스는 '열의'를 뜻한다. 열의는 사람들과의 커뮤니케이션이나 공감을 형성하는 데 큰 영향을 미친다. 가령 논리적인 내용은 같아도 거기에 열의를 더해 전달하면 듣는 사람의 마음을 사로잡을 수 있다. 이는 듣는 사람의 감정에 호소하는 일이기도 하다.

에토스는 '신뢰'를 뜻한다. 상대에게 자신이 믿을 만한 사람이라고 느끼게 하는 요소다. 생각이나 의견에 설득력을 심으려면 말하는 사람의 신뢰성과 성실함이 꼭 뒷받침되어야 한다. 아무리 논리를 쌓아 올린다 해도 다 증명하지 못하는 불확실한 부분이 반드시 남기 마련이다. 그 부족한 부분을 신뢰성과 성실함이 보완하는 것이다. '이 사람이 말하는 거라면' 하고 믿을 수 있도록 말이다.

**스스로 논리를 갖는 일, 열의를 가슴에 품는 일, 신뢰를 쌓는 일**. 이 세 가지를 융합해 '나'라는 인격으로 상대에게 전달한다. 단순히 논리를 짜 맞추는 것을 넘어 자신의 인격을 걸고 전달할 수 있도록 사고법의 질을 높여 가야 한다. 사고를 연마하는 일은 궁극적으로 자신의 인격을 연마하는 일이다.

## 사고의 궁극적인 목표, 진선미

또한 나는 로고스(논리), 파토스(열의), 에토스(신뢰)를 관통하는 전인격적 사고에는 진선미眞善美가 깃들어 있다고 생각한다. 진선미의 개념은 고대 그리스 시대까지 거슬러 올라가 인간 생활의 궁극적인 목표로 여겨져 왔다. 사고법의 맥락에 적용하면 진선미는 다음과 같은 내용을 의미한다.

- **진**: 사실과 상대의 가치관에 근거해 생각할 수 있으며 정확하고 진실할 것
- **선**: 사고의 목적에 공헌하고 좋은 영향을 미칠 것
- **미**: 사고의 구조와 흐름이 명확하고 아름다움까지 느끼게 할 것

이들 사고를 반대로 말하면 위僞·악惡·추醜가 된다. 위악추에 빠지고 싶은 사람은 아무도 없다. 그저 비즈니스를 위해서라든지, 눈앞의 이익을 위해서라든지, 그런 협소한 사고는 그만두자. 우리가 목표로 하는 사고는 우리의 인격마저도 넓히고 높고 깊게 해준다. 이 책은 잔재주 같은 사고 기술을 알려 주는 책이 아니다. 상대를 논파

하는 것을 지성이라고 여기지도 않는다.

　인격으로서의 로고스, 파토스, 에토스를 갈고닦음으로써 진선미로 다가가는 일, 이런 자세야말로 이 책이 지향하는 '생각하는 사람'으로서의 이상적인 모습이다. 이는 고대 그리스부터 이어져 내려온 인류의 이상으로, 이 책도 그 원대한 흐름의 한 부분이 되었으면 좋겠다. 그 이상을 여러분이 함께해주길 바란다.

# EARN 프로세스로 시작하는 자기 코칭

이제 사고력을 기르고 싶어 하는 노구치 씨에게 어떤 조언을 해주면 좋을까? 느닷없이 답을 제시하는 것은 좋은 방법이 아니다. 우선 한번 멈춰 서서 풀어야 할 질문을 찾아내는 것부터 시작하자. 여기서는 이런 코칭 상황에서 유용한 EARN 프로세스를 통해 생각해 보려고 한다. EARN 프로세스는 다음 네 가지 질문에서 코칭을 심화하는 방법이다.

- **Event(이벤트)**: 어떤 상황과 입장이었는가?
- **Action(행동)**: 어떤 구체적인 행동을 취했는가?
- **Result(결과)**: 그 결과 어떻게 되었는가?
- **Next step(다음 단계)**: 다음을 위해 어떻게 할까?

특히 풀어야 할 질문을 발견했을 때는 앞의 세 가지, 즉 '어떤 상황에서', '무엇을 했고', '어떻게 되었는가?'를 물어 상대에 대해 정확히 파악해야 한다.

노구치 씨에게 내가 이렇게 질문을 던졌더니 다음과 같은 대답이 돌아왔다.

"영업차 고객을 방문했을 때 자사 제품과 직접적으로 관련 없는 과제에 관해 이야기가 나온 상황에서였어요. 그때 어떻게 대답해야 할지 몰라서 그냥 입을 다물었는데…. 그래서인지 영업 얘기도 흐름이 급격히 나빠졌습니다."

이 책을 여기까지 읽은 여러분이라면 노구치 씨의 대답을 들으면서 사고의 틀과 성숙도 모델을 머릿속에 떠올리고 그가 개선해야 할 점이 무엇인지 알 수 있을 것이다. 이번 노구치 씨의 상황에 대해서는 가설을 생성하기 위한 가추법과 거기서부터 이야기를 확장해 가는 연역적 사고법을 알려 주면 도움이 될 것이다. 또한 이렇게 사고를 확장하기 위한 구체적인 노력에 대해서 다음과 같은 내용을 전달할 수 있다.

"의식적으로 자신을 비판해 보고 개선하거나 강화할 부분은 없는지 스스로 점검해 보세요."

"좋은 점만을 골라 취하는 사숙으로 주변 인물을 관찰하고 따라 해보는 건 어떨까요?"

"양질전화의 사고법으로 일과 일상에서 단련할 기회를 점점 더 많이 만들어 보세요."

사고력을 강화한다는 것은 운동선수가 신체적 능력을 향상하고 무술가가 기술을 연마하며 예술가가 감각을 갈고닦는 것이나 마찬가지다. 우리는 진정한 사고력 향상을 소망하고 있기에 얕은 지식이나 배움이 아닌 왕도를 걷고자 하는 것이다.

# 미네르바의 올빼미는
# 황혼 녘에 날개를 편다

"미네르바의 올빼미는 황혼 녘에 날개를 편다."

19세기 독일의 철학자 헤겔이 남긴 말이다. 미네르바의 올빼미란 지혜의 상징인 그리스 신화의 여신 아테나(로마식 이름으로 미네르바)를 섬기는 올빼미를 가리킨다. 그 올빼미가 하루의 끝자락으로 접어드는 황혼에 날아오른다니, 과연 무엇을 의미하는 것일까?

바로 '진정한 지식은 모든 것을 경험한 후에 얻을 수 있다'라는 뜻이다. 바꿔 말하면 지식이나 이해는 자신이 현재 마주한 일을 전부 경험하고 스스로 다 소화했을 때 비로소 완전해진다는 의미다.

페달을 밟기만 해서는 자전거가 균형을 잡을 수 없다. 핸들 조작만으로도 앞으로 나아갈 수 없다. 모든 기술이 조화를 이뤘을 때 비로소 자전거는 앞으로 달려 나갈 수 있다. 이 책에서 사고의 틀 전체상을 마지막 파트에 배치한 것도, 각각의 기술을 전부 경험한 후라야 그 전체의 의미를 이해할 수 있다고 믿기 때문이다.

맥킨지앤컴퍼니 최초의 여성 컨설턴트 바바라 민토Barbara Minto의 저서 《바바라 민토 논리의 기술》이 1985년에 출간되고 40여 년이 지났다. 이제는 세상에도 로지컬 씽킹에 관한 책이 많이 나와 있고, 콘텐츠로서는 이미 나올 만큼 다 나온 것처럼 보인다. 바로 로지컬 씽킹의 황혼기다. 이 황혼기까지 한길을 걸어왔기에 알 수 있는 것이 있으며, 그것들이 이 책에 담겨 있다. 그런 의미에서 이 책은 지금까지의 로지컬 씽킹의 역사를 이끈 거인들의 어깨 위에 올라서서 새로운 미래를 조망하고자 했다.

이 책이 지금까지 설명한 사고의 틀, 즉 질문을 설정하고 가설을 세우고 시사점을 도출해 결론으로 끌어올리는 일 그리고 지식의 탐구 사이클을 계속해서 이어가는 일 하나하나는 그 자체로 강력한 기술임이 틀림없다. 나아가 이런 기술이 일련의 움직임으로서 완전한 형태로 다뤄질 수 있다면 여러분의 사고의 힘은 압도적으로 강해질 것이다. 그때가 바로 올빼미가 하늘 높이 날아오를 때다.

평온한 마음으로 차분하게, 하나씩 배우고 실전하며 착실하게 나아가자. 그 모든 것을 의식하면서 자신의 내면에 담아 두자. 조급해하지 않아도 된다. 비상의 순간은 이미 여러분에게 다가오고 있다.

나오는 글

# 우리는 무엇을 위해
# 생각하는 힘을 길러야 하는가

솔직히 말하면 처음에 이 책의 제목에 '로지컬 씽킹'을 붙이면서 망설이지 않을 수 없었다. 물론 나 자신도 경영 컨설턴트로서 로지컬 씽킹을 업무에 활용했으며 강사로서 로지컬 씽킹을 가르쳐 왔다. 하지만 로지컬 씽킹을 잘 알고 있기에 이 방법이 '생각하는 일'의 전부가 아니라는 사실을 절실히 느낀다. 게다가 챗GPT처럼 인간의 지적 행위를 근본에서부터 바꾸는 기술들이 돌연 등장했다. 그런데 왜 굳이?

로지컬 씽킹이라는 개념이 탄생한 이후 세상에는 이 사고방식이 너무도 많이 쓰였다. 이로써 사고의 코모디티화가 발생하기도 했고, 정리를 잊고 논리만을 내세우는 건조한 대인 커뮤니케이션이 넘쳐나는 등 바람직하지 못한 부작용과 오해를 불러일으켰다. 게다가 비즈니스에서는 이 로지컬 씽킹 하나로 모든 것을 해결할 수 있다고 여기는 풍조마저 생겼을 정도였다.

지금껏 컨설턴트가 로지컬 씽킹의 보급을 크게 견인했다면 이제는 컨설턴트가 그 책임을 지고 기존의 인식을 업데이트해야 한다. 그래서 나는 기꺼이 '로지컬 씽킹'이라는 단어를 이 책의 제목으로 내세우기로 했다. 이 책은 나 자신에겐 로지컬 씽킹에 대한 지금까지의 총결산이기도 하다.

전작 《목적 중심의 사고법》에서는 '무엇을'이 아니라 '무엇을 위해'부터 시작하라고 강조했다. 그렇다면 이 책은 '무엇을 위해' 있는 걸까? 다시 말해 우리는 무엇을 위해 생각하는 힘을 키우려고 하는 걸까?

지금 나는 이 질문에 대한 답을 한마디로 말할 수 있다. 바로 **스스로 선택지를 만들고 이를 스스로 선택할 자유를 얻기 위해서다**. 그렇지 않다면 단지 누군가가 준 선택지를 받아들고 스스로 선택하지도 못한 채 그저 시키는 대로 따라야 한다. 나는 그렇게 살아가는 삶을 바람직하다고 보지 않는다. 여러분은 어떤가?

우리는 매일 다양한 문제에 직면한다. 그 속에서 어떻게 생각해야 할지, 또 어떻게 해야 좋을지 몰라 허둥대며 고민하는 일은 고통스럽기만 하다. 무작정 문제에 뛰어들어 나아갈 방향도 알지 못한 채 같은 곳을 빙빙 돌면서 계속 달리기만 한다. 해결되지 않는 문제로 계속 괴로워하는 스트레스, 주변에서 자신만 뒤처지는 것 같은 불안감, 아무것도 할 수 없다는 무력감. 주위가 빠르게 변화하며 앞으로 나아가는 시대에 나 홀로 사방이 막힌 채 멈춰 서 있는 상황은 너무도 견디기 힘들다.

그런 견디기 힘든 고통에서 벗어나는 것 그리고 스스로 선택지를 만들고 스스로 선택할 힘을 얻는 것. 이 책에서 전하고 싶었던 것은 바로 그 자유에 대한 가능성이다.

이제는 여러분의 손으로 바통이 넘어간다. 지금은 얼마나 멀리까지 달릴 수 있을지 생각하지 않아도 좋다. 미래를 생각하며 불안해하기보다는 지금 땅을 밟고 있는 발밑을 살펴보자. 오른발을 한 발짝 앞으로 내디딜 수 있다면 왼발도 내디딜 수 있다. 그러면 오른발도 다시 한 발짝 앞으로 나아갈 수 있을 것이다. 그 꾸준한 발걸음이야말로 여러분을 자유로 데려다줄 것이다.

> 세상에는 당신 외에는 아무도 걸을 수 없는 유일한 길이 있다.
> 그 길은 어디에 다다를까? 묻지 말고 오로지 걸어라.
>
> _프리드리히 빌헬름 니체, 《반시대적 고찰》

## 감사의 글

나비 효과butterfly effect는 사소한 일이나 사건이 시간이 지나면서 예상치 못한 엄청난 결과를 초래한다는 개념이다. 이는 '베이징에서 나비가 날갯짓을 하면 뉴욕에서 폭풍이 일어난다'라는 비유로도 말할 수 있다.

내가 이 책을 출간할 수 있었던 건 다 아내 덕분이다. 4년 전, 반년간의 육아휴직에 들어갈 무렵에 아내가 "그동안 책을 쓰면 어때?"라고 산들바람과 같이 슬쩍 제안해 주었다. 이번에도 무사히 책이 나올 수 있도록 늘 가정을 지켜 주고 변함없는 지지를 보내 준 아내에게 가장 먼저 감사의 마음을 전하고 싶다.

또한 이 사소한 제안을 처음에 받아들여 준 다니나카 다카시谷中卓 씨에게 감사의 말을 전한다. 그리고 산들바람을 크게 부풀려서 전작과 이번 작품으로 세상에 전해 준 편집 담당 치바 마사유키千葉正幸 씨에게도 다시 한번 감사의 마음을 전한다.

이 책에 나오는 사고관과 발상은 매일 프로젝트를 함께 하는 우리 팀원들 그리고 고객들과의 활발한 토론이 있었기에 가능했다. 이들과 함께 오랜 시간 동안 고군분투해 왔기에 불어오는 바람의 기세가 더욱 강력해질 수 있었다.

또한 마음껏 책을 쓰라며 이 바람의 흐름에 힘을 실어 준 동료 슈토 유키首藤祐樹, 다나카 쇼지田中昭二, 우에마쓰 요헤이植松庸平, 이리에 요스케入江洋輔 씨에게도 감사하다는 말을 전한다.

아버지와 어머니에게도 감사의 말씀을 드리고 싶다. 내 이름 '안디'安迪는 한자 표기의 안데르센安徒生과 에디슨愛迪生에서 한 글자씩 따온 것으로, 동화작가인 안데르센의 '정리'와 엔지니어인 에디슨의 '논리'를 겸비한 사람으로 자라길 바란다는 소망을 담았다고 예전에 전해 들었다. 그 소망은 논리와 정리의 융합을 전하는 이 책으로 탄생해 새로운 바람으로 이어지고 있다.

마지막으로, 4년 전만 해도 아직 엄마 배 속에 있었던 내 아이에게 마음을 전하고 싶다. 10년, 20년이 지나 언젠가 아이가 이 책을 읽을 때쯤 아이에게도 이 책이 도움이 되기를 바란다. 그런 마음으로 이 책을 썼고 앞으로도 변하지 않을 소중한 것들을 담고 싶었다. 지금 불어오는 이 바람이 10년 뒤, 20년 뒤에도 아이의 삶에 가닿기를 바란다.

2024년 6월
모치즈키